번/역/의 **정/의**/에/서/ 번/역/의/ **전/략**/까/지

번역의
이론과 실제

번/역/의 **정/의**/에/서/ 번/역/의/ **전/략**/까/지

번역의
이론과 실제

이근희 지음

한국문화사

번역의 이론과 실제 (개정판)
번역의 정의에서 번역의 전략까지

1판 1쇄 발행 2005년 10월 4일
1판 2쇄 발행 2008년 2월 29일
2판 1쇄 발행 2015년 3월 10일
2판 2쇄 발행 2022년 10월 28일

지 은 이 | 이근희
펴 낸 이 | 김진수
펴 낸 곳 | 한국문화사
등   록 | 제1994-9호
주   소 | 서울시 성동구 아차산로49, 404호(성수동1가, 서울숲코오롱디지털타워3차)
전   화 | 02-464-7708
팩   스 | 02-499-0846
이 메 일 | hkm7708@daum.net
홈페이지 | http://hph.co.kr

ISBN 978-89-6817-225-0 93740

오류를 발견하셨다면 이메일이나 홈페이지를 통해 제보해주세요.
소중한 의견을 모아 더 좋은 책을 만들겠습니다.

서 문

번역학은 매우 흥미진진한 학문이다. 이론과 응용이 불가분의 관계라는 점에서 그렇고, 어느 한 가지 분야만의 지식이 아닌 다방면의 지식을 요구한다는 점에서 그렇고, 도전해야 할 사항이 많은 신생학문이라는 점에서 그렇다. 물론 그만큼 어려운 과제이기도 하다. 번역 또한 세월이 흐르면 흐를수록 경쟁에서 밀리는 능력이 아니라, 세월 속에 녹아든 축적된 지식과 경험이 타의 섣부른 추종을 불허한다는 점에서 매력적이다. 그러나 번역은 결코 녹록하지 않은 작업이며, 대다수 번역자에게 전문번역자로서의 역량을 갖추는 일은 요원하게만 느껴진다. 어떻게 하면 번역을 잘할 수 있을까 하는 생각은 번역학자인 필자의 뇌리에서 늘 맴돌며 떠나지 않는 숙제였다. 자동차의 고장을 진단하고 수리하는 정비사가 반드시 자동차를 운전해야 할 필요는 없다지만, 운전을 잘할 줄 아는 정비사와 그렇지 못한 정비사와는 분명 커다란 차이가 있을 것이기 때문이다. 본 책자는 필자에게 그에 대한 답을 찾아가는 하나의 시도이며 과정이기도 하다.

이미 오랜 경험을 통해 자신만의 번역 비결을 획득한 전문 번역자의 경우는 예외이겠지만, 번역의 어려움에 자주 접하는 번역자나 번역을 처음 시도하는 번역지망생들에게 주어진 상황에 적절한 번역방법을 선택하고 번역전략을 구사하는 일은 막막하고 답답하기만 하다. 또한 오랜 시간의 경험과 수많은 시행착오를 겪으며 실전 지식을 구축하기에는 너무나 많은 인내심이 요구된다. 수많은 번역지망생이 중도에서 포기하는 이유가 바로 이에서 비롯된다. 번역의 방법과 전략에 관해 이론과 실제가 겸비된 체계적인 참고 도서가 있다면 이들에게 실질적이고 효율적인 도움을 줄 수 있다. 한없이 부족하긴 하지만 이 책자는 그러한 점에 초점을 맞추어 미력이나마 힘을 보태고자 하는 작은 노력이다.

누구나 번역자가 우선적으로 갖춰야 할 요건으로 두 언어에 능해야 한다는 점을 꼽는다. 번역에 종사하는 대부분의 번역자는 모국어를 토대로, 외국어를 모국어로, 모국어를 외국어로 번역하는 일에 관여한다. 번역에 관여하는 두 언어 가운데 하나의 언어가 모국어일 때 우리는 흔히 그렇듯 자신이 모국어에 관한 한 지식이 충분하다고 생각한다. 그러나 실상은 그렇지 못하다. 어쩌면 모국어인 한국어보다 외국어에 관한 지식이 더 풍부한 것은 아닌지 곱씹어 볼 필요가 있다. 이는 영한 번역 텍스트를 둘러싼 제반 사항을 관찰하고 분석한 결과 품질이 좋지 못한 번역문이 대부분 모국어인 한국어에 관한 지식이 부족해서 비롯된다는 점에서 유추되는 결론이다. 번역 관계자는 모국어에 관한 정확한 지식의 습득부터 시작해야 하고, 특히 번역어인 목표 언어가 모국어인 경우 이에 관한 정확한 지식만 갖추어도 번역 텍스트의 품질을 상당히 향상시킬 수 있다. 따라서 본 책자는 영어텍스트를 한국어로 번역할 때 고려해야 할 한국어와 영어의 상이한 부분에 역점을 두어 지면의 대다수를 할애하고 있다.

모국어 다음으로 번역자가 갖추어야 할 요건은 외국어에 관한 정확한 지식의 습득이다. 외국어에 관한 지식이 정확하지 않을 경우에는 원천 텍스트의 의미를 왜곡하고 독자에게 잘못된 정보를 전달하는 우를 범하게 된다. 외국어와 관련해서 번역자가 특히 주의를 기울여야 할 부분은 특정문화와 밀접한 관련이 있는 어휘나 맥락의 번역이다. 모국어의 경우에는 언어를 둘러싼 문화에 대한 전반적인 이해가 특별한 노력을 기울이지 않아도 가능하지만, 외국어의 경우에는 문화에 대한 정확한 이해가 쉽지 않기 때문이다. 문화와 관련된 번역은 늘 번역자에게 긴장감을 주기 마련이다. 따라서 본 책자에서는 외국어를 둘러싼 언어 내적이고 외적인 정확한 지식의 결여로 발생하는 오역의 유형과 주된 요인은 물론이고, 오역을 미연에 방지하기 위한 대안 등을 제시하고 있다.

특정 문화와 밀접한 관련이 있는 어휘나 맥락을 번역하면서 오역의 문제를 떠나 번역자들이 고민하는 또 하나의 어려움은 원천 텍스트의 이국적인 요소를 번역 텍스트의 독자에게 어떻게 전달하는가 하는 점이다. 원저자와 최종 독자 간에 그에 관한 공유된 정보나 지식이 없는 간극을 어떻게 좁히면서 이국적인 요소를 옮기는가하는 문제이다. 이에 대한 다양한 번역 방법을 알고 있는 번역자는 번역의 전략을 선택하고 구사하는 일에서 그만큼 선택의 폭이 확대될 수 있다. 본 책자는 마지막 부분에서 이 부분을 다루고 있다.

번역활동에 종사하는 많은 이에게 미력이나마 도움을 줄 수 있기를 기대하면서 감히 엄두를 내어 번역의 이론과 번역의 방법에 관한 책자를 썼지만 막상 출판에 임박하니 부담감이 하나 가득하다. 필자 역시 모국어에 대한 지식이 보잘 것 없으며, 번역의 방법을 둘러싸고 너무도 편협한 견해를 가졌던지라 많은 반성을 해야 했기 때문이다. 앞으로 꾸준한 정진을 통해 이 부끄러움을 조금씩이나마 덜 수 있기를 바라며, 부족한 부분에 대한 많은 분의 애정어린 조언을 기다릴 뿐이다.

끝으로 흔쾌히 이 책자를 맡아 출판해주신 한국문화사 사장님을 비롯하여, 실장님, 편집부장님과 그 밖의 관계자 여러분과 주변에서 용기를 북돋아주고 힘을 실어주셨던 많은 분께 진심어린 감사의 마음을 전하고 싶다.

2015년 1월
이 근 희

CONTENTS
번역의 이론과 실제

01 서론
Introduction

이 책자는 번역이 무엇이며 그 경계가 어디인가 하는 범주의 문제에서 출발한다. 번역의 사전적인 의미를 비롯해 많은 학자가 언급했던 번역의 정의에 의하면, 번역이란 무언가를 옮기는 행위로서 그것을 재생산이라 하든, 대체라 하든, 전이라 하든, 아무튼 이러한 행위가 언어 간에서 이루어진다고 보는 견해와 기호 간에서 이루어진다고 보는 견해로 나눌 수 있다. 따라서 이에 대한 논의가 필요하다. 번역의 정의와 관련해 빼놓을 수 없는 부분이 등가의 개념이다. 원천 텍스트와 온전히 똑같은 번역 텍스트는 애당초 불가능하다는 견해가 대두되면서 그 개념의 중요성이 많이 약화되긴 했으나, 원천 텍스트는 선정부터 번역의 목적에 합당한 무언가를 똑같이 가져오려는 의도에서 비롯되기 때문에 등가의 개념이 빠질 수 없다. 등가의 개념이 과거에는 형식에 맞춰져 있었다면 점차 내용이나 메시지, 효과, 정보, 기능으로 옮겨가면서 번역 텍스트가 번역자의 의도나 번역의 목적에 따라 얼마든지 다양한 모습으로 나타날 수 있다. 번역 텍스트가 다양한 모습으로 나타날 수 있다는 주장에는 번역자의 역할이 매우 중요하다는 전제가 깔려있다.

번역은 늘 어려운 작업임에 틀림없다. 몇 번의 교정 작업을 거쳐도 거의 '반드시'라고 해도 무방할 만큼 오역에 관한 시시비비(是是非非)에 휘말리기 일쑤이며, 오역까지는 아니더라도 부자연스러운 표현이나 아쉬운 부분이 여전히 남기 때문이다. 번역에 관심이 있는 사람이라면 누구나 번역을 잘 하고 싶은 욕망이 있기 마련이다. 그러나 어떻게 하면 번역을 잘 할 수 있는지 참고할 만한 자료는 그리 많지 않다. 흔히들 오랜 경험을 통한 숙련의 과정을 겪어야 한다는 것이 하나의 정석처럼 받아들여지고 있는 것이 현실이다. 물론 오랜 숙련의 과정을 거쳐 숙달된 번역 능력을 갖추는 방법도 바람직하지만, 기존 번역자들의 번역사례를 수집하고 분석하여 이들로부터 번역의 방법과 전략을 체계적으로 도출하여 참고할 수 있다면 번역자들에게 더할 나위 없는 도움이 될 것이다. 번역자가 이론을 갖추는 일은 창이자 방패를 갖추는 일이다. 의학이든 과학이든 이론과 실제가 맞물린 곳에서 이론을 통한 원리를 모르면 문제해결에 많은 시행착오와 다년간의 실제적인 경험을 필연적으로 수반해야 한다. 그러나 원리를 익히면 문제의 진단도 쉬울 뿐더러 해결도 쉽다. 이와 마찬가지로 번역에 관련된 이론과 전략을 체계적으로 익힐 수 있다면 번역자 역시 번역시에 발생할 수 있는 다양한 의사결정의 상황에서 활용할 수 있는 대안의 폭을 넓힘과 동시에 자신의 번역 결과물에 대한 타인의 비평에 논리적인 방어가 가능하다. 따라서 번역자가 번역의 실제와 이론을 병행하여 익히는 일은 당연한 과제이다. 이에 본 책자는 번역에 관심이 있는 이들에게 실질적인 도움을 제공하고자 영어 텍스트를 한국어로 옮기는 번역과 관련된 몇 가지 사항을 전개하는데 있어서, 번역 이론과 기존 번역 텍스트에서 발췌한 실제 사례 중심으로 이끌고 있다.

이 책자는 번역이 무엇이며 그 경계가 어디인가 하는 범주의 문제에서 출발한다. 번역의 사전적인 의미를 비롯해 많은 학자가 언급했던 번역의 정의에 의하면, 번역이란 무언가를 옮기는 행위로서 그것을 재생산이라 하든, 대체라 하든, 전이라 하든, 아무튼 이러한 행위가 언어 간에서 이루어진다고 보는 견해와 기호 간에서 이루어진다고 보는 견해로 나눌 수 있다. 따라서 이에 대한 논의가 필요하다. 번역의 정의와 관련해 빼놓을 수 없는 부분이 등가의 개념이다. 원천 텍스트와 온전히 똑같은 번역 텍스트는 애당초 불가능하다는 견해가 대두되면서 그 개념의 중요성이 많이 약화되긴 했으나, 원천 텍스트는 선정부터 번역의 목적에 합당한 무언가를 똑같이 가져오려는 의도에서 비롯되기 때문에 등가의 개념이 빠질 수 없다. 등가의 개념이 과거에는 형식에 맞춰져 있었다면 점차 내용이나 메시지, 효과, 정보, 기능으로 옮겨가면서 번역 텍스트가 번역자의 의도나 번역의 목적에 따라 얼마든지 다양한 모습으로 나타날 수 있다. 번역 텍스트가 다양한 모습으로 나타날 수 있다는 주장에는 번역자의 역할이 매우 중요하다는 전제가 깔려있다.

번역자는 단순히 원저자의 그림자이거나 원저자의 의도와 원문을 그대로 그려내는 화가가 아니며, 원저자와 원천 텍스트에 예속된 존재가 아니다. 번역자는 원저자와 최종 독자 간에 원활한 의사소통이 이루어지도록 가교 역할을 하는 언어와 문화의 중재자이다. 중재자로서의 역할은 필연적으로 원천 텍스트의 변환이 수반된다. 원천 텍스트에 없는 요소가 들어가기도 하고, 다른 요소로 대체되기도 하며, 있던 요소가 없어지기도 하고, 때로는 특정 요소의 왜곡도 발생할 수 있다. 꼭 필요한 경우에 가해져야 하는 이러한 원천 텍스트의 특정 요소의 변환은 번역자의 무지에서 비롯되는 것이 아니라 적극적인 중재자의 역할에서 비롯된다. 적극적인 중재자로서의 역할을 충실히 하기 위해서 번역자는 다양한 번역의 방법을 알고 있어야 한다.

번역의 방법은 규범적으로 절대적인 하나의 번역 방법만 존재하는 것이 아니며, 번역자는 자신의 번역 상황을 둘러싼 요소들의 상호작용을 고려하여 최선의 번역 방법을 선택할 수 있어야 한다. 그러려면 많은 번역학자나 번역자들이 분류하고 있는 다양한 번역의 방법과 전략에 대해 충분히 익혀야 한다. 번역의 방법은 단어 대 단어로 번역하는 방법에서 뼈대만 번역하는 개작, 간략하게 압축해 번역하는 요약번역, 이국적인 요소를 그대로 드러내 번역하는 이국화(낯설게 하기) 번역, 이국적인 요소를 자국의 요소로 바꾸는 자국화(친숙하게 하기) 번역 등 매우 다양하다. 번역자가 번역 과정에서 어려움에 직면했을 때 이러한 방법들에 대해 알고 있는 번역자와 그렇지 못한 번역자의 번역전략은 다를 수밖에 없다. 이것이 번역자가 번역의 방법 및 전략의 다양성에 늘 마음을 열어두어야 하는 이유이다. 그러나 이 모든 일이 최종 독자와 분리되어 별개로 진행되어서는 곤란하다.

번역 텍스트를 읽는 독자들은 나름대로 번역 텍스트를 평가하는 과정을 거친다. 부정적인 평가를 받는 번역 텍스트는 아주 드문 경우를 제외하고는 대체로 번역자나 번역의 목적에 부합하기도 전에 독자의 손에서 멀어진다. 모든 텍스트의 일차적인 목적은 독자에게 읽혀지는 것이다. 따라서 번역자는 자신의 번역 텍스트가 긍정적인 평가를 받으려면 번역 평가가 이루어지는 과정에 주의를 기울일 필요가 있다. 번역 텍스트에 대한 평가 과정은 세 단계를 거쳐 이루어진다.

번역의 평가는 일차적으로 번역투의 여과단계이다. 이는 목표언어권의 언어체계에 비추어 번역 텍스트의 표현이 적합하며 자연스러운가 하는 여부이다. 번역자가 번역을 잘하려면 제일 먼저 충족시켜야 할 요건이다. 목표언어에 비추어 부적합하고 부적절한 표현인 번역투는 근본적으로 두 언어체계가 달라서 비롯되며, 특히 목표언어가 모국어일 때 발생한다. 번역해야 할 언어가 모국어이기 때문에 이미 잘 알고 있다고 생각하지만 실은 그렇지 않기 때문이다. 두 언어체계의 상이한 부분에 대한 정확한 지식을 갖추고 두 언어 간에서 적절한 중재로 개입할 때 번역자는 비로소 번역투에서 자유로울 수 있다. 따라서 본 책자는 번역투에 가장 많은 비중을 두어 중점적으로 지면을 할애하고 있다.

번역 텍스트에 대한 이차적인 평가과정은 원천 텍스트와 목표 텍스트의 대조를 통한 오역의 여과단계이다. 원천 텍스트의 내용을 왜곡하는 오역은 언어 그 자체의 지식 부족에서 비롯되기도 하지만, 언어 외적인 요소의 지식 부재로 비롯되기도 한다. 오역은 근본적으로 번역자 개개인의 역량 부족으로 발생하며 그 해결도 번역자 개개인의 끊임없는 노력에서 해결될 수 있다. 그러나 그렇긴 해도 오역의 사례를 분석하면 일반적으로 오역이 발생할 수 있는 공통 요소와 그에 대한 일반적인 대처방안이 존재한다. 이러한 점을 참고하여 번역자가 주의를 기울인다면 오역을 피해갈 수 있다.

번역투와 오역의 문제 다음으로 번역자가 고려해야 할 사항은 문화와 밀접한 관련이 있는 어휘들의 번역을 어떻게 할 것인가 하는 점이다. 문화관련 어휘란 원천 텍스트에서 언급된 특정 어휘나 문장이 특정 문화권에 한정되어 있는 요소로서, 그대로 번역 텍스트에 옮겼을 때 최종독자들의 이해가 쉽지 않은 부분이다. 따라서 번역자의 중재역할이 필요하며, 번역자는 중재를 위해 기존 번역자들의 번역 텍스트에서 도출한 다양한 번역 방법과 전략에서 번역의 목적에 부합하는 최선의 방법을 선택할 수 있다. 이 책자는 이러한 내용을 마지막으로 다루고 있다.

02

02 번역이란 무엇인가
What's Translation?

번역(飜譯)은 한자어로서 '옮기다', '통역하다', '뜻을 풀다'로 이해할 수 있다. 사전에 수록된 사전적 의미로는 "어떤 언어로 된 글을 다른 언어의 글로 옮김"이나 "어떤 나라의 말이나 글을 다른 나라의 말이나 글로 바꾸어 옮기는 것"이다.

'translation'은 '한 장소에서 다른 장소로 무언가를 옮기다'라는 의미의 라틴어 동사 'transferre'의 과거분사 'translatus'에서 유래하였다. 사전적 의미로는 "다른 언어에서 옮긴 글이나 말" 또는 "다른 언어로 바꾼 말이나 글"이다. '번역'과 'translation'에 대한 사전적 의미는 둘 다 번역뿐 아니라 '통역'의 개념도 포함하고 있으며, '언어 간에서 이루어지는 말이나 글의 옮김'으로 제한되어 있다. 그렇다면 번역이 반드시 언어 간에서만 이루어지는 행위라고 보는 것이 타당한가 하는 의문이 제기된다. 번역은 크게 언어간에 이루어지는 현상으로 보는 견해와 기호간에 이루어지는 현상으로 보는 견해로 나눌 수 있다.

예로부터 번역이 무엇이며 번역을 어떻게 해야 하는지에 관한 논의는 언제나 분분하다. 이는 번역과 관련해서 가장 토대가 되며 핵심이 되는 사항으로서, 번역학의 연구영역(<부록1> 참조)을 전개하거나 번역자가 번역전략을 수립하고 구사하는 데 매우 큰 영향을 미치기 때문이다. 먼저 번역이 무엇인가 하는 문제를 다루자면, 다양한 학자나 번역자가 제기한 기존의 정의를 살펴볼 필요가 있다. 개별적인 정의는 그들 각자가 번역 텍스트의 생산과 과정에서 어디에 중점을 두는지, 어느 범주를 번역으로 볼 것인지에 관한 그들 나름대로의 관점을 드러낸다.

'번역翻譯'은 한자어로서 '옮기다', '통역하다', '뜻을 풀다'로 이해할 수 있다. 사전에 수록된 사전적 의미로는 "어떤 언어로 된 글을 다른 언어의 글로 옮김"이나 "어떤 나라의 말이나 글을 다른 나라의 말이나 글로 바꾸어 옮기는 것"이다.[1]

'translation'은 '한 장소에서 다른 장소로 무언가를 옮기다'라는 의미의 라틴어 동사 'transferre'의 과거분사 'translatus'에서 유래하였다. 사전적 의미로는 "다른 언어에서 옮긴 글이나 말" 또는 "다른 언어로 바꾼 말이나 글"이다.[2] '번역'과 'translation'에 대한 사전적 의미는 둘 다 번역뿐 아니라 '통역'의 개념도 포함하고 있으며, '언어 간에서 이루어지는 말이나 글의 옮김'으로 제한되어 있다. 그렇다면 번역이 반드시 언어 간에서만 이루어지는 행위라고 보는 것이 타당한가 하는 의문이 제기된다. 번역은 크게 언어 간에 이루어지는 현상으로 보는 견해와 기호 간에 이루어지는 현상으로 보는 견해로 나뉠 수 있다.

로만 야콥슨Roman Jakobson은 이미 1959년에 번역의 유형을 논하면서 번역이 단지 언어 간에 이루어지는 행위가 아님을 제시하였다. 야콥슨은 번역을 세

---

1) 국립국어 연구원. 『표준국어 대사전』. 2628; 두산동아. 『연세 한국어사전』. 833.
2) Cobuild. *Advanced Learners English Dictionary*. 1545; Macmillan. *English Dictionary for Advanced Learners of American English*. 1505.

가지 유형으로 분류하고 있는데,3) 언어 기호를 어떤 다른 언어 기호로 해석하는 '언어간 번역interlingual translation'과, 언어 기호를 동일한 언어의 다른 기호로 해석하는 '언어내 번역intralingual translation', 언어 기호를 음악이나 그림, 영화, 춤 등의 언어가 아닌 기호 체계로 해석하는 '기호간 번역intersemiotic translation'이 그것이다. 언어내 번역은 동일한 언어권 내에서 유사어나 동의어를 활용하여 전문가가 아닌 독자를 위해 전문 기술 서적을 쉽고 간단하게 쓴다든가, 어린이 독자를 위해 고전을 각색하는 등의 번역이다. 야콥슨 역시 진정한 의미에서의 번역은 언어 간에서 이루어지는 메시지의 '**대체**substitution' 라고 했지만 번역의 범주를 '기호'의 범주로 확대하여 번역학의 연구영역을 넓혔다는 점을 간과해서는 안 된다.

캣포드J. C. Catford는 번역을 언어 간에서 이루어지는 현상으로 보아 번역이란 "어떤 언어로 쓰인 텍스트 요소를 등가의 다른 언어로 **교체**replacement하는 것"이라 하였다.4)

유진 나이다와 찰스 테이버Eugene A. Nida & Charles R. Taber 역시 번역을 언어간 현상으로 보았지만, 언어권마다 문화가 달라서 목표 텍스트 TT: Target Text5)의 어휘 선택이 목표 문화권의 언어와 문화에 따라 역동적으로 움직일 수 있음을 강조하였다. 이들에 의하면 번역은 "첫째는 의미상으로, 다음은 문체상으로 원천언어의 메시지를 가장 가깝고 자연스러운 등가의 수용자 언어로 **재생산** reproducing하는 것"이다.6)

보거스로우 라웬도우스키Boguslaw P. Lawendowsky는 번역을 기호간 현상으로 보아 "어떤 언어 기호의 조합이 다른 언어 기호의 조합으로 **전이**transfer되는 것"이라 하였다.7)

---

3) Jakobson 1959, 114.
4) Catford 1965, 20.
5) 번역된 텍스트로서 역문 텍스트, 번역문 텍스트, 도착 텍스트라고도 한다.
6) Nida & Charles R. Taber 1969, 12.

들릴 J. Delisle은 번역이란 "기호의 재현이 아니라 개념이나 **의미의 재현**"으로 정의한다.8) 들릴은 텍스트의 올바른 이해와 성찰을 요구하는 해석학적 번역이론의 대가로서, 해석학적 번역이론에서는 원천 텍스트에 대한 번역자의 이해와 해석과 언어적인 창의성을 가장 중시한다.

에드몽 카리 Edmond Cary는 번역을 "서로 다른 언어로 표현된 두 텍스트 사이에서 **등가관계의 설정**을 도모하는 작용으로, 이 등가관계는 항상 그리고 필연적으로 두 텍스트의 성격과 목표, 두 언어 사용 집단의 문화적 관계와 이들의 정신적 · 지적 · 정감적 풍토와 함수관계에 있으며, 원어9)와 역어10)의 시기와 장소에 고유한 갖가지 우발적 요소와도 함수관계에 있다."고 정의하였다.11)

기디온 투어리 Gideon Toury는 번역의 현상이나 개념에 대해 규범적prescriptive으로 제시하려 한 이전의 학자들과는 달리 실제에서 이루어지는 번역 현상을 관찰하고 분석함으로써 그 결과로 유도되는 공통의 규칙이나 현상을 그대로 기술하는 방식으로 이론을 제시하였다. 투어리는 번역이란 "목표언어로 표현된 하나의 **발화**로 받아들여지는 것으로서, 목표언어로 표현된 발화는 그 근거가 무엇이든 목표문화 내에서 목표언어의 발화로 존재하거나 발화로 간주된다."고 했다.12) 이는 목표 텍스트 지향적인 정의이다.

한스 페르메르Hans J. Vermeer는 번역의 과정을 단순히 원천언어로 쓰인 부호를 분해해서 이를 목표언어로 다시 부호화하는, '탈부호화decoding'와 '재부호화recoding'의 과정으로 분류하지 않았다. 역시 비규범적으로 번역을 논했던

---

7) Lawendowski 1978, 267.
8) 전성기 2001, 3 재인용.
9) 번역하고자 하는 텍스트에 쓰인 언어로서 원천언어를 의미하며 출발어라고도 한다.
10) 번역 텍스트에 쓰이는 언어로서 목표언어를 의미하며 도착어라고도 한다.
11) 전성기 2001, 2 재인용.
12) Toury 1985, 20.

페르메르는 번역이란 "다른 언어로 쓰인 원천 텍스트에 관한 **정보** information"라 하였다.13) 이때부터 번역의 전이 대상이 원천 텍스트의 '메시지'라든가 '의미'에서 '정보'로 옮겨진다. 페르메르는 목표 텍스트가 존재하게 될 특정 문화의 맥락 하에서 목표 텍스트의 기능과 목적을 강조하는 스코포스 이론 skopos theory의 주창자이다.14)

크리스티안 노드 Cristiane Nord는 스코포스 이론에 영향을 받아 "번역은 번역의 목적 skopos인, 목표 텍스트에서 의도하거나 요구하는 기능에 따라 선정된 특정 원천 텍스트와 관련이 있는 기능적인 목표 텍스트의 **생산** production이다."라고 정의한다.15)

쥬앤 새거 Juan C. Sager는 번역이란 "외부의 요인으로 동기가 부여된 **산업 활동** industrial activity으로서, 정보 기술의 지원을 받으며, 의사소통을 위한 특정 요구에 따라 다양할 수 있다."라고 정의하였다.16) 이는 전문적인 번역활동이 점차 환경을 반영하는 것으로 번역을 정보 기술을 이용한 산업화의 한 요소로 인식하는 정의이다.

이렇듯 다양한 번역의 정의를 살펴보면 대략 다음과 같은 논의를 펼칠 수 있다.

---

13) Shuttleworth & Moira cowie 1999, 182 재인용.
14) 1970년대 후반과 1980년대 초창기에 독일에서 제시되었던 스코포스 이론의 주창자는 라이스 Katharina Reiss와 페르메르 Hans J. Vermeer이다. 스코포스 이론은 무엇보다도 목표 텍스트가 쓰일 맥락 내에서 의도된 "기능"이나 "목적"을 중시해 번역의 상호작용적인 측면이나 실용적인 측면을 강조한다. 이때 상호작용은 상호작용의 목적이나 기능에 따라 결정되고, 목적 skopos은 수용자에 따라 다를 수 있다 (Shuttleworth & Moira cowie 156).
15) Nord 1991, 28.
16) Sager 1994, 293.

번역의 범주, 언어의 층위인가 기호의 층위인가?

번역의 범주를 규정하는 문제로서, 번역을 단순히 언어적인 층위의 범주로 볼 것인가 기호 층위의 범주로 볼 것인가 하는 문제로 귀결되며, 이는 번역의 역사와도 관련이 있다. 번역의 범주를 단순히 언어적인 층위로만 한정시킬 경우 번역의 역사는 언어가 생긴 이후에 시작되지만, 기호의 층위까지 확대한다면 인류가 생긴 이래로 번역의 역사가 시작되었다고 할 수 있다. 많은 학자가 언어적인 층위에 한정해서 번역을 정의했지만 야콥슨이 분류한 번역의 유형을 주의 깊게 살펴 볼 필요가 있다. 비록 야콥슨이 언어내 번역을 "바꿔 쓰기reworking"로, 기호간 번역을 "변형transmutation"으로 명명하면서 언어간 번역을 "진정한 번역translation proper"이라 했지만, 야콥슨의 분류는 번역의 범주를 단순히 언어적인 층위에서가 아니라 상위 범주인 기호의 층위까지 확대한 개념이다. 오늘날 전 세계 번역학자의 관심은 단지 언어 간의 번역이 아닌, 시각 기호 층위의 번역으로, 언어 기호와 시각 기호가 혼재된 번역으로 나아가고 있다.17) 예를 들면 극劇적인 요소가 있는 장르라든가 광고 등의 텍스트에서 문화적 배경이 상이하게 다른 목표 텍스트의 독자에게 의도하는 효과를 유발하기 위해서 어떠한 개입을 해야 하며, 그 영향력이 어떻게 달라질 수 있는지 등에 관한 내용으로 이동하고 있다. 이는 2004년 8월 서울에서 개최된 국제번역학회IATIS: International Association for Translation and Intercultural Studies 학술대회에서 발표된 세계 석학의 논문 가운데에서도 엿볼 수 있는 내용이다. 국제번역학회의 이사장인 테오 허먼스Theo Hermans는 한 언론과의 인터뷰에서

---

17) 극劇적인 텍스트는 어떤 특정 문화의 문학 체계와 극劇의 체계라는 두 체계 내에서 복합적이고 복잡한 메시지가 동시에 소통되어야 하는 상황이므로, 언어와 시각 기호의 번역이 함께 작용한다. 이 둘은 분리될 수 없으며, 극과 관련된 번역 텍스트의 연구는 목표 문학과 목표 문화에서 그러한 텍스트가 수행하는 기능 연구에 도움이 된다. 이때 언어 기호의 번역을 'paper translation', 시각 기호의 번역을 'stage translation'이라 한다(Kruger 69).

번역학이 당면한 첫 번째 과제가 "신기술의 발전에 맞춰 번역의 형태를 어떻게 바꾸어 나갈 것인가 하는 문제와 관련이 있으며, 또한 멀티미디어의 시대를 맞아 영상, 음성 등의 총체적인 매체 환경 속에서 번역학이 어떠한 형태를 취해야 하는지 검토하는 일"이라 했다.[18] 이제 번역이나 번역학의 범주를 언어학적인 층위로 제한하려는 논의는 더 이상 의미가 없다.

번역이란 무엇인가?

앞서 언급한 모든 번역의 정의에서 공통되는 점은 번역이란 아무튼 '한쪽에서 다른 한쪽으로 무언가를 옮긴다'는 점이다. 그러한 개념을 대체substitution라 하든, 교체replacement라 하든, 재생산reproducing이라 하든, 전이transfer라 하든, 전환conversion이라 하든, 치환transposition[19]이라 하든, 변형transmutation[20]이라 하든, 전달conveyance이라 하든, 발화utterance라 하든, 정보information라 하든, 산업 활동industrial activity이라 하든, 번역은 '원천 텍스트에서 무언가를 옮겨 목표 텍스트로 바꾸어 놓는 행위이다.' 물론 원천 텍스트 중심의 번역을 할 것인지, 목표 텍스트 중심의 번역을 할 것인지에 관한 견해 차이에 따라 원천 텍스트의 요소를 얼마나 목표 텍스트로 옮겨야 하는지에 대한 의견은 다르다.

---

18) 연합뉴스 2004/8/15.
19) 번역의 불가능성을 주장했던 캣포드는 번역을 '언어간 치환transposition'라 했으며, 야콥슨 역시 형태를 통해서 의미를 보여주고 음소의 유사함에서 의미가 서로 상관이 있다고 여기는 시의 번역이 불가능하기 때문에 이때는 번역자의 '창의적인 치환'이 필요하다고 했다(Bassnett 25, 43-44, Munday 36-37).
20) 루즈카노프는 번역을 '기호의 변형transmutation'이라 했다(Bassnett 25).

무엇을 옮기는가?

이 문제에 대해서는 로마 시대부터 '단어 대 단어word for word'로 옮길 것인지, '의미 대 의미sense for sense'로 옮길 것인지 논쟁이 있었다. 이 밖에도 '문체'를 옮길 것인지, '메시지'를 옮길 것인지, '정보'를 옮길 것인지, '텍스트'를 옮길 것인지 수많은 이론이 분분하다. 그러나 이러한 논의 가운데 어느 한 가지 개념만을 꼭 집어 그 개념을 옮기는 것이라고 할 수 없다. '단어'나 '의미', '메시지', '정보' 등은 그 자체만 고려할 때와, 언어를 둘러싼 사회 · 정치 · 경제 · 문화 · 역사 · 말하는 이의 의도 등의 맥락과 연관시킬 경우 수용자가 받아들이는 인지에는 상당한 차이가 있다. 따라서 문자이든 말이든 언어내적인 요인만을 고려한 번역은 한계가 있기 마련이고, 언어외적인 요인을 반드시 함께 고려해야 한다.

하나의 텍스트란 단순히 개별 문장을 나열한 문자 덩어리가 아니라, 서로 연관된 문장의 연속체이다. 텍스트는 표층적으로는 일정한 언어체계의 '결속구조cohesion'를 충족하는 복합적인 언어기호이자, 심층적으로는 내용과 주제가 체계적으로 연결되어 '결속성coherence'을 유지하는 소통의 단위이다.[21] 또한 텍스트의 요건을 갖추자면 이러한 텍스트적인 요소 외에도 심리적인 요인으로서 텍스트를 생산하는 생산자의 의도를 잘 나타내야 하는 '의도성intentionality'이 있어야 하고, 텍스트의 수용자가 수용할 만한 '수용성acceptability'을 갖추어야 한다. 사회적인 요인으로서는 텍스트를 생산하는 시간 및 장소와 그 밖의 요소를 고려하여 상황에 적합해야 하는 '상황성situationality'이 있어야 하고, 텍스트를 사용하는데 있어서 이전에 경험했던 다른 텍스트와의 '상호텍스트성intertextuality'이 있어야 한다. 또한 독자가 텍스트에서 정보를 얻을

---

21) Beaugrande, Robert De & Wolfgang Dressler. *Introduction to Text Linguistic* 참조.

수 있도록 '정보성informitibity'을 갖춰야 하는데 이때 독자에게 너무 새롭거나 익숙한 정보는 가급적 피해야 한다. 번역자는 이러한 텍스트적인 요소를 옮기는 것이며, 이를 충족시키는 번역 텍스트를 생산해야 한다.

등가 개념의 재정립

'등가'의 하위 개념은 '형식', '의미', '메시지'[22]와 같은 용어이다. 즉 어디에다 초점을 맞추어 원천 텍스트와 동등한 가치를 목표 텍스트에 재현할 것인가 하는 문제이겠다. 많은 학자가 등가의 개념을 빌려 원천언어의 의미와 똑같은 목표언어로의 번역은 불가능하다며 '번역의 불가능성untranslatibility'을 제기하였다. 그렇다 해도 번역의 행위가 꾸준히 이루어지고 있으며 오히려 증대되는 경향을 염두에 둔다면, 번역의 불가능성에 대한 담론은 사실상 불필요하다. 등가의 개념을 수용한 학자들 또한 등가의 대상을 이분법적으로 '형식'과 '의미'로 분류한 경우가 대다수였다. 나이다와 같은 학자는 등가라는 개념을 확대해 유연성을 부여하기도 했다. 즉, 두 문화권의 차이를 인식하고, 원천 텍스트의 의미와 의도를 반영하면서 이와 가장 가깝고 수용자의 언어 체계에 비추어 자연스러운 등가어의 구현을 추구하는 "역동적 등가dynamic equivalence"라는 개념을 도입하였다. 그러나 목표 문화권 내에서 목표 텍스트의 기능이나 목적, 지위를 강조하는 스코포스 이론이나 다체계 이론polysystem theory 등이 등장하면서 등가 개념을 강조하는 추세는 점차 약해지고 있다. 혹자에 따라서는 등가 개념이 너무 진부한 개념이라 더는 고려할 만한 가치가 없다고 여기기도 하지만, 형식이라든가, 내용, 개념, 효과, 정보 등 그 가운데

---

22) 셀레스코비치Seleskovitch는 "메시지의 의미는 그 의미 표현에 사용된 개별 단어의 의미를 모두 합한 총계가 아니다"라고 말한다(Seleskovitch 13).

무엇이 되었든 최소한 원천 텍스트의 일부 요소가 목표 텍스트에 그대로 재현되어야 하는 만큼 등가라는 개념은 번역자가 도달해야 할 이상 理想으로서 그 존재의 가치와 의의가 있다 하겠다.

목표텍스트의 기능과 번역의 재정의

대체적으로 기존에 거론되던 수많은 정의에서 변별되기를 꿈꾸는 새로운 정의들은 목표 문화권에서 의도하고 기대하는 목표 텍스트의 기능에 초점을 둔다. 그 기능이 원천 문화권에서 원천 텍스트가 발휘하던 기능과 동일할 때도 있고 그렇지 않을 때도 있겠지만 그와 관계없이 목표 텍스트는 목표 문화권에서 기능할 목적과 의도와 기대에 따라 얼마든지 다양한 모습으로 나타날 수 있다는 주장이다. 이는 어찌 보면 등가의 개념과 대치되는 개념으로 이해될 수 있다. 등가라는 개념은 원천 텍스트와 무언가가 동일해야 한다는 개념인데 반해, 기능 지향적인 접근 방법에서 보자면 원천 텍스트로부터 얼마든지 벗어날 수 있기 때문이다. 하지만 그렇다 해도 번역이라는 전제는 원천 텍스트의 어떤 요소가 반드시 목표 텍스트에 존재해야 하기 때문에 등가의 개념은 번역의 목적과 기능에 따라 정도의 차이가 있을 뿐 그 존재가 사라지는 것은 아니다.

따라서 번역의 정의에 대해 결론을 내리자면, 번역은 '**기호학적인 현상으로서, 원천 텍스트의 텍스트적인 요소를 옮기는 것이며, 의도하는 목표 텍스트의 목적과 기능에 따라 등가의 정도가 상이한 목표 텍스트의 생산**'이다.

1 translation의 어원을 쓰시오.

2 Roman Jakobson이 분류한 번역의 범주에 대해 서술하고, 각 범주에 해당하는 번역의 실제 사례를 예로 드시오.

3 등가의 개념과 실제 번역 텍스트를 관련시켜 서술하시오.

4 텍스트의 기능과 관련해서 하나의 원천 텍스트와 번역 텍스트를 사례로 들어 서술하시오.

03 번역자의 역할
The Role of Translators

번역자의 역할은 번역의 위상(位相)과 불가분의 관계에 있다. 번역의 위상은 원천 텍스트와 목표 텍스트의 관계가 주종의 관계인가, 동등의 관계인가 하는 문제로 귀결된다. 번역 텍스트의 위상이 높으면 번역자의 지위도 높고 역할이 중요했으며 원저자와 번역자가 서로 동등한 지위를 누렸다. 반면에 번역 텍스트의 위상이 낮으면 번역자의 지위 또한 낮았고 그 역할도 미미했을 뿐 아니라 원저자와 번역자의 관계도 주종의 관계를 유지했다. 19세기 초에는 17세기와 18세기에 대한 반동으로 번역이 더는 창의적인 행위로 받아들여지지 않았으며 원문을 일대일로 대응시키는 '단어 대 단어' 번역이 주를 이루었다. 이후로 번역 텍스트는 원천 텍스트에 비해 열등한 지위를 차지할 수밖에 없었다. 이렇듯 번역과 번역자에 대한 후원이 국가적인 차원에서 정책적으로 추진되면 일반적으로 원천 텍스트와 목표 텍스트의 관계는 동등한 관계를 형성한다. 그러나 그렇지 못한 경우에는 원천 텍스트와 목표 텍스트가 주종의 관계를 이루어, 번역이 종속적이고 파생적이며 부차적인 행위가 된다. 이러한 번역의 가치에 대한 평가절하는 번역에 요구되는 번역자의 자격을 낮추는 악영향을 미치게 되고, 이는 다시 번역의 낮은 위상에 일조를 하며, 번역의 중요성이나 어려움을 간과하는 악순환의 원인이 된다.

3.1 번역의 지위와 번역자의 역할

주종의 관계인가, 동등의 관계인가?

번역자의 역할은 번역의 위상位相과 불가분의 관계에 있다. 번역의 위상은 원천 텍스트23)와 목표 텍스트24)의 관계가 주종의 관계인가, 동등의 관계인가 하는 문제로 귀결된다. 번역 텍스트의 위상이 높으면 번역자의 지위도 높고 역할이 중요했으며 원저자와 번역자가 서로 동등한 지위를 누렸다. 반면에 번역 텍스트의 위상이 낮으면 번역자의 지위 또한 낮았고 그 역할도 미미했을 뿐 아니라 원저자와 번역자의 관계도 주종의 관계를 유지했다. 가까운 일본은 번역을 근대화의 도구로 삼고, 번역전담 기구인 '번역국'을 두는 등 번역을 국가사업으로 전개했던 메이지[明治] 시대에는 번역자가 미국과 유럽 등 서양의 사상과 관행 등의 도입에 있어 매우 중요한 역할을 하였다. 서양의 신개념을 표현하기 위해 수많은 언어를 새로 만들었고, 어려운 한자 형식의 번역을 더 자국어의 형식으로 바꾸어 놓는 등 그 영향력도 상당했다.25) 프랑스 역시, 번역 사업에 대한 국왕들의 강력한 추진과 번역자에 대한 적극적인 후원이 있었던 14세기 발루아 왕조 때는 번역과 창작이 동등하게 대접을 받아 저자는 번역 저서도 자신의 창작 목록으로 수록할 수 있었다. 발루아 왕조가 집권한 1328년부터 1589년에 이르는 동안은 프랑스의 역사상 번역자의 지위가 가장 높았던 시기이기도 하다. 번역자는 자국어의 확립과 근대 국가의 기초를 다지는 데 매우 중요한 역할을 하였다. 17세기 중반까지 번역이 여전히 창작과 다름없이 다루어지고 문학의 한 장르로 인정받았다. 그러나 번역자

---

23) 번역하고자 하는 외국의 텍스트를 의미하며 원문 텍스트, 출발 텍스트라고도 한다.
24) 번역된 텍스트를 의미하며 역문 텍스트, 도착 텍스트라고도 한다.
25) 임성모 참조.

와 독자들의 입맛에 맞게 원작의 내용을 생략하거나 추가하여 수정함으로써 이에 대한 부작용으로 원작에 대한 충실에서 멀어져 원작과 전혀 다르게 각색하기도 하였다. 당시의 독자들은 문체의 우아함과 섬세함을 요구해 '아름답지만 원문에 충실하지 않은 번역'이 영화를 누렸기 때문이다. 19세기 초에는 17세기와 18세기에 대한 반동으로 번역이 더는 창의적인 행위로 받아들여지지 않았으며 원문을 일대일로 대응시키는 '단어 대 단어' 번역이 주를 이루었다. 이후로 번역 텍스트는 원천 텍스트에 비해 열등한 지위를 차지할 수밖에 없었다.26) 이렇듯 번역과 번역자에 대한 후원이 국가적인 차원에서 정책적으로 추진되면 일반적으로 원천 텍스트와 목표 텍스트의 관계는 동등한 관계를 형성한다. 그러나 그렇지 못한 경우에는 원천 텍스트와 목표 텍스트가 주종의 관계를 이루어, 번역이 종속적이고 파생적이며 부차적인 행위가 된다. 이러한 번역의 가치에 대한 평가절하는 번역에 요구되는 번역자의 자격을 낮추는 악영향을 미치게 되고, 이는 다시 번역의 낮은 위상에 일조를 하며, 번역의 중요성이나 어려움을 간과하는 악순환의 원인이 된다.

번역과 번역자에 대한 은유와 변화하는 번역자의 역할

아주 최근에 주목받게 된 번역학의 연구 분야 가운데 하나는 다양한 시대와 장소에서 번역자나 언어학자가 번역에 관해 쓴 진술을 체계적으로 연구하는 일이다.27) 이들의 진술에 쓰인 비유 언어를 연구함으로써 얻을 수 있는 소득은 번역의 위상과 번역자의 지위를 짐작할 수 있다는 점이다. 중세와 근세 사이인 14세기에서 16세기에 이르는 르네상스 시대의 네덜란드와 프랑스,

---

26) 이희재 참조.
27) Bassnett 1991 참조.

영국의 번역자들이 사용했던 은유를 조사했던 허먼스Theo Hermans의 연구에서, 번역자는 원저자의 발자취를 좇거나, 의상을 빌어 입거나, 빛을 반사하거나, 보석함에 있는 보석들을 음미하는 모습으로 나타난다. 18세기까지는 주로 번역에 대한 은유가 실물을 묘사하거나 실물을 대신하는 거울이나 초상화였으며, 19세기의 주도적인 은유는 재산이나 신분 관계를 나타내는 것이었다. 이러한 비유는 번역 텍스트나 번역자가 원천 텍스트나 원저자에 종속된 존재로서 번역 과정에 주종의 관계가 드러난다는 생각에서 비롯된다.

원천 텍스트와 목표 텍스트간의 불평등한 관계와 제한된 번역자의 역할에 대한 재고의 필요성은 포스트 식민주의적 인식에서 비롯되었다. 우세한 문화가 열등한 문화의 속성을 흡수한다는 생각을 바탕으로 하는 식민주의의 모형과 마찬가지로 원천 텍스트가 목표 텍스트보다 우월한 지위에 있다고 보는 견해에서는, 목표 텍스트가 파생되어 나오는 원천 텍스트와 관련해서 번역이 어쩔 수 없이 열등한 지위에 놓일 수밖에 없다는 주장이다. 따라서 포스트 식민주의적 관점에서는 원천 텍스트와 목표 텍스트 둘 다 원저자와 번역자의 창의력에서 비롯된 동등한 산물이라는 사고에서 출발한다. 언어 교환을 기본적으로 대화라고 여기고, 번역을 원천 문화는 물론 목표 문화에도 전적으로 속하지 않는 공간상에서 이루어지는 과정으로 본다. 옥타비오 파즈Octavio Paz는 원저자와 번역자의 과제에 있어서, 이상理想적인 불변의 형태 속에 단어들을 고정시키는 것은 원저자의 몫이나, 원천언어의 제약에서 그 단어들을 자유로이 풀어주고 번역어로 다시 소생케 하는 것은 번역자의 몫이라 했다.[28] 브라질에서는 1920년에 등장한 '식인이론cannibalistic theory'을 도입하여 번역자의 역할에 대한 새로운 대안을 제시하였다. 가장 용감하고 힘센 적敵이나 가장 존경할 만한 대상을 잡아먹는 일을, 생전에 그 대상이 발휘하던 능력을 획득하는 수단으로 여겼던 식인종의 풍습과 같이 하나의 의식儀式으로서, 원천 텍스

---

28) Bassnett 2002, 5.

트를 집어삼킨 다음 새로운 무언가를 창조하는 번역자의 상像이 바로 그것이다. 번역자의 창조성과 독립성 둘 다 강조하는 은유이다.29)

1980년대에는 여성 번역 이론가들이 번역에 대해 부정不貞이나 불륜, 파격적 결혼을 의미하는 비유적 용어로 번역을 논했으며, 자크 데리다Jacques Derrida는 처녀막의 파괴, 즉 원천 텍스트의 관통이나 침범이라는 은유를 들었다. 1990년대에는 번역자의 역할에 대해 두 가지 상반된 개념이 존재하였다. 불평등한 권력의 계층구조를 더 한층 강화시키는 존재로 번역자를 보는 견해가 그 하나이다. 이러한 견해에서는 번역이란 미심쩍은 행위로서, 경제·정치·성性·지형과 같은 권력 관계의 불균형이 텍스트 산출의 역학관계에 그대로 반영되는 행위로 간주한다. 식민화·탈식민화 과정에서 번역은 지배국에게는 식민화의 필수적인 도구이지만, 피지배국에게는 근대화를 위한 피할 수 없는 요구이다. 강대국強大國의 언어에서 약소국弱小國의 언어로 옮기는 과정이나 그 반대의 과정에서 정치적인 이데올로기가 투영되기 마련이고, 강대국의 언어는 보편적인 언어로, 약소국의 언어는 주변적이고 한정적인 언어로 규정된다.30) 따라서 그러한 권력의 계층 구조를 한층 더 강화시키는 존재로 번역자를 본다.

또 다른 견해에서는 번역자를 영원한 힘이자 시간과 공간을 초월하여 작품을 존속시켜주는 창의적인 예술가로, 두 문화 사이의 중재자이며 해석자이고, 문화의 지속과 보급을 담당하는 자로 본다. 부차적이고 종속적이었던 번역자의 존재를 가시적으로 솜씨 있게 조작을 가하는 번역자, 언어와 언어, 문화와 문화 간의 틈을 중재하는 창의적인 예술가로 대체한 견해이다. 번역을 '조작manipulation'의 한 과정으로 보는 견해에서는 번역 텍스트란 언어의 경계를 넘어 다시 쓰인 것이고, 이러한 '다시 쓰기rewriting'는 문화와 역사라는 맥락 내

---

29) Bassnett & Harish Trivedi 1-2, Bassnett 1991, xiii, xiv.
30) 윤지관 30.

에서 이루어진다. 문화와 역사의 틀 안에서 번역이 갖는 함축적 의미에 관해 탐구한 앙드레 르페브르André Lefevere와 로렌스 베누티Lawrence Venuti는 번역이 단순히 원천 텍스트의 복사를 의미하는 '반영reflection'이기보다는 인식의 변화를 의미하는 '굴절refraction'이라 했으며,[31] 번역자의 창의성과 번역물에 드러나는 번역자의 가시적인 존재를 강조하였다. 비유럽계 저자들이 내놓은 많은 번역 이론 가운데 두드러지는 특징 역시 충실과 등가라는 용어의 재정의와 번역자의 가시성visibility에 대한 강조의 중요성, 번역을 창의적인 다시 쓰기 행위로 보는 일이다. 이제 번역자는 목표 텍스트를 원천 텍스트에 종속시키지 않으며, 원래 형태의 고정된 기호에서 자유롭게 하는, 원저자와 원천 텍스트 및 목표 텍스트의 독자 사이의 가교 역할을 위해 눈에 띄게 헌신하는 해방자이며 언어와 문화의 중재자이고 창의적인 예술가이다.

3.2 언어와 문화 중재자로서의 번역자 역할

언어의 주된 목적은 대화 참여자들의 원활한 의사소통에 있다. 그리고 그러한 의사소통에는 언제나 쌍방향 또는 다多방향으로의 정보 흐름이 있다. 원활한 의사소통은 기존의 정보 도식[32]과의 결합을 통해서 새로운 정보의 획득을 가능하게 하고, 새로운 정보의 획득은 또 다른 새로운 정보의 획득을 위한 도식의 일부가 된다. 따라서 정보 처리가 얼마만큼 효율적으로 이루어지느냐 하는 문제는 대화 참여자들 간에 얼마만큼 의사소통이 원활하게 이루어지느냐 하는 문제와 직결된다.

대화 참여자들 간에 원활한 의사소통이 이루어지려면 의식적이든 무의식

---

31) Bassnett 1991: xvii.
32) 시간적 이접과 인과 관계로 관련된 사상과 상태들이 일정한 순서로 배열된 인지 패턴을 말한다(김태옥·이현호 138).

적이든 해결되어야 할 여러 가지 과제가 있다. 언어 그 자체와 관련된 '언어 내적인' 부분이라든가, 문화를 비롯한 그 밖의 다양한 '언어 외적인' 부분이 있으며, '주제 theme'나 '화제 topic'[33]와 관련해서 대화 참여자간에 공유된 정보가 필요하다. 말하는 이가 가정하는 바와 마찬가지로 이미 듣는 이가 인식하고 있어야 할 주제에 관한 정보는 기존 언어의 확장뿐 아니라 새로운 정보를 받아들이는 데 있어 매우 중요하다. 말하는 이가 의도하는 새로운 정보의 전달과 이에 대한 듣는 이의 정보 획득은 주제를 둘러싼 정보가 대화 참여자간에 상호 공유되어 있지 않으면 불가능하거나 정보처리 과정에서 비용이 많이 소요되기 때문이다. 동일한 언어를 사용하고 동일한 사회·문화·역사·경제·정치적 배경을 공유하는 대화 참여자들 간의 의사소통은 말하는 이의 의도적인 예외 상황을 제외한다면 대체적으로 공유된 정보를 바탕으로 원활하게 이루어진다.

하지만 언어가 다르고 사회·문화·역사 등의 배경이 다른 의사소통의 참여자에게는 문제가 다르다. 정보의 공유라는 점에서 한계가 있기 때문이다. 원천 문화의 텍스트를 목표 문화의 텍스트로 번역하는 일은 바로 언어와 기타 여러 가지 배경이 다른 의사소통의 참여자를 서로 연계시켜 주는 일이다. 따라서 번역자가 원문에 '충실'하다는 미명아래 어떠한 개입이나 중재 없이 문자 그대로 번역하여 독자로 하여금 원천 텍스트에 접하도록 한다면, 목표 문화권의 독자와 원저자간의 원활한 의사소통에 상당한 어려움이 야기될 것

---

33) theme-rheme은 프라그 학파가, topic-comment은 Chomsky(1965)가, given- new information은 Chafe(1970)가 제시한 용어로 약간의 차이는 존재하나 크게 하나의 범주로 묶을 수 있다(서화진 18). 본고에서는 '주제'로 통일하여 사용하기로 한다. 텍스트의 구성과 기존 언어의 확장을 위한 요점 제공에 중요한 역할을 하는 theme에 대해서 Mathesius는 진술의 출발점으로 보았고, Nichols는 theme을 담화 단위의 개념으로, topic을 문장 단위의 개념으로 사용하였다. Halliday는 topic을 특수한 종류의 theme이나 theme과 given의 포용 개념으로 사용한다(송은지 1). given information이란 듣는 이가 이미 인식하고 있다고 말하는 이가 가정하는 정보이다 (Chafe 30).

이다. 다시 말해서 원천 텍스트에 내포된 언어내적이고 외적인 지시와 함축의 내용을 목표 텍스트에 그대로 보존하려 할 경우 원활한 의사소통에 상당한 장애가 될 수 있으며, 의도하지 않았던 또 다른 암시를 발생시킬 수 있다.[34]

번역자가 의사소통의 과정을 정보처리 과정이라는 관점에서 이해한다면, 목표 텍스트의 독자들이 해당 정보처리에 소요해야 하는 비용과 그로부터 획득할 수 있는 인지적 이득의 관계를 고려하고 그에 대한 최적의 효율성에 대해 따져야 한다. 그것은 바로 저자와 독자가 어떻게 의사소통에 전제된 가정들을 전달하고 그러한 가정들을 유추하는지 밝히는 문제로 '관련성 이론 relevance theory'에서 그 해답을 찾을 수 있다. 관련성 이론에 의하면 정보처리에 소요되는 '노력(비용)'을 적게 요구할수록 그에 따른 '보상'인 '맥락효과 contextual effect'[35]가 커져 발화는 듣는 이 또는 독자와 더욱 밀접하게 관련짓도록 한다.[36] 더욱 밀접하게 관련짓는 일은 듣는 이 또는 독자에게 있던 기존의 인지적 도식과의 적절한 상호 작용을 통해 신속한 정보 처리와 용이한 신新정보의 획득을 도모하는 일이다. 이때 독자가 알고 있던 정보와 지나치게 관련이 있다면, 즉 관련성이 지나치게 높으면 새로운 정보라는 가치는 상실하게 된다. 이미 기존에 구축된 경험과 인지적 도식으로 해당 정보에 대한 충분한 지식이 있어 새로운 느낌이 감소하기 때문이다. 따라서 번역자는 원저자와 최종 독자 간의 원활한 의사소통을 위해 원천 텍스트에 내포된 암시적이고 함축된 정보뿐 아니라 전제된 정보에 대해서도 필요하다면 다양한 방법으로

---

34) Gutt 95.
35) relevance 이론에서 맥락(context)이라 함은 의사소통의 당사자(當事者)들에게 있던 기존의 가정들(old assumptions)을 의미하는 인지적 개념이다. 이러한 기존의 가정들이 새로운 가정이나 정보와 결합하거나 상호작용을 통해 새로운 맥락을 생성하게 되는데 이렇게 기존의 맥락을 변환시키는 효과를 맥락효과(contextual effect)라 한다. 발화가 관계 또는 관련(relevant)이 있다고 하는 것은 이러한 맥락효과를 생성해야 함을 의미한다(Sperber & Wilson 109, 132).
36) Sperber & Wilson 202.

적절하게 중재해야 한다.

3.2.1 대화의 상황에서 정보공유가 요구되는 맥락

■1 직시 deixis
■2 함축 implicature
■3 전제 presupposition

번역이 원저자와 번역 텍스트를 읽는 독자 간의 원활한 의사소통을 중재하는 과정이라고 본다면, 대화로 이루어지는 의사소통과 텍스트로 이루어지는 의사소통 간에 분명 관련 있는 부분이 있다. 따라서 먼저 대화 시 말하는 이와 듣는 이 간의 의사소통 과정에서 발생하는 현상에 대해 살펴볼 필요가 있다. 사람과 사람이 만나 나누는 대화의 상황에는 말하는 이가 의도적이든 비의도적이든 숨겨놓은 장치가 있게 마련이다. 말하는 이와 듣는 이 간의 원활한 의사를 주고받으려면 이러한 숨겨진 의미나 정보를 듣는 이가 반드시 공유해야만 원활한 정보의 전달과 획득이 가능하다. 즉, 말하는 이와 듣는 이 간에 발화된 진술이 명시적으로 그 의미가 명백할 때는 문제되지 않는다. 하지만 말하는 이가 자신의 진술에 대해서 명백하게 드러나지 않는 특정 정보의 공유를 듣는 이에게 요구한다면 듣는 이의 정보공유 유무가 대화의 이해에 결정적이다. 따라서 표면에 드러나지 않는 특정 정보에 대해 듣는 이의 정보공유를 요구하는 상황에는 어떠한 발화의 유형이 있는지 알아보는 일은 매우 의미가 있다.

1) 직시

직시deixis란 '가리키다', '보여주다'라는 의미의 그리스어 'deiknynai'에서 비롯된 말로, 발화의 맥락을 이루는 요소 가운데 어떤 대상을 직접적인 언어 표현으로 가리키는 일이다. 직시의 대상을 정확히 아는 일은 상대방의 말을 듣는 이가 이해하는 데 매우 중요하다. 직시에는 사람을 가리키는 인칭직시, 시간을 가리키는 시간직시, 장소를 지시하는 장소직시, 다른 말과의 연결 관계를 나타내는 담화직시, 사회적 신분이나 관계 또는 대화 참여자와 다른 지시체와의 사회적 관계를 나타내는 사회적 직시가 있다. 예를 보자.

ㄱ. 사장님, 그것은 제가 어제 이곳에서 그 분에게 말씀 드렸던 사항입니다.

위와 같은 예에서 '사장님', '분'은 말하는 이와 듣는 이, 말하는 이와 제3의 인물간의 사회적 관계를 나타내는 사회적 직시이고, '그것은'이라는 표현은 이전에 한 말과 연관이 있는 '담화 직시'이며, '제가'와 '그 분에게'는 사람을 가리키는 인칭직시, '어제'는 시간직시, '이곳에서'는 장소직시이다. 이 가운데 '그것은'과 '그 분에게'라는 표현은 발화의 이해에 있어서 말하는 이와 듣는 이 간의 정보 공유가 결정적인 요소이다. 따라서 직시 장치에 대한 말하는 이와 듣는 이 간의 이해는 원활한 의사소통에 매우 중요하다 하겠다.

2) 함축

말하는 이와 듣는 이 간의 대화에 있어서, 말하는 이의 발화는 말하는 이의 의도에 따라 실제로 발화된 그 이상의 의미를 듣는 이에게 전달할 수 있다. 듣는 이는 발화가 이루어지는 상황의 맥락과 자신의 인지적 구조 내에 존재하는 관련 도식과의 연계를 통해서 이를 추론하고 이해한다. 이때 도식은 자신의 경험과 지식으로 구축된다. 발화 이면의 의미를 말하는 이와 듣는 이 간에 서로 주고받는 언어 행위에 있어서 '대화의 함축 conversational implicature'이라는 개념은 매우 중요하며 또한 커다란 기여를 한다.[37] 그러나 의도적인 대화의 함축이 말하는 이와 듣는 이 간에 원활하게 소통되려면 주고받는 대화에 대해 서로 협조하고 있다는 전제가 필요하다. 함축의 예를 들어보자.

> ㄱ. 자기야, 자기야! 설악산 단풍이 진짜 끝내준대.

 사랑하는 연인 간에 위와 같은 여자의 발화가 있었다 하자. 이때 여자는 단순히 설악산의 단풍이 아름답다는 사실만을 이야기하고자 함은 아닐 것이다. 그 이면에는 '우리도 설악산 단풍을 구경하러 가자'라는 함축적인 의미가 있을 것이고, 이에 남자는 연인과의 경험과 연인에 대한 지식을 바탕으로 구축된 자신의 인지적 도식과 발화의 상황을 통해 이를 추론하고 그 진의를 파악할 것이다. 물론 협조적인 대화가 이루어지지 않는다면 두 사람 간의 원활한 의사소통은 어렵다.

3) 전제

 함축뿐 아니라 말하는 이와 듣는 이 간의 원활한 의사소통을 위해서는 말하는 이가 명제적으로 단언하지는 않았지만, 단언된 발화의 내용이 기존의 맥락에서 적절히 성립하려면 반드시 충족되어야 할 전제presupposition에 대한 지식을 말하는 이와 듣는 이가 공유해야 한다. 참, 거짓을 기초로 해서 어휘나 문법 구조에서 추론해낼 수 있는 '의미론적 전제'와, 참이냐 거짓이냐 하는 문제와는 관계가 없지만 말하는 이와 듣는 이 간의 상호 지식과 사회 문화적이고 구조적인 관습을 바탕으로 하는 표현의 적절성에서 추론할 수 있는 '화용론적 전제' 둘 다에 대한 이해가 필요함은 물론이다.[38] 이러한 전제는 함축과 더불어 언어를 통한 의사소통 과정에서 발화와 추론의 관계를 극명하게

---

37) Levinson 97.
38) Levinson 199-205.

보여주는 자연 언어만의 특징적 현상으로, 맥락이라는 자원을 이용하여 언어의 외적인 면을 확대하는 장치이다.[39]

> ㄱ. 아, 그 양반 술 냄새가 아침까지도 지독하게 나더라구!

위와 같은 발화가 성립하기 위해서는 '그 양반'이라고 지칭되는 대상이 어제 밤이나 그 이전에 술을 아주 많이 마셨다는 전제가 말하는 이와 듣는 이 간에 공유되어야 한다. 만일 공유되어 있지 않다면 반드시 계속 이어지는 발화를 통해 정보 공유의 과정을 밟을 것이다.

말하는 이와 듣는 이 간의 원활한 의사소통과 효율적인 정보 전달 및 획득은 동일한 언어를 모국어로 사용하고, 동일한 역사·사회·정치·문화·경제 등에 대한 배경 지식이 있다면 그리 어려움이 없을 것이나, 사용하는 모국어나 사회 문화적인 배경 지식이 서로 다르다면 쉽지 않을 것이다. 그만큼 정보 공유에 한계가 있기 때문이다. 번역의 상황이 바로 그와 같은 경우이다.

3.2.2 번역의 상황에서 정보공유가 요구되는 맥락

1 직시 deixis
2 함축 implicature
3 전제 presupposition

직접적인 대화의 상황뿐 아니라 원저자와 최종 독자 간에 텍스트로 전해지는 의사소통에 있어서도 마찬가지로 직시, 함축, 전제에 대한 정보 공유가 요구된다. 다음의 예들을 살펴보자.

---

39) 이성범b 213.

1) 직시

> **ST** [40) It's a big blow to US war planning.
>
> (AP Network News 2003/3/4)
>
> **TT1** [41) 그것은 미국의 전쟁 계획에 큰 타격입니다.
>
> **TT2** 이러한 의회 표결 결과는 미국의 대 이라크 개전 계획에 큰 타격을 가하고
> 있습니다.
> (Daily English AE Service)

이 사례에서는 원저자가 사용하고 있는 직시 deixis '그것은(It)'의 대상이 무
엇인지에 관한 정보를 최종 독자인 목표언어권의 독자가 공유하고 있어야만
원활한 의사소통이 가능하다. 물론 이전 문장 어딘가에 직시의 대상이 직접적
으로 언급되었겠지만 두 어휘가 너무 멀리 떨어져 있어 쉽게 이해되지 않을
때는 번역자의 개입이 필요하다. [TT1]의 번역과는 달리 [TT2]의 번역에서는
해당 정보를 명확히 표기해 놓았다. 한국어와 같이 목표 언어권에서 대명사의
쓰임이 빈번하지 않을 때도 번역자의 개입이 있어야 한다.

2) 함축

> **ST** Shall I compare thee to summer's day?
>
> **TT** 그대를 여름 날에 비유할까?

셰익스피어의 한 소네트에서 발췌한 이 예문의 'summer's day'는 화창한

---

40) Source Text: 원천 텍스트, 출발 텍스트, 원문이라고도 한다.
41) Target Text: 목표 텍스트, 도착 텍스트, 역문이라고도 한다.

햇살을 좀처럼 보기 어려운 문화권에서의 화창한 여름날을 의미한다. 연인의 아름다움이나 존재를 그에 비유하면서 연인을 칭송한 구절인데 이러한 함축 implicature의 의미를 독자 역시 공유하고 있어야 한다. 그러나 1년 내내 찌는 듯한 무더위와 싸워야 하는 열대 문화권의 독자나, 여름에 화창한 햇살을 보는 일이 그리 어렵지 않은 문화권 내의 독자라면 원저자가 원하는 독자의 반응을 유도할 수 없다. 따라서 번역자는 이와 동등한 효과를 낼 수 있는 다른 표현을 쓰거나, 원문의 표현은 그대로 두면서 별도의 각주를 사용해 이에 대한 정보를 제공하거나, 추가의 정보를 문장 내에 자연스럽게 덧붙이는 등의 방식으로 개입을 해야 한다.

3) 전제

> **ST** Today's <u>announcement</u> is very embarrassing for Tony Blair and is seen as a direct challenge to his leadership.
> (AP Network News 2003/11)

> **TT1** 오늘의 발표는 토니 블레어 총리에게 상당히 당혹스러운 일로서 총리의 지도력에 대한 직접적인 도전으로 여겨집니다.

> **TT2** 오늘 <u>라드의원의 사임</u> 발표가 블레어 총리에게는 매우 수치스러운 사건이었으며 그의 지도력에 대한 직접적인 도전으로 여겨지고 있습니다.
> (Daily English AE Service)

이 예문에 대해 독자는 오늘 무슨 발표가 있었는지에 대한 정보를 공유하고 있어야 원활한 의사소통이 가능하다. 물론 바로 직전 문장에서 해당 정보를 획득할 수 있을 때는 예외이겠지만, 그렇지 않을 때는 번역자의 개입이 있어야 한다. [TT2]의 번역자는 상세히 그 내용을 밝히고 있다.

원저자는 자신의 의도 여부에 따라 문장 이면에 감추어진 또 다른 의미를 독자가 언어 내적이고 외적인 지식과, 독자 자신만의 경험 및 일반 지식을 이용하여 추론하도록 유도할 수 있다. 이에 대해 독자는 문장 이면에 전제된 배경 지식에 대한 정보를 원저자와 공유하고 있어야만 원저자가 의미하는 내용에 대한 완전한 이해를 향한 접근이 가능하다. 원천 텍스트의 저자와 원천 텍스트의 독자 간의 관계는 동일한 언어를 사용하고 동일한 역사·사회·정치·경제·문화 등에 대한 배경 지식을 공유하고 있다는 점에서 저자가 의도한 바대로 감춰지거나 전제된 의미를 독자가 추론하는 일이 그리 어려운 일은 아니다. 그러나 상이한 언어를 사용하고 상이한 문화권에서 생활하는 목표 텍스트의 독자는 저자의 지식과 경험, 기타 일반 상식에 대한 정보를 서로 공유하는 데 있어서 그 한계가 있기 마련이다. 그 점이 바로 중재자로서의 번역자 역할이 반드시 필요한 이유이다.

3.3 번역의 과정

번역자에 대한 기존의 제한된 개념과는 달리 번역자를 적극적인 언어 및 문화의 중재자로 보는 견해에 따르면, 번역자는 원천언어에 대한 전문적인 지식뿐 아니라 원천 문화권과 목표 문화권의 사회 문화 체제에 대한 '인지적 틀cognitive frame'을 이해하고 또 이를 생성하는 능력을 갖추어야 한다. 즉 번역자는 원천언어와 원천 문화권의 인지적 해석의 틀 구조를 이해하는 동시에 목표 문화권의 독자가 이해할 수 있는 인지적 틀의 조합으로 텍스트를 재생성한다.

노이베르트Albrecht Neubert와 쉬리브Gregory M. Shreve가 '경험과 지식의 조직'42)

---

42) Neubert & Shreve 60.

이라고 정의하는 틀은 텍스트로 활성화가 되며 해당 언어 사용자의 사회 문화적 배경과 밀접하게 연관되어 있다. 한스 해니그 Hans Hönig는 틀을 텍스트와 관련 있는 이전 지식과, 일반화, 기대들의 조합으로 이해한다. 틀은 텍스트가 읽혀지는 동안 기대나 다른 알려진 유사한 텍스트 또는 기대함직한 텍스트에 얼마나 부응하는가에 따라 평가받는다. 따라서 원천 텍스트는 원천 문화권의 원천 언어 사용자들의 사회·문화적 배경과 밀접하게 연관되어 있으면서 원천 텍스트 이전의 지식과 일반화, 기대가 조합된 산물이다. 목표 텍스트 또한 목표 문화권의 목표 언어 사용자들의 사회·문화적 배경과 밀접하게 연관되어 있으면서 목표 텍스트 이전의 지식과 일반화, 기대 들을 고려해 생성된다. 번역자는 목표 텍스트를 결과물로 내놓기 전에 이러한 요소들을 고려한 인지적 가상의 텍스트를 머릿속에 그려본다. 가상의 텍스트는 목표 문화권의 사회·문화적 배경과 언어 사용자들의 이전 지식이나 일반화, 기대에 적절하게 부응하면서 목표 언어에 적합한 텍스트로 산출된다. 이러한 과정을 도표화하면 다음과 같다(Katan 125)[43].

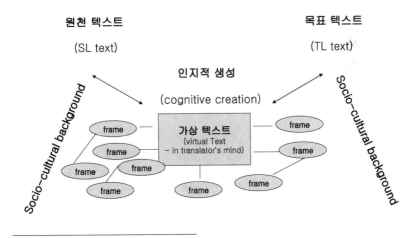

43) 이근희 2006 참조.

그러나 일정 수준에 도달한 번역 능력을 갖춘 자만이 번역을 하는 것이 아니라면 번역 과정은 번역자의 번역 능력에 따라 상이한 과정을 거칠 것이다. 번역자의 능력에 따른 번역 과정은 크게 3단계로 분류할 수 있다. 1단계는 초보 번역자들이 주로 거치는 'SL 틀 주도적 번역' 과정으로서, 원문의 어휘와 문법 구조를 목표 텍스트의 언어와 사회 문화적 맥락에 관계없이 가장 일반적인 의미로 번역하는 과정을 거친다. 2단계는 'TL 틀 주도적 번역' 과정으로서, TL의 언어 체계 및 사회 문화적 관습에 적절하도록 번역을 하지만 원문의 의미에 충실한 번역과정을 거친다. 3단계는 '전략적 틀 주도적 번역' 과정으로서, 번역자는 번역에 개입되는 요소 가운데 번역의 목적이나 번역 텍스트의 기능에 더 많은 가치를 부여하며 어떠한 제약이나 구속 없이 자신만의 전략적인 틀 주도적 번역과정을 거친다. 즉, 번역자는 자신의 전략적인 선택에 따라 자유자재로 번역 과정의 단계를 취사선택할 수 있다. 보편적으로, 번역 능력이 낮은 번역자일수록 원천 문화권과 목표 문화권의 사회·문화적인 틀을 양 방향으로 고려하기보다는 1단계로 바로 나아간다. 중급 번역가들은 1단계에서 2단계로, 2단계에서 3단계로 순차적인 단계를 밟는다. 전문 번역가일수록 순차적인 번역 단계 대신, 자신의 번역 전략에 따라 자유자재로 1단계나 2단계, 또는 3단계 과정을 선택적으로 드나들고, 하나의 텍스트를 번역하며 다양한 단계의 번역과정을 거치기도 한다. 아주 간략한 예문을 통해 이러한 과정을 살펴보자.

ST1 Thank you for having a good time with you.

TT1 1) 당신과 함께 좋은 시간을 가질 수 있어 감사드립니다.
2) 너와 함께 좋은 시간을 가져서 감사한다.

초보 번역자의 경우 원문의 틀 구조 그대로 번역하기 때문에 위와 같이 단어 대 단어 번역으로 번역하는 경향이 짙다. 그러나 1)의 번역문의 경우 목표언어인 한국어에서는 '당신'이라는 호칭을 구어체에서 잘 사용하지 않거니와 사용한다 해도 말다툼 또는 그 이상의 다툼에서 상대방을 부를 때 주로 사용하는 호칭이다. 또는 연인 간의 대화에 있어서 격식을 갖추어 부를 때 사용하는 호칭이기 때문에 그 사용이 매우 한정적이다. 따라서 '당신'이라는 번역어는 부적절하다. '함께'는 이미 '당신과'의 접미사 '과'에 내포된 의미이므로 군더더기 표현에 불과하다. '좋은 시간'이라는 표현에 있어서 한국어에서는 '좋은 시간'이라고 표현하는 일보다 '즐거운 한 때' 또는 '재미있는 시간' 등을 사용하며 '시간'에는 '보내다'라는 단어가 어울리는 짝이다. 번역문 2)에서는 '당신'이라는 호칭 대신 '너'라는 호칭을 사용하여 번역하고 있으나 '너'에게 '감사한다'라는 표현은 한국어의 대우법에 비추어 적절하지 않다. '고마워' 부류의 표현을 사용해야 적절하다. 번역자는 SL의 틀 구조의 단어 하나하나에 충실한 1단계 번역을 하다 보니 TL의 체계에 적합한 번역문을 생산하지 못한다.

> [중급 번역재 1) (ø)44) 함께 즐거운 시간을 보내게 되어 감사합니다.
> 2) 너랑 즐거운 한 때를 보내게 되어 고마워.

1)의 번역문은 TL인 한국어에서 1인칭 2인칭의 주어는 가급적 생략한다는 점을 반영하였다. 목표 언어의 틀 주도로 번역하다보니 원문에 있는 특정 요소의 번역이 생략되긴 했어도 저자와 독자/화자와 청자 간 의사소통에 문제가 발생하는 것은 아니다. 2)의 번역문은 전치사 'with'를 번역하면서 전형적으로 쓰이는 '함께'라는 표현을 쓰지 않고 한국어의 구어체에 적합하도록 동반을 나타내는 격조사 '-랑'을 사용하여 한국어의 언어체계에 보다 더 적절한

---

44) 원문의 특정 요소의 번역이 생략되었음을 표시한다.

번역문을 구사한다.

> [전문 번역가] 1) 귀한 시간 내주셔서 감사합니다.
> 2) 덕분에 즐거웠어요.
> 3) 너랑 재밌었어, 고마워

번역 1)과 2)와 3)은 아주 단순한 원문의 문장을 상황별로, 상대에 따라 목표 언어인 한국어의 용법에 맞게 얼마나 다르게 번역할 수 있는지 보여준다. 전문 번역가일수록 적극적인 중재자로서, 번역에 개입하는 다양한 요소를 고려하면서 원천 문화권과 목표 문화권의 사회·문화적인 배경과 그와 관련된 틀들을 고려하며 번역 전략에 자신의 의지를 반영한다. 또한 의도된 이유가 있다면, SL의 틀 구조 및 의미에서 벗어나는 일이 훨씬 자유롭다. 따라서 실제 적용되는 목표 언어의 상황을 고려해보았을 때 원문 그대로 번역하는 일이 적절하지 않다면 맥락을 고려하여 목표언어와 문화에 더 적합하도록 번역할 수 있다. 물론 번역 전략에 따라 1단계의 번역 방법이 필요하다면 SL 틀 주도적인 번역문으로, 2단계의 번역 방법이 필요하다면 TL 틀 주도적인 번역문으로, 한 텍스트 내에서 두 가지 번역 방법이 부분적으로 필요하다면 그 역시 가능하다. 번역자의 적극적인 중재자 역할을 반영하는 인지적 생성 모형을 토대로 번역자의 번역 능력을 반영하는 새로운 번역 모형을 대안으로 제시하자면 다음과 같다[45].

---

45) 이근희 2006 참조.

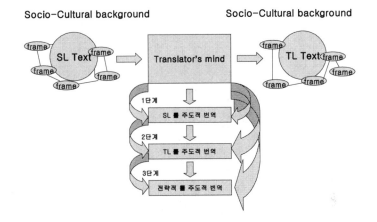

번역의 과정

3.4 변환

■ 대체 substitution

■ 삽입 addition

■ 삭제 또는 생략 deletion or ellipsis

■ 왜곡 distortion

번역자가 필요에 따라 원천 텍스트의 정보에 개입하여 가하게 되는 원천 텍스트의 변환shift에 대해 최초로 언급한 학자는 캣포드이다. 캣포드는 변환을 "원천언어에서 목표언어로 가는 과정에서 이 둘이 형식상 일치하지 않는 일탈"이라고 정의하였다. 변환은 번역자가 원천 텍스트의 구조를 극단적으로 그대로 가져오려고 고집하지 않는 한 피할 수 없는 현상으로서, 원천언어와 목표언어가 구조적으로 서로 맞바꿀 수 없는데서 비롯된다.46) 캣포드가 분류한 변환의 종류는 순전히 언어 층위에서 야기되는 변환으로, 문법과 어휘와 관련이 있으며 범주의 변환, 층위의 변환, 구조의 변환, 단위의 변환 등으로 분류된다. 안톤 포포비치Anton Popovič는 의미의 상실이나 획득 또는 변화는 번역 과정에서 요구되는 부분으로, 변환은 "원문과 달리 새롭게 나타나거나, 당연히 있어야 할 원문의 일부가 기대와 달리 나타나지 않는 등의 모든 것"이라고 하였다.[47] 포포비치는 언어 현상뿐 아니라 텍스트적이고 문학적이며 문화적인 고려에서 비롯되는 대체까지로 변환을 확대하였다. 포포비치에 의하면 이 모든 변환은 번역자가 가능한 한 원천 텍스트에 충실한 번역문을 재생산하면서 원문을 전체적인, 하나의 유기적인 통합체로 파악하기 위한 시도에서 비롯된다. 번역자의 취향이나 선호 또는 번역 정책, 번역의 규범 등과 같은 요인에 영향을 받는 변환은 따라서 형식의 변화뿐 아니라 특정 문체나 어투의 추구, 명시화, 강화 등으로 나타난다.[48] 번역자가 번역 텍스트에 가하는 다양한 개입에 대해 스넬 혼비Mary Snell-Hornby는 '변환shift'이라는 용어대신 '공인된 조작admitted manipulation'이라는 용어를 사용했다. 불룸 쿨카Shoshana Blum-Kulka는 목표문화의 가치와 결속시키기 위한 변화의 필요성을 언급하며 결속구조와 결속성의 변환에 대해 언급했다. 수잔 바스넷Susan Bassnett과 로저 벨Roger T. Bell은 두 언어 간에 등가의 효과를 내기란 불가능하기 때문에 번역과정에서 무언가를 '상실loss'하고 '획득gain'하는 것은 당연하며, '획득'은 때때로 원천 텍스트의 내용을 풍부하게 하거나 의미를 더욱 명료하게 할 수 있다고 했다. 그러나 이러한 주장에 대해 에드윈 겐쯜러Edwin Gentzler는 원문에도 없는 개념에 부가될지 모를 변화에 대해 우려를 나타냈다. 발터 벤야민Walter Benjamin은 개입 및 중재에 적극적인 문화 중재자로서의 번역자 역할을 강조하였다. 벤야민에 의하면, 문화의 중재자는 문화라는 맥락 내에서 원저자의 의도나 텍스트의 기능뿐 아니라, 원문의 저자와 목표 텍스트의 독자 간에 이루어지는 의사

---

46) Catford 73.
47) Popovič 1970, 79.
48) Shuttleworth & Moira Cowie 152-154.

소통의 촉진에 주의를 기울여야 한다.[49)]

　이렇듯 많은 학자가 다양한 용어를 사용하여 의견을 개진하고 있지만, 대다수 공통된 주장은 번역의 과정에서 번역자가 언어적인 고려에서뿐만 아니라 텍스트적이고 문학적이며 문화적인 고려에서 원천 텍스트에 변화를 가하는 일은 불가피하다는 점이다. 그리고 이러한 모든 변환에 대해 단순히 번역자의 실수나 능력 부족으로 여길 것이 아니라 포포비치의 말대로 번역자가 가능한 한 원천 텍스트에 충실한 번역 텍스트를 재생산하면서 원천 텍스트를 하나의 유기적인 통합체로 파악하려는 시도에서 비롯되었다고 이해해야 한다. 번역자가 구사할 수 있는 변환 방법은 크게 '대체 substitution', '삽입 addition', '삭제 또는 생략 deletion or ellipsis', '왜곡 distortion'으로 분류해 볼 수 있다.[50)] 이 각각에 대해 살펴보면 다음과 같다.

3.4.1 대체(substitution)

- **１** 상위어上位語, hypernym로의 대체 변환
- **２** 하위어下位語, hyponym로의 대체 변환
- **３** 유의어類義語로의 대체 변환
- **４** 이의어異義語로의 대체 변환
- **５** 직시어의 직접 대상으로의 대체 변환
- **６** 어순語順의 대체 변환
- **７** 도량형 단위의 대체 변환

　'대체'는 원천언어에 대응하는 목표언어로 번역하기 보다는 원천 텍스트의 특정 단어나 구절에 대해 목표언어권의 다른 단어로 대체해서 번역하는 방법

---

49) Katan 140.
50) Shuttleworth & Moira Cowie 1997, 152-154, Katan 1999, 123-143, Munday 2001, 55-66. Baker 1992.

이다. 대체 번역의 유형별 사례는 다음과 같다.

1) 상위어로의 대체 변환

'일반화generalization, under-translation'라고도 일컫는 이 방법은 대체 변환 가운데 가장 일반적인 방법이다. 두 문화권의 개념 범주가 다르거나, 원천 문화권 내의 특정 문화가 두드러지게 발달한 관계로 그 문화와 관련된 단어가 매우 세분된 반면, 목표 문화권 내에서는 그에 상응하는 등가의 단어를 좀처럼 찾기 어려울 때, 맥락상 세분화된 단어로의 번역이 필요 없을 때, 원천 텍스트에 환유법을 적용했을 때 번역자가 사용할 수 있다. 더 넓은 범주에 속하는 '상위의 개념어'로 일반화해서 번역하는 방법으로 상위어上位語, hypernym는 하위어의 개념을 포함하고 있다.

> **ST1** : English
> <u>Shampoo</u> the hair with a mild WELLA-SHAMPOO and lightly towel dry.
>
> **TT1** [51]): Spanish
> <u>Lavar</u> el cabello con un champú suave de WELLA y frotar ligeramente con una toalla.
>
> **Back** : Back-translation
> <u>Wash</u> hair with a mild WELLA shampoo and rub lightly with a towel.
> (Baker 1992: 27)

영어 'shampoo'는 명사로는 '머리를 감기 위해 사용하는 비눗기가 있는

---

51) Target Text: 목표 텍스트, 도착 텍스트, 역문 등으로 불린다.

액체'이고 동사로는 '샴푸를 사용해서 머리를 감다'라는 의미이다. 한국어에서도 이에 마땅한 대응어가 존재하지 않아 일반적으로 '샴푸'와 '샴푸하다'로 차용해서 사용하는 실정이다. 스페인어로 번역한 목표 텍스트를 다시 영어로 역번역한 결과, 영어 'shampoo'가 'wash'로 번역되었음을 알 수 있다. 'wash'는 '닦다', '씻다', '세수하다', '감다', '빨래하다', '세탁하다', '목욕하다' 등과 같이 'shampoo'와 대비했을 때 더 일반적인 개념의 상위어로서 '머리를 감다'라는 맥락 외에도 다양한 맥락에서 활용이 가능하다. 이로 추측하건대 원천언어 'shampoo'에 대응하는 마땅한 목표언어가 존재하지 않기에 영어를 스페인어로 번역한 번역자는 더 상위어인 'wash'로 번역했음을 짐작할 수 있다.

ST2 Still more significant deployments of <u>US servicemen and women</u> to tell you about today. (AP Network News 2003/3/5)

TT2 오늘 <u>미군</u>의 배치와 관련하여 이전보다 훨씬 더 의미 있는 소식이 전해지고 있습니다. (Daily English AE service)

원천 텍스트에 표현된 하위 개념의 어휘인 '남군servicemen과 여군servicewomen'의 나열에 대해서 번역 텍스트상 세분화가 필요 없기에 번역자는 이를 통합하여 더 상위 개념의 단어인 '미군'으로 일반화하여 대체 변환하였다.

ST3 An Iraqi Official indicates <u>Baghdad</u> could stop the missile destruction if the US signals it is close to an attack on <u>Baghdad.</u> (AP Network News 2003/3/4)

TT3 이라크의 한 정부 관리는 만약 미국이 <u>이라크</u>에 대한 공격을 강행할 조짐을 보인다면 <u>이라크</u>는 미사일 폐기를 중단할 수 있다는 점을 시사하고 있습니다. (Daily English AE service)

원천 텍스트의 'Baghdad'는 표현하려는 대상과 관련된 어떤 사물이나 속성을 대신 들어 그 대상을 나타내는 비유법의 일종인 '환유법換喩法'을 적용하고 있다. 즉 이라크의 수도인 '바그다드'를 언급하지만, 바그다드가 속한 '이라크'를 의미한다. 번역자는 원천 텍스트와 같이 환유적인 표현으로 번역하기보다는 '바그다드'가 직시하는 대상을 직접 대체해서 변환하였다.

2) 하위어로의 대체 변환

'상세화specialization, over-translation'라고도 하는 하위어下位語, hyponym로의 대체는 상위어로 일반화시켜 대체하는 방법과 반대되는 방법이다. 독자에게 더 상세한 정보를 제공하려고 번역자가 선택하는 방법으로 하위어는 상위어에 종속된다. 예문을 보자.

> **ST** Cardinal Pio Laghi returned to Rome today after conveying to Bush the strong opposition to <u>a war</u> from Pope John Paul II.
> (AP Network News 2003/3/10)
>
> **TT** 피오 라지 추기경은 오늘 부시 대통령에게 <u>이라크 전</u>을 강력히 반대하는 교황 요한 바오로 II세의 메시지를 전달한 후 오늘 로마로 돌아갔습니다.
> (Daily English AE service)

총칭적인 의미에서의 '전쟁' 또는 '하나의 전쟁'을 뜻하는 'a war'가 실은 이라크 전쟁임을 함축하는 원문에 대해 하위 범주로의 변환을 통해 '이라크 전'이라고 구체적으로 대체 번역하였다.

3) 유의어로의 대체 변환

원천 텍스트의 특정 단어나 구phrase, 절clause의 의미를 표층 구조가 아닌 심층 구조에서 파악하여 이와 유사한 의미를 갖는 목표언어권의 단어나 구, 절로 대체하여 번역하는 방법을 말한다. 일반적으로 은유 표현이나 관용적인 표현, 속담을 번역할 때 구사할 수 있는 방법이다. 사례를 보자.

> **ST** The tiger hasn't changed its stripes.
> (AP Network News 2003/ 3/12)
>
> **TT** 세 살 버릇 여든까지 갑니다. (Daily English AE service)

원천 텍스트의 관용적인 표현에 대해 심층 구조의 함축적인 의미와 유사한 목표언어권의 관용적인 표현으로 대체하여 변환하였다.

4) 이의어로의 대체 변환

원천 텍스트의 특정 단어나 구phrase, 절clause의 의미와 다른 의미의 목표 언어권의 특정 단어나 구, 절로 대체 번역하는 방법이다. 특정 단어나 문맥을 강조할 때, 좀 더 명확한 의미를 전달할 때 번역자가 채택할 수 있는 대체 방법이다.

> **ST** And in Los Angeles, Latino groups also plan a march and rally against war with Iraq. (AP Network News 2003/3/11)
>
> **TT** 한편 로스엔젤레스에서는 라틴계 시위대들이 이라크와의 전쟁을 반대하는 가두시위와 군중집회를 계획하고 있습니다. (Daily English AE service)

본 예문에서는 다른 말과의 연결 관계를 나타내는 담화직시 'and'의 번역을 예로 든다. 두 문장이나 구의 접속관계가 서로 맞서지 않고 순조롭고 편하게 이어지는 순접順接의 접속부사 'and'에 대해서 번역자는 '그리고'라는 표현 대신 내용의 전환을 의미하는 접속부사 '한편'으로 대체 번역하였다. 이러한 경우에는 맥락이 중요하다.

5) 직시어의 직접 대상으로의 대체 변환

인칭을 가리키는 인칭직시, 시간을 가리키는 시간직시, 장소를 지시하는 장소직시, 다른 말과의 연결 관계를 나타내는 담화직시, 사회적 신분이나 관계 또는 대화 참여자와 다른 지시체와의 사회적 관계를 나타내는 사회적 직시 등의 표현에 대해 직시어가 가리키는 직접 대상으로 대체 변환하여 번역하는 방법이다.

> **ST1** The date for <u>that</u> deadline, if the resolution passes, will be March 17th. (AP Network News 2003/3/11)

> **TT1** 그 결의안이 통과될 경우 <u>미사일 폐기</u> 시한은 3월 17일이 될 것입니다. (Daily English AE service)

원천 텍스트의 담화 직시 'that'의 직시 대상을 명시적으로 표현하고 있다.

> **ST2** Swiss authorities have evidence that top members of al-Qaeda used phone cards <u>in their country</u> to communicate within the terror network. (AP Network News 2003/3/11)

> **TT2** 스위스 수사당국은 알 카에다의 수뇌부 인사들이 <u>스위스에서</u> 휴대폰 카드를 사용하여 테러대원들과 통신을 주고받았다는 증거를 확보했습니다. (Daily English AE service)

소유격의 인칭직시인 'their'의 직시 대상을 파악하여 해당 문구를 명시적
으로 대체 변환하여 번역하였다.

6) 어순의 대체 변환

한 문장 내에 쓰이는 단어들 간의 순서가 원천언어와 목표언어에 있어서
관용적으로 서로 달라 발생하는 대체 번역이다. 언어적인 이유에서 비롯되기
도 하며, 문화적인 이유에서 비롯되기도 한다. 영어는 신분(직위)→고유명사,
시각→청각, 작은말→큰말의 순서로 단어를 배열하는 반면, 한국어는 고유명
사→신분(직위), 청각→시각, 큰말→작은말의 순서로 단어를 배열한다. 예문
을 살펴보면 다음과 같다.

작은 범주 + 큰 범주 → 큰 범주 + 작은 범주

ST1 I've been assigned to <u>the first battalion, fifth regiment</u>, a regiment
that fought here in the Persian Gulf 13 years ago.

(AP Network News 2003/3/4)

TT1 그 결과 저는 13년전 걸프전에도 참전했던 <u>제5연대 제1대대</u>에 배속됐습니
다.

(Daily English AE service)

원천언어인 영어는 작은 범주의 단어를 먼저 쓴 다음 넓은 범주의 단어로
나아가지만, 목표언어인 한국어는 넓은 범주의 단어에서 그보다 작은 범주의
단어로 나아간다. 따라서 원천 텍스트의 어순을 그대로 옮기면 어색한 문장이
되므로 번역자는 목표언어권의 어순에 적합하도록 개입하였다.

ST2 At <u>a September 2002</u> press conference, the Beijing government upwardly revised the total from 850,000 to 1 million, but no one believes that figure. (Newsweek 2002/11/6)

TT2 중국 정부는 <u>2002년 9월</u> 가진 기자회견에서 감염자 수를 85만 명에서 1백만 명으로 상향 조정했지만 그 수치를 믿는 사람은 아무도 없다. (The Newsweek 한국판 2002/11/13)

날짜와 관련된 어순이 원천 문화와 목표 문화 간에 서로 다른 사례이다. 번역자는 목표 문화권의 언어사용 관습에 적절하도록 어순을 변경해서 년 → 월의 순서로 '2002년 9월'이라고 번역하는 동시에 'a'에 해당하는 '어느 날'의 번역은 생략하는 방법으로 중재하였다.

신분(관직, 직위 등) + 고유명사 → 고유명사 + 신분(관직, 직위 등)

ST1 <u>U.S. president George W. Bush</u> admits in a soon-to-be-published book to feelings of loathing toward North Korea's dictator Kim Jong-il, the Washington Post reported Saturday. (The Korea Herald: English Update 2002/11/21)

TT1 <u>조지 W. 부시 미국 대통령</u>은 곧 출간될 책에서 북한의 독재자 김정일에 대해 혐오스러운 감정을 품고 있음을 인정했다고 토요일 워싱턴 포스트가 보도했다. (The Korea Herald: English Update 2002/11/21)

관직을 먼저 쓰고 인명人名인 고유명사를 쓰는 원천 문화권의 언어관습에 비해, 고유명사를 먼저 쓰고 관직을 나중에 쓰는 목표언어권의 언어사용 관습이 다르므로 번역자는 목표언어권의 언어사용 관습에 따라 어순을 변경해서 번역하였다.

> **ST2** Britain's Prince Charles on Tuesday ordered an internal review into the sensational collapse of the Princess Diana butler trial and claims of a royal cover-up over an alleged homosexual rape.
> (The Korea Herald: English Update 2002/11/22)
>
> **TT2** 영국의 찰스 왕세자는 화요일 다이에나 왕세자비의 집사 재판의 놀라운 실패와 왕실이 동성 강간을 은폐했다는 주장에 대한 내부 조사를 지시했다.
> (The Korea Herald: English Update 2002/11/22)

신분과 인명이 나란히 있을 때 신분을 먼저 쓰는 원천 문화와는 달리 신분을 인명 뒤에 쓰는 목표 문화의 언어사용 관습에 따라 어순을 달리 번역하였다.

7) 도량형 단위의 대체 번역

원천 문화권과 목표 문화권의 높이·신장·거리·부피(무게)·화폐 등의 도량형 단위가 서로 다를 때 번역자가 선택할 수 있는 대체 번역이다. 원천 문화권의 도량형 단위를 그대로 옮길 때, 목표 문화권의 독자는 그 단위에 익숙지 않아 정확한 수량(數量) 및 부피에 관한 정보를 공유하는 데 실패할 가능성이 크다. 따라서 번역자의 번역전략에 따라 도량형 단위를 대체해서 번역할 수 있다.

ST Sharon has actually authorized construction of <u>a 12-foot-high fence</u> along some parts of the West Bank's <u>300-mile perimeter.</u>

(Newsweek 2002/12/4)

TT 사실 샤론도 총 4백 80km에 달하는 서안의 둘레 중 일부 구간에 대해 <u>높이 3.6m의 방벽</u> 건설을 승인한 바 있다.

(Newsweek 한국판 World Affairs 2002/12/4)

원천 문화권과 목표 문화권이 상이한 측량제도를 적용하고 있어 번역자는 이에 적극적으로 개입해 두 문화 간에 존재하는 차이를 중재하고 있음을 알 수 있다. 번역자는 원천 문화권에서 사용하는 마일이나 피트 단위를 목표언어권에 익숙한 미터제로 환산하여 대체 번역하였다.

신장(身長)

ST Harry, though still rather small and skinny for his age, had grown <u>a few inches</u> over the last year.

(*Harry Potter and the Prisoner of Azkaban*. Rowling 6)

TT 해리는 또래들에 비해 아직 작고 마르기는 했지만, 작년에는 그래도 <u>키가 몇 센티미터나</u> 자랐다.

(『해리포터와 아즈카반의 죄수』. 김혜원 17)

키에 대한 원천 문화권의 단위(인치)가 목표 문화권에서는 적용되지 않으므로 목표 문화권의 측량 단위인 '센티미터'로 환산하여 번역하였다.

거리

> **ST** A man, who claimed to be ex - military, said that he had seen a gunman step out of a van, take aim with a rifle and shoot the woman from a range of <u>about 40 yards</u>. (Newsweek 2002/11/6)

> **TT** 軍에서 복무한 적이 있다고 주장한 이 남자는 저격범이 밴 밖으로 나와서 <u>37m 거리</u>에 있는 여자를 조준해 쏘는 것을 봤다고 말했다.
> (Newsweek 한국판 U .S. Affairs 2002/11/6)

원천 문화권에서와 같이 'yard'라는 도량형 단위를 쓰지 않는 목표 문화권의 독자를 위해 목표 문화권의 측량 단위인 '미터'로 환산하여 번역하였다.

부피(무게)

> **ST** Most airlines allow small pets —under <u>15pounds</u>— in the passenger cabin at an average cost of $50, as long as they're in an approved soft animal carrier like a Sherpa Bag and you can stow them under the seat in front of you on takeoff and landing.
> (Newsweek 2003/3/12)

> **TT** 대다수 항공사는 <u>6.75kg</u> 미만의 작은 애완동물은 평균 50달러의 비용으로 객실 탑승을 허용한다. 물론 셰르파 가방처럼 부드러운 재질의 공인된 동물 운반용 캐리어에 넣어 이착륙시 앞좌석 밑에 넣을 수 있는 경우에만 해당된다.
> (Newsweek 한국판 Trend 2003/3/19)

원천 문화권의 중량 단위인 'pound'를 목표 문화권에 익숙한 'kg'으로 대체 번역하였다.

3.4.2 삽입(addition)

■ 관련정보를 문장 내에 자연스럽게 삽입하는 방법
② 관련정보를 문장 내에 괄호처리하여 삽입하는 방법
③ 관련정보를 각주로 처리하는 방법

명료화explicitness 또는 구체화specification의 방법인 '삽입'은 단어나 문맥의 번역에 있어서 번역자가 추가의 정보를 덧붙이는 방법이다. 등가를 이루는 단어가 일대일로 대응하지 않거나, 특정 단어가 목표언어권의 독자에게 매우 생소한 경우, 문맥의 정황상 원천 텍스트의 특정 정보에 대해서 원저자와 원천 문화권의 독자 간에 특정 정보의 공유된 정도가 매우 커 생략이나 함축적으로 표현된 경우에 적용할 수 있는 방법이다. 원문의 표층 구조에서 생략되거나 함축된 의미는 대체적으로 원저자와 원천 문화권의 독자 간에 정보가 공유되어 있다는 전제이므로 내용의 이해에 반드시 필요하다. 목표 문화권의 독자가 텍스트를 이해하는데 있어 중요하므로 번역자는 생략된 정보를 필요하다면 명시적으로 추가 삽입하여 독자들의 용이한 이해를 도울 수 있다.

1) 관련 정보를 문장 내에 자연스럽게 삽입하는 방법

> **ST1** (Φ)52) Demonstrations also took place in Sri Lanka, Tokyo, London, and Pisa, Italy today.   (AP Network News 2003/3/10)
>
> **TT1** 이 같은 반전 시위는 오늘 스리랑카, 도쿄, 런던, 이탈리아의 피사 등지에서 벌어졌습니다.   (Daily English AE service)

---

52) 원문에는 존재하지 않음을 나타내는 표시이다.

표면적으로 나타나 있지 않지만 시위가 반전 시위임을 함축하는 원천 텍스트에 대해 번역자는 삽입의 방법을 통해서 정보의 연계성을 높인다.

> **ST2** The case involves an alleged cover-up of a brawl involving off-duty officers. Brown (Φ) says cases involving such bar fights (Φ) are usually dismissed. (AP Network News 2003/3/3)
>
> **TT2** 이번 기소는 비번 경관들의 싸움을 은폐한 사건과 관련 있습니다. 브라운 시장은 술집에서 벌어지는 경관 간의 주먹싸움은 대체로 사소한 문제로 일축된다고 말합니다. (Daily English AE service)

원문 텍스트의 등장하는 인물 'Brown'에 대해 직위를 밝히는 동시에 'bar fight'가 다름 아닌 '술집에서 벌어지는 경관들의 주먹 싸움'이었음을 구체적으로 명시화하여 나타냈다.

> **ST3** (Φ) The card allocate a phone number and an amount of calling time (Φ), used with chips that fit into the back of a mobile phone. (AP Network News 2003/3/11)
>
> **TT3** 이 휴대폰 카드는 이용자에게 전화번호와 통화시간을 부여하며 발급 받은 휴대폰은 뒷면을 열고 마이크로 칩을 끼워 사용합니다. (Daily English AE service)

'The card'에 대한 추가적인 정보와, 간접 목적어가 전제된 원천 텍스트를 반영해서 번역자는 독자의 정보 공유가 필요한 부분에 추가로 정보를 삽입하여 독자들의 명확한 이해를 도모하였다.

프랑스, 중국, 러시아 3개국이 거부권을 행사함으로써 자신들의 주장을 관철할 수 있는 이유는 바로 이들이 상임이사국이기 때문이라는 전제에 대해 이를 추가로 삽입하여 명시적으로 나타냈다.

2) 관련 정보를 문장 내에 괄호 처리하여 삽입하는 방법

독자가 이해를 위해 참고할 수 있도록 해당 단어의 뜻풀이나 맥락 등의 설명을 주석 처리하여 문장의 안이나 밖에 제시하는 방법이다. 원문 텍스트에 암시적으로 함축된 내용을 문장 내에 괄호로 처리하여 삽입함으로써 이를 중재하였다.

ST2 He had pinned his Head Boy badge to the fez (Φ) perched jauntily on top of his neat hair, his horn-rimmed glasses flashing in the Egyptian sun.

(*Harry Potter and the Prisoner of Azkaban*, Rowling 10)

TT253) 그는 전교 회장 배지를 말쑥한 머리에 멋지게 쓴 터키모(붉은색에 검은 술이 달려 있는 모자: 역주)에 달고 있었고, 그의 뿔테 안경은 따가운 햇살아래 반짝이고 있었다. (『해리포터와 아즈카반의 죄수』. 김혜원 21)

번역자는 원천 텍스트의 단어 'the fez'에 대해 목표언어권에 해당하는 대응 단어로 번역하는 한편, 괄호 처리한 번역자의 주석을 문장 내에 삽입하여 문화 간의 차이에서 비롯되는 간격을 좁혔다.

3) 관련 정보를 각주로 삽입하는 방법

ST To Hem, Cheese was becoming A Big Cheese in charge of others and owning a big house atop Comembert Hill.

(*Who moved my cheese?*, Johnson 34)

TT 헴의 경우엔 다른 사람들을 거느리는 중요한 인물이 되어 *카망베르 언덕에 큰 집을 짓는 것이었다. (『누가 내 치즈를 옮겼을까?』. 이영진 32)

각주: (*카망베르(Camembert): 표면에 흰 곰팡이가 두껍게 형성되어 있는 맛이 진하고 부드러운 치즈로 프랑스 치즈 중에서 최고 명품으로 손꼽힌다.)

---

53) 번역 텍스트에는 "그는 단정한 머리 위에 멋진 터키모(붉은색에 검은 술이 달려 있는 모자: 역주)를 쓰고 있었고, 가슴에는 전교 회장 배지를 달고 있었다."로 되어 있으나, 번역자가 잘못 번역한 부분이 있어 필자가 정정 번역한 후 제시하였다.

원천 텍스트에 쓰인 치즈 관련 문화 단어 'Comembert'에 대해 번역자는 '최고 품질의 치즈'와 같이 수식어가 붙은 상위어로 번역하지 않았을 뿐더러, '카망베르'라고 음차번역했을 때 이에 대한 독자들의 이해가 쉽지 않을 거라는 가정하게 책자의 맨 밑 부분에 각주로 관련 정보를 삽입해 용이한 이해를 도모하였다. 번역자는 목표 문화권에 생소한 단어에 대해 추가의 정보를 각주 처리하여 번역자의 주석으로 독자의 용이한 이해를 위해 중재하였다.

3.4.3 삭제 또는 생략

삭제 또는 생략deletion or ellipsis은 원천 텍스트에 표현된 특정 표현을 삭제하거나 생략해서 번역하는 방법이다. 이는 원천 텍스트 상에 목표 문화권에서 금기시하는 내용이나 표현, 또는 왜곡되거나 음란하고 외설스러운 부분이 있어 목표 문화권의 독자에게 바람직하지 않은 반응을 유발할 때 사용할 수 있는 방법이다. 18세기 영국의 토마스 바우들러Thomas Bowdler라는 편집자는 셰익스피어의 작품을 출판하면서 독자에게 불쾌감을 줄 수 있는 외설스러운 표현을 삭제하고 출판하였다. 이에서 유래했다는 이유로 삭제 또는 대체 번역의 방법을 'Bowdlerizing'이라고 한다. 이러한 번역 방법은 '편견이 없는 언어 bias-free language' 또는 '정치적으로 온당한 언어politically correct language: PC language'라는 명분으로 영국과 미국에서 최근까지도 빈번히 행해졌다. 이는 성性, 인종, 신체적인 조건이나 사회 경제적인 배경, 능력의 여부, 종교적인 신념이나 정치적인 신념 등에 대한 부당한 차별을 나타내는 언어표현으로 받을 수 있는 상처를 미연에 방지하기 위한 번역 방법으로 구문론적 수준과 의미론적 수준에서 이루어질 수 있다. 삭제 또는 생략 번역이 이루어지는 또 하나의 상황은 영어와 한국어처럼 두 언어 체계의 관용적인 쓰임이 다른 경우이다. 일례로 영어는 문장의 구성 요소를 모두 갖추어야 하기 때문에 명령문과 같이 예외적인 경우를 제외하고는 주어를 반드시 사용해야 하지만, 한국어에서는 주어의 생략이 두드러지는 특징이 있다. 이러한 점을 번역자가 고려한다면 생략의 번역방법이 목표언어권의 언어 체계에 보다 적합한 번역을 하기 위한 하나의 대안이 될 수 있다. 또 다른 상황은 맥락상 특정 어휘의 번역이 군이 필요하지 않은 경우이다. 때에 따라서는 중복 언급되어 좋은 번역문이 되지 않을 때 생략의 방법을 사용할 수 있다. 생략의 방법은 영화와 같은 영상 번역시 글자 수의 제약이라든가 시간상의 제약이 존재할 때나, 성인 텍스트를 아동 독자를 대상으로 번역할 때 나타나는 두드러진 특징이기도 하다.

> **ST1** Reports suggest a further five low-ranking members, and even top-level ministers have threatened to quit if <u>Britain</u> goes to war without a second UN resolution.　(AP Network News 2003/3/11)

> **TT1** 보도에 따르면 또 다른 다섯 명의 하위급 노동당원들과 최고위급인 장관들도 만약 새로운 유엔 결의안이 나오지 않는 상황에서 (Φ) 이라크와 개전할 경우 사퇴하겠다고 위협하고 있습니다.　(Daily English AE service)

　주어를 가급적 생략하는 목표언어의 관습을 고려하여 주어인 'Britain'의 번역을 생략하였다. 문맥상 '영국'이라는 어휘가 이미 앞에서 출현했을 것이므로 생략해도 독자의 이해가 가능한 때문이다.

> **ST2** That investigation into <u>the behavior</u> of general Tommy Franks now is over.　(AP Network News 2003/3/12)

> **TT2** 토미 프랭크스 장군에 (Φ) 대한 수사가 이제 종결됐습니다.
> 　(Daily English AE service)

행위라고 하는 것은 어느 특정 대상에 부속된 '하위어'이다. 상위어는 하위어를 포괄하기 때문에 번역자는 하위 범주의 개념어인 '행위'를 생략하였다.

> **ST3** The Turkish stock market dropped 10% today, <u>mostly</u> because of fears that $15 billion in US aid might <u>now</u> be pulled off the table.
> (AP Network News 2003/3/4)
>
> **TT3** 터키 주식시장은 오늘 10퍼센트나 폭락했습니다. (Φ) 150억불에 달하는 미국의 원조 약속이 (Φ) 자칫 철회될 수도 있다는 우려 때문이었습니다.
> (Daily English AE service)

원문에 표현된 부사의 의미가 텍스트의 내용에 미치는 영향이 그다지 크지 않기 때문에 번역자는 이를 생략하였다.

3.4.4 왜곡

왜곡distortion은 두 언어 간에서 어휘나 문법적인 측면이 달라서 발생할 수도 있고, 의도적인 조작이나 변환을 통해서 왜곡이 일어나기도 한다. 또한 목표 문화권의 독자로 하여금 말하는 이나 저자가 중요하게 여기는 부분으로 주의를 기울이게 하고 나머지는 배경지식으로 머물게 하는 방법으로 이용할 수 있다. 왜곡은 원천 텍스트에는 없는 맥락효과를 새로 추가해서 생기와 활기를 불어넣는 긍정적인 기능도 있으나, 원천 텍스트의 의미가 심하게 왜곡될 때는 원저자의 의도와 정확한 정보가 독자에게 전달되지 않는 부정적인 기능도 있다.

캐턴David Katan은 문자 그대로의 번역, 충실한 번역을 추구하는 과정이나 원천 텍스트에는 함축적인 의미를 목표 텍스트에서 명확히 밝히는 과정에서 왜곡이 발생할 뿐 아니라, 번역자의 의도적인 변환이나 조작을 통해서 발생할 수 있다고 했다.[54] 캐턴이 제시하는 문자 그대로의 번역이나 통역 과정에서 발생하는 왜곡의 예를 살펴보자. 미국의 닉슨 대통령이 일본을 방문해 제2차 세계대전 당시 점령했던 오키나와 섬의 반환 문제와 무역 문제로 사토 수상과 협상을 벌이던 때의 일화이다.[55] 오키나와 섬을 일본에 반환해 달라는 일본 측의 제의를 먼저 수락한 닉슨 대통령은 수입 쿼터제와 관련해서 몇 가지 양보를 일본에게서 얻어 내고자 했다. 닉슨 대통령의 요청에 사토 수상은 다음과 같이 답했고, 통역자는 글자 그대로 대통령에게 전했다.

[Sato] Zensho shimasu.

[Interpretation] I will deal with the matter in a forward-looking manner.
(그 문제를 잘 처리하도록 하겠습니다.)

사토의 말을 있는 그대로 '발전적으로', 즉 '좋은 방향으로 처리 하겠다'고 통역한 통역자의 말을 전해 듣고 협상이 성공적이라고 생각했던 닉슨 대통령은 후에 사토 수상이 어떠한 조치도 하지 않았음을 알고는 배신감과 함께 일본 정치가들이 거짓말쟁이며 믿을 만한 사람들이 못된다고 여겼다. 그러나 사토 수상의 의도는 전적으로 방문자에게 존경을 표하는 동시에 예의범절에 벗어나지 않으면서 완곡하게 거절하는데 있었다. 이는 일본을 비롯한 동양권의 문화에서 주로 발견되는 현상인데 이에 대한 중재 없이 통역자가 문자 그대로 옮기는 과정에서 왜곡이 발생한 사례이다.

캐턴이 제시하는 사례 가운데 번역자의 의도적인 개입으로 왜곡이 일어난 예는 다음과 같다. 이탈리아의 민영은행으로서는 그 규모가 가장 큰 앰브로시아노Ambrosiano의 은행장이었던 로베르토 캘비Roberto Calvi의 주검이 영국 테임즈 강의 '블랙프라이어즈Blackfriars'라는 다리 아래서 목을 맨 채 발견되었다. 앰브

---

54) Katan 138.
55) Katan 211.

로시아노는 바티칸 교회가 주 고객으로서 캘비는 '신의 은행가'라고 불렸다. 캘비에 대해 단지 은행이 파산한 뒤 런던에서 의문의 죽음을 당했다는 사실만이 알려진 영국에서는 다리의 이름이 중요하지 않기에 '디 이코노미스트The Economist'지에 다리의 이름이 생략된 채 관련 기사가 실렸다. 반면 이탈리아에서는 종교와 캘비와 다리의 이름을 상징적으로 관련시켜 '코리에레 델라 세라Corriere della Sera'지에 다음과 같은 기사가 실렸다.56)

> **ST** The bank went under, and Calvi was found hanging —murdered, most people think— beneath a bridge in London. (The Economist)
> (은행이 파산한 후, 캘비는 목을 맨 채, 대다수 사람이 생각하듯 살해되어, 런던의 한 다리 밑에서 발견되었다.)
>
> **TT** : Italian
> Ed ecco riemerge l' ombra del cadavere del banchiere dagli occhi di ghiaccio, trovato morto sotto *il ponte dei Frati Neri il* 18 giugno 1982.
> (Corriere della Sera)
>
> **Back** : Translation
> ……The shadow of the body of the banker with icy eyes found dead under the bridge of the Black Friars on 18 June 1982.
> (두 눈의 온기가 싸늘하게 식은 캘비의 주검이 1982년 6월 18일 블랙 프라이어즈 다리 밑에서 발견되었다.)

이탈리아어로 번역된 예문을 영어로 다시 역으로 번역했을 때 한 단어인 'Blackfriars'가 'Black(frate)'과 'Friars(neri)'로 분리되어 다리의 이름을 왜곡하고 있음을 알 수 있다. 이 이름은 원래 테임즈 강 위에 놓인 다리 가운데 하나라는 의미 빼고는 상징적인 은유가 없었다. 그러나 새로 결합된 두 단어

---

56) Katan 139.

는 일반 독자로 하여금 새로운 맥락 효과를 갖게 한다. 즉 'Black'과 연관된, 바티칸 은행가의 의문의 죽음이라는 부정적이고 불가사의한 함축이라는 틀과, 'Friars'와 연관된, 프리메이슨 비밀 결사조직의 회원과 이 조직을 대대적으로 탄압했던 로마 교황청 및 로마 가톨릭교를 연상시키는 틀을 제공한다. 왜곡의 또 다른 예를 국내에서 상연된 한 영화의 자막에서 살펴볼 수 있다.

1967년에 제작되었고, 더스틴 호프만과 캐서린 로스가 주연이었던 영화 <졸업The Graduate>이 바로 그 영화이다. 주인공인 더스틴 호프만이 실은 자기 여자 친구의 어머니와 잠자리를 함께 한 것이었는데 미풍양속의 저해라는 심의기준을 통과하기 위해 '엄마'를 '고모'로 왜곡해 번역하였다(박찬순 72). 이와 같이 원천 텍스트의 일부를 의도적으로 왜곡한 결과는 원천 텍스트에 존재하지 않는 새로운 상징적 의미를 연상시키는 효과가 있다.

이상과 같이 번역자는 저자와 최종 독자 간의 원활한 의사소통과 독자의 정보 처리에 도움을 주고 그 효율을 높이려는 시도에서, 매우 다양한 변환을 통하여 개입할 수 있다는 점을 살펴보았다. 불필요한 번역자의 개입은 독자로 하여금 처리해야 할 정보의 신선도를 떨어뜨리고 때에 따라서는 정보 처리의 과부하를 야기하며, 저자의 의도를 왜곡할 수 있다. 그러나 중간자로서의 번역자 역할은 매우 중요하다. 원저자와 최종 텍스트의 독자 간의 상이한 배경의 격차를 줄이고, 보다 많은 정보를 서로 공유토록 해 새로운 정보의 효율적인 처리를 유도하고, 의사소통을 원활하도록 하기 위해서 번역자의 개입이 불가피하다. 개입이 필요한 곳에 번역자가 적절히 개입하지 않는다면 독자들은 저자의 의도나 저자가 제공하는 새로운 정보에 접하기 어렵고, 이해가 용이하지 않으며, 이로 인해 번역자의 존재 가치에 대한 의구심이 제기될 수 있다.

1. 원천 텍스트와 번역 텍스트의 관계를 번역의 지위와 관련해서 설명하시오.

2. 번역자의 역할에 대해 두 가지 상반된 견해를 쓰시오.

3. 번역과 힘의 불균형의 관련에 대해 서술하시오.

4. 번역자가 번역시에 중재가 필요한 사례를 들고 변환의 방법 가운데 어떠한 방법을 적용할 수 있는지 예를 드시오.

5. 변환의 네 가지 방법에 대한 실제 사례를 찾고 설명하시오.

04

04 번역의 방법
How to Translate?

번역을 어떻게 할 것인가 하는 문제는 번역이 무엇인가 하는 문제만큼 번역에 있어 매우 중요한 문제이다. 번역을 어떻게 해야 하는가 하는 문제는 번역의 평가와 매우 밀접한 관계에 있다. 하나의 번역 방법을 규범으로 정해놓고 그 방법대로만 해야 한다면 규범에서 벗어나는 번역일수록 긍정적인 평가를 받기 힘들다. 그러나 상황에 따라 특정의 어느 한 방법이 더 적절한 경우가 있기 마련이다. 번역에 개입하는 수많은 요소, 번역의 목적이나 독자의 계층, 텍스트의 장르, 출판사의 번역정책 및 선호, 번역자의 취향 등에 따라 적절한 번역의 방법이 다를 수 있기 때문이다. 예를 들어 외국어를 학습하는 도구로서 번역을 한다면 원천언어의 구조 그대로 단어를 일대일로 대응시켜가며 번역하는 방법이 가장 최선의 방법이다. 그러나 원천 텍스트가 전자기기의 상품 설명서일 경우는 원천언어의 구조를 그대로 옮길 것을 고집하기보다는, 목표언어 체계에 비추어 간단하고 쉬운 용어를 사용해 독자가 전자기기의 사용법을 빠르고 쉽게 익힐 수 있도록 해야 한다. 따라서 이 장에서는 번역의 방법에 대해 논했던 몇몇 학자의 번역 방법들을 소개하고 이를 통해 번역자가 활용할 수 있는 다양한 번역의 방법에 대해 살펴보기로 한다.

번역을 어떻게 할 것인가 하는 문제는 번역이 무엇인가 하는 문제만큼 번역에 있어 매우 중요한 문제이다. 번역을 어떻게 해야 하는가 하는 문제는 번역의 평가와 매우 밀접한 관계에 있다. 하나의 번역 방법을 규범으로 정해 놓고 그 방법대로만 해야 한다면 규범에서 벗어나는 번역일수록 긍정적인 평가를 받기 힘들다. 그러나 상황에 따라 특정의 어느 한 방법이 더 적절한 경우가 있기 마련이다. 번역에 개입하는 수많은 요소, 번역의 목적이나 독자의 계층, 텍스트의 장르, 출판사의 번역정책 및 선호, 번역자의 취향 등에 따라 적절한 번역의 방법이 다를 수 있기 때문이다. 예를 들어 외국어를 학습하는 도구로서 번역을 한다면 원천언어의 구조 그대로 단어를 일대일로 대응시켜가며 번역하는 방법이 가장 최선의 방법이다. 그러나 원천 텍스트가 전자기기의 상품 설명서일 경우는 원천언어의 구조를 그대로 옮길 것을 고집하기보다는, 목표언어 체계에 비추어 간단하고 쉬운 용어를 사용해 독자가 전자기기의 사용법을 빠르고 쉽게 익힐 수 있도록 해야 한다. 또한 춘향전을 현대극으로 재해석해서 방송 드라마에 사용할 목적으로 번역할 때는 각색의 방법으로 번역해야 하듯 번역의 방법은 다양한 상황에서 다양하게 적용될 수 있다. 당연히 이에 대한 논쟁이 예로부터 뜨거울 수밖에 없다. 따라서 이 장에서는 번역의 방법에 대해 논했던 몇몇 학자의 번역 방법들을 소개하고 이를 통해 번역자가 활용할 수 있는 다양한 번역의 방법에 대해 살펴보기로 한다.

4.1 존 드라이든

1 직역 metaphrase
2 의역 paraphrase
3 모방 imitation

일찍이 17세기에 드라이든 John Dryden은 번역의 세 가지 기본 방법에 대해 다음과 같이 분류한다.57)

'**직역** metaphrase'은 단어 대 단어, 행 대 행 line for line으로 옮기는 방법이다.

'**의역** paraphrase'은 번역자가 자신의 재량껏 번역하는 방법으로서, 키케로 방식의 '의미 대 의미' 번역 방법이다.

'**모방** imitation'은 번역자가 원천 텍스트를 버리는 것이 적절하다고 여길 때 취할 수 있는 방법이다. 원천 텍스트의 어휘나 구조 또는 줄거리, 등장인물에 구속받지 않고 번역하되, 번역텍스트의 요소 가운데 무언가가 원천텍스트를 떠올리도록 하는 번역 방법이다.

드라이든은 이 가운데 '의역'의 방법을 선호하였다.

4.2 피터 뉴마크

1 단어 대 단어 번역 word-for-word translation
2 직역 literal translation
3 충실한 번역 faithful translation
4 의미 중심의 번역 semantic translation

---

57) Bassnett 2002: 64.

⑤ 소통 중심의 번역 communicative translation
⑥ 관용어 중심의 번역 idiomatic translation
⑦ 자유번역 free translation
⑧ 번안 adaptation

뉴마크Peter Newmark는 자신의 저서 『번역의 교본A Textbook of Translation』에서 번역의 8가지 방법에 대해 V자 도표를 이용해 다음과 같이 제시하고 있다.[58]

SL emphasis (원천언어의 강조)	TL emphasis (목표언어의 강조)
Word-for word Translation (단어 대 단어 번역)	Adaptation (번안)
Literal Translation (직역)	Free Translation (자유 번역)
Faithful Translation (충실한 번역)	Idiomatic Translation (관용어 중심의 번역)
Semantic Translation (의미 중심의 번역)	Communicative Translation (소통 중심의 번역)
	(Newmark 45)

'단어 대 단어 번역word-for word translation'은 '행간 번역interlinear translation'으로서 원천언어의 단어 하나하나를 그에 대응하는 목표언어로 번역하는 방법이다. 원천언어의 어순을 그대로 보존하며 단어들을 맥락에 관계없이 가장 일반적인 의미로 번역한다. 고유한 문화와 밀접한 관련이 있는 단어들을 주로 이러한 방법으로 번역하며, 이 번역 방법을 사용하는 주된 이유는 원천언어의 구

---

58) Newmark 1998: 45-47.

조를 이해하거나 어려운 텍스트의 초벌번역용으로 사용하기 위함이다.

'**직역** literal translation'은 원천언어의 문법 구조와 가장 가까운 목표언어로 바꾸지만 이 역시 사전적인 어휘를 문맥에 상관없이 따로따로 번역한다.

'**충실한 번역** faithful translation'은 목표언어의 문법 구조에 적절하도록 번역하면서 원천 텍스트의 정확한 의미를 재현하려는 번역 방법이다. 문화와 밀접한 관련이 있는 어휘는 소리 나는 그대로 옮겨 '음차音借번역'하고, 원천 텍스트에 쓰인 원천언어가 원천언어 내의 문법이나 어휘의 쓰임에서 잘 쓰지 않는 '변칙적인 표현'이라 해도 이를 그대로 옮겨주며, 원저자의 의도와 원저자가 쓴 텍스트의 실현에 전적으로 충실하고자 한다.

'**의미중심의 번역** semantic translation'은 원천 텍스트에 쓰인 아름다운 자연의 소리와 같은 미학적인 가치에 더 유의하지만, 번역 텍스트에 원천 텍스트의 압운이나 언어의 유희, 의성어의 반복 등을 재현하기 어려울 때는 '의미'로 바꿀 수 있다는 점에서 충실한 번역과 다르다. 충실한 번역은 원천 텍스트에 쓰인 요소들과 타협 없이 이를 있는 그대로 번역해야 하지만, 의미 중심의 번역은 좀 더 유연해 원천 텍스트에 100% 충실하기 보다는 창의적인 예외를 허용하며, 원천 텍스트에 대한 번역자의 직관적인 공감을 허용한다. 문화와 밀접한 관련이 있는 단어도 문맥상 그다지 중요하지 않을 때는 중립의 개념인 제3의 용어나 기능 용어로 번역한다. 일반적으로 의미중심의 번역은 원저자가 사용하는 언어의 층위에서 이루어지고, 원저자의 권위가 인정되는 '표현 중심의 텍스트expressive texts'에서 사용된다.

'**소통중심의 번역**communicative translation'은 내용과 언어적인 측면에서 독자가 쉽게 받아들여 이해 가능하도록 원천 텍스트의 정확한 맥락 의미를 번역하고자 하는 방법이다. 소통중심의 번역은 원저자의 언어 층위에서 번역이 이루어지는 의미중심의 번역과는 달리 번역 텍스트를 접할 독자의 언어 수준에서 번역이 이루어지며, 정보 전달이 목적인 '정보전달 중심의 텍스트informative texts'와 독자에게 의도하는 반응을 끌어내고자 하는 '호소 중심의 텍스트 vocative texts'59)에서 주로 사용한다. 의미중심의 번역은 개인적이고, 원저자의 사고과정을 따르며, 상세하게 번역하는 경향이 있으며, 의미가 주는 미묘한 차이를 추구한다. 반면 소통 중심의 번역은 사회적이고, 원천 텍스트의 메시지와 기능에 초점을 맞추며, 세세한 하위 개념의 단어에 대해서는 보다 상위의 개념으로 일반화시켜 간단명료하면서 간략하게 번역하는 경향이 있다.

'관용어 중심의 번역 idiomatic translation'은 원천 텍스트의 '메시지'를 재생산하긴 하지만, 원천 텍스트에 존재하지 않는 구어체나 관용어를 선호함으로써 의미의 뉘앙스를 왜곡하는 경향이 있다.

'자유 번역 free translation'은 원천 텍스트의 방식이 아닌 방식으로 소재를 재생산하고 원천 텍스트의 형식이 아닌 형식으로 내용을 재생산한다. 대개 원천 텍스트의 길이보다 훨씬 긴 의역 paraphrase이며 흔히 장황하고 번역자의 유식함이나 능력을 드러내고자 하는 번역이다.

'번안 adaptation'은 주제라든가 인물, 줄거리는 대개 유지하면서, 어떠한 제약도 없이 원천언어권의 문화를 목표언어권의 문화로 전환하면서 텍스트를 다시 쓰는 방법이다.

뉴마크는 이상의 8가지 번역 방법 가운데 번역의 2가지 목적, 즉 '정확성 accuracy'과 '경제성economy'에 비추어 이에 합당한 방법으로 '의미중심의 번역'과 '소통중심의 번역'을 꼽았다. 뉴마크에 따르면, 정확성이라는 측면에서는 '의미중심의 번역'이 적합하고, 경제성이라는 측면에서는 '소통중심의 번역'이 적합하다. 뉴마크는 원천 텍스트에 대한 충실함에 가치를 더 두었으나 나이다의 '등가의 효과' 또는 '등가의 반응' 원리를 고려하여 텍스트의 유형과 독자 및 번역의 목적에 따라 번역의 방법을 선택해야 한다고 했다.60)

---

59) 뉴마크는 불러 K. Buhler의 세 가지 언어의 기능 범주를 토대로 텍스트의 유형을 분류하였다. 이 가운데 vocative text는 독자로 하여금 특정의 행위를 유발하도록 의도된 텍스트이다(Newmark 4장).

4.3 다니엘 과덱

1 절대 번역 absolute translation
2 개요 번역 abstract translation
3 그림 번역 diagrammatic translation
4 핵심어 번역 keyword translation
5 개조 번역 translation with reconstruction
6 선택 번역 selective translation
7 즉시 번역 sight translation

과덱 Daniel Gouadec은 전문번역 환경에서 제기할 수 있는 다양한 번역 요구를 충족시키는데 사용할 수 있는 번역 방법을 7가지로 분류하는데 그 내용은 다음과 같다.[61]

'**절대 번역** absolute translation'은 원천 텍스트 전체를 내용이나 형식을 바꾸지 않고 목표언어로 옮겨야 하는 방법이다. 원천 텍스트에서 어떠한 기술적이거나 언어적인 변화를 줄 수 없고, 모든 용어를 원천 텍스트와 똑같이 번역해야 한다.

'**개요 번역** abstract translation'은 원천 텍스트에 있는 모든 정보를 간략하게 요약해 번역하는 방법으로, 의뢰인이 특정 유형의 정보에 신속하게 접할 수 있도록 하기 위함이다. 텍스트의 포괄적인 주제를 번역할 수 있으며, 텍스트의 포괄적인 내용과 목적뿐 아니라 하위 구성단위에 대한 기술적인 설명을 번역할 수 있다. 또한 텍스트의 모든 유익한 내용을 요약의 형식으로 번역할 수 있다.

---

60) Newmark 45-52.
61) Shuttleworth & Moira Cowie 1, 2, 40, 91, 140-141, 150, 153-154.

'**그림 번역** diagrammatic translation'은 원천 텍스트의 내용을 텍스트로 번역하는 것이 아니라, 그림이나 도표로 옮기는 번역 방법이다.

'**핵심어 번역** keyword translation'은 원천 텍스트의 핵심어들로 번역하는 방법으로, 원천 텍스트의 기본 개념들이나 텍스트에 나타나는 빈도순으로 배열함으로써 개념들의 중요도를 나타낼 수 있다.

'**개조 번역** translation with reconstructions'은 형식은 고려하지 않고 원천 텍스트를 전부 번역하는 방법으로서, 원천 텍스트의 내용을 가능한 한 가장 단순한 방법으로 소통하게 하는 것이 목적이다. 따라서 목표언어권의 독자는 원천 텍스트의 모든 정보에 바로 접할 수 있다.

'**선택 번역** selective translation'은 원천 텍스트에서 특정 측면만 상세히 번역하고 나머지 정보는 모두 생략하는 번역 방법이다. 원문에 없는 추가 정보를 주석이나 표, 도표 등으로 삽입할 수 있다. 목표언어권의 독자는 원천텍스트에 있는 모든 정보를 접하고 자신이 원하는 정보를 취사선택하는 시간 낭비를 하지 않고 얻고자 하는 중요 정보에 신속하게 접할 수 있다는 장점이 있다.

'**즉시 번역** sight translation'은 아무런 준비 없이 즉석에서 하는 번역으로 대개는 문자 텍스트를 구어로 번역할 때 발생한다.

4.4 샌더 허베이와 이안 히긴즈

1 설명 번역 exegetic translation
2 요약 번역 gist translation

목표 텍스트에서 제공하는 정보의 상세한 정도에 따라 허베이와 히긴즈Sándor Hervey & Ian Higgins는 다음과 같이 분류하고 있다.[62]

'**설명 번역**exegetic translation'은 원천 텍스트에 명시적으로 표현하지 않은 부분을 상세하게 덧붙여 표현하고 설명하는 번역 방법이다. 즉 목표 텍스트는 원천 텍스트의 내용에 대한 확장이자 해석이다.

'**요약 번역**gist translation'은 원천 텍스트의 내용을 간략하게 압축한 번역이다. 즉 목표 텍스트는 원천 텍스트의 줄거리 요약이다.

4.5 줄리안 하우스

■ 감춰진 번역 covert translation
■ 드러낸 번역 overt translation

하우스 Juliane House는 목표 텍스트가 번역된 텍스트인지 아닌지 일반 독자들이 인지할 수 있는가 아닌가의 여부에 따라 번역의 방법을 다음과 같이 분류하고 있다.63)

'**감춰진 번역**covert translation'은 번역한 흔적을 드러내지 않는 번역 방법으로서, 원천 텍스트와 원천언어권에 속한 수신자의 관계가 직접적이었고 독창적이었듯, 목표언어권의 독자와 '직접적'이고 '독창적'인 관련 목표 텍스트를 생산하는 것이 주된 목적이다. 따라서 감춰진 번역은 원천 텍스트와 기능적으로 동등한 텍스트를 생산함으로써 목표 텍스트가 번역되었다는 특성을 감추려는 시도로 보일 수 있다. 언어나 전통, 역사 그 밖의 어떠한 문화에도 종속되지 않은 텍스트, 즉 광고라든가 언론, 기술과 관련된 텍스트들의 번역

---

62) Hervey & Ian Higgins 1992: 250.
63) Shuttleworth & Moira Cowie 33-34, 118-119.

에 적합한 방법이다

'**드러낸 번역** overt translation'은 원천 텍스트가 원천 문화 및 원천 문화권의 공동체와 밀접한 관계가 있을 때 사용하는 번역 방법으로서, 목표언어권의 독자에게 텍스트가 번역된 텍스트임을 드러낸다. 목표 텍스트가 제2의 원천 텍스트라는 시도를 하지 않으며, 원천 문화와 원천 텍스트가 결부되어 있는 관계로 원천 텍스트의 기능을 목표 텍스트에서 보존할 수 없다. 정치와 관련된 연설이나 예술 문학 작품의 번역에 적절하다.

4.6 조세프 캐사그란데

■ 미학적-시적 번역 aesthetic-poetic translation
■ 민족지학적 번역 ethnographic translation
■ 언어적 번역 linguistic translation
■ 실용적 번역 pragmatic translation

캐사그란데 Joseph B. Casagrande의 분류는 번역의 목적과 관련이 있으며 네 가지 범주로 분류된다.[64]

'**미학적-시적 번역** aesthetic-poetic translation'은 시와 관련된 텍스트의 번역과 관련이 있다. 이러한 텍스트들은 가능한 한 전반적으로 원저자가 사용한 표현과 문체의 특징을 보유해야 한다. 각운이나 압운, 운율, 은유와 같은 시적이고 미학적인 표현들은 원저자 개인의 독특한 특성을 나타내는 언어표현이므로 번역이 가장 어려운 부분이다.

---

64) Shuttleworth & Moira Cowie 7, 51-52, 94, 129.

'**민족지학적 번역**ethnographic translation'은 특정 민족 집단의 생활이나 문화, 생업활동, 생태환경, 사회조직, 친족체계, 전통, 종교, 역사, 언어 등의 기술記術이 목적인 인류학의 민족지학 民族誌學에서 비롯되었다. 따라서 민족지학적 번역 방법의 목적은 원천 텍스트의 문화적인 배경 및 인류학적인 의미뿐 아니라, 외관상으로 두 언어에서 등가를 이루는 요소들 간에 존재하는 의미의 차이를 자세히 기술하기 위함이다. 원천언어와 목표언어 간에 만족스러운 등가어가 없는 경우에 사용하는 번역 방법이다.

'**언어적 번역**linguistic translation'은 원천 텍스트의 요소들을 순서대로 가장 가깝게 상응하는 목표언어 단위로 번역하는 방법으로서, 단어 대 단어 또는 형태소 대 형태소로 번역하는 방법을 일컫는다. 이 번역 방법의 목적은 원천언어의 구성 형태소에 합당하는 등가의 의미를 확인하고 할당하는 일이다. 가능한 한 원천 텍스트에 가깝게 해야 하므로 원문의 어순이 그대로 번역된다.

'**실용적 번역**pragmatic translation'의 목적은 미학적인 형식이라든가 문법적인 형식, 문화적인 맥락을 강조하기보다는 메시지의 내용을 강조하면서 가능한 한 효과적으로 정확하게 메시지를 번역하는 데 있다. 과학 관련 전문서적, 공문서, 사용설명서, 지시, 설명 등의 번역에 적합하다.

4.7 유진 나이다

1 형식적 등가formal equivalence
2 역동적 등가dynamic equivalence

이전의 등가 추구가 '메시지의 형태'에 관한 추구였다면, '수용자의 반응'에 초점을 두고 등가를 추구한 나이다Eugene A. Nida는 등가의 개념을 이원화하여 '형식적 등가formal equivalence'와 '역동적 등가dynamic equivalence'로 분류하였다.

'형식적 등가'를 추구하는 번역은 메시지 그 자체를 중요시하면서도 '형식'과 '내용'이라는 두 가지 측면에 초점을 맞춘다. 시를 시로, 문장을 문장으로, 개념을 개념으로 등과 같이 원천언어의 상이한 요소들과 수용 언어, 즉 목표 언어로 쓰인 메시지가 가능한 한 원천 텍스트의 메시지와 아주 근접하게 일치하도록 한다. 이는 원천 텍스트의 구조 중심적인 번역 방법이다. 원천 텍스트의 구조와 정확하게 일치시키는 번역에 초점을 두며, 이러한 유형의 전형적인 예로는 원천 텍스트의 형식과 내용을 가능한 한 그대로 재생산하는 '주석 번역gloss translation'을 들 수 있다.

'역동적 등가'를 추구하는 번역은 원천 텍스트의 독자와 원천 텍스트의 메시지 간에 존재했던 관계가, 번역 텍스트의 독자와 메시지 간에도 동일한 관계가 실질적으로 성립하도록 하는데 관심이 있다. 이를 "등가의 효과 원리 the principle of equivalent effect"65)라 한다. 역동적 등가를 추구하는 번역은 "원천언어로 쓴 메시지와 가장 근접하면서 자연스러운 등가물이다." 이때 '등가'란 원천언어 메시지 지향적임을, '자연스럽다'함은 수용 언어, 즉 목표언어 지향적임을 의미한다. 나이다는 '자연스러움naturalness'이란 단어를 세 가지 영역에서 적용할 수 있다고 했다. 첫째는, 대체적으로 수용 언어와 문화에 적합해야 하고, 둘째는, 특정 메시지의 맥락에 적합해야 하며, 셋째는, 수용 언어의 독자층에 적합해야 한다.66) 나이다가 주장하는 번역 방법은 목표 텍스트의 독자 지향적인 번역 방법으로서, 번역자는 원천 텍스트의 의미와 의도를 명확히 반영하는 등가의 텍스트를 추구해야 한다. 동시에, 목표언어권의 언어 체계와 문화적인 측면의 기대를 충족시켜야 하고, 그 표현이 완벽하게 자연스러워야 함을 목표로 한다.

---

65) 나이다가 류와 필립스Rieu E. V. & Phillips, J. B.의 개념을 도입하였다(Rieu, E. V. & Phillips, J. B. 1954. Translating the Gospe. Concordi Theol. Monthly 25. 754-765).
66) Nida 1964: 166-167.

4.8 모나 베이커

언어와 문화가 각기 다르므로 등가라는 개념 역시 상대적이라고 여겼던 베이커Mona Baker는, 번역자는 단어 차원의 층위나 단어 차원 이상의 층위, 문법적인 층위, 텍스트적인 층위, 화용적인 층위 등 다양한 층위에서 등가의 어휘를 찾지 못하는 어려움에 직면할 수 있다고 지적했다. 이는 크루즈Cruse가 분류한 어휘와 발화의 네 가지 의미, 즉 명제적 의미propositional meaning, 표현적 의미expressive meaning, 전제된 의미presupposed meaning, 유발된 의미evoked meaning가 언어마다 약간씩 미묘한 차이가 있기 때문이다.67) 명제적 의미는 발화가 참인지 거짓인지 판단하는 기반을 마련해주고, 표현적 의미는 발화 자체의 의미보다는 말하는 이의 느낌이나 태도와 관련된다. 전제된 의미는 특정 단어의 앞뒤에서 예상되는 다른 단어나 표현에 가해지는 제약에서 비롯되며, 유발된 의미는 어떤 집단이나 공동체에서 통용되는 단어나 특정 상황에 적합하다고 여기는 단어들에 가해지는 제약에서 비롯되는 의미다. 이러한 의미들을 정확하게 파악하여 번역에 반영하는 일이 결코 쉽지 않다.

단어와 단어는 동일한 언어 내에서는 물론 상이한 언어 간에서 등가를 이루며 대응하는 관계가 성립하지 않을 수 있다. 단어 차원이나 단어 차원 이상의 층위에서 서로 어울리는 단어나 구phrase의 관계에 제약을 가하는 연어collocations, 관용어idioms나 상투어fixed expressions의 번역이 그 대표적인 예이다. 이때 목표언어에 존재하지 않는 원천 텍스트의 표현을 그대로 옮기거나, 원천 텍스트의 표현 형태가 목표언어에서 전형적으로 사용하는 특정 표현과 형태로는 일치하지만 의미가 일치하지 않을 경우는 번역자가 특히 주의를 기울여야 한다. 영어 'overeat'와 한국어에서 흔히 쓰이는 '오바이트'가 그 예이다. 한국에서 일반적으로 사용되는 '오바이트'는 'overeat'를 그대로 음

---

67) Baker 1992: 12-17.

차 번역해서 사용하지만 의미는 다르다. 영어 'overeat'는 '과식하다'라는 의미인 반면, '오바이트'는 '음식이나 술 따위를 많이 먹어 속이 불편해 먹은 것들을 토해내는 일'이다. 따라서 번역자가 원천 텍스트에서 'overeat'를 보고 '오바이트'를 떠올려선 안 된다.

문법적인 층위에서의 어려움은 형태나 문법 차원에서 야기되며, 원천언어에 없는 문법 구조가 목표언어에 있거나, 원천언어에 있는 문법 구조가 목표언어에 없는 경우, 관용적인 쓰임이 다를 경우 발생한다. 이러한 상황에 직면할 경우 번역자는 원문의 언어 체계라든가 의미에 충실한 '정확성'을 추구할 것인지, 목표언어의 언어 체계에 적합한 '자연스러움'을 추구할 것인지, 그래서 원천언어의 구조에 적절하게 번역할 것인지, 목표언어의 구조에 적절하도록 번역할 것인지 갈등하게 된다.

베이커는 단어 차원에서의 등가와 단어 차원 이상의 등가, 문법 차원에서의 등가, 텍스트 차원에서의 등가, 화용적인 차원에서의 등가를 추구하는 과정에서 발생할 수 있는 번역상의 다양한 어려움에 대해 전문 번역자가 사용할 수 있는 다양한 번역전략을 제시하고 있다. 그 가운데 단어 차원에서 발생할 수 있는 어려움과 이에 대한 번역 방법을 살펴보면 다음과 같다.[68]

단어차원에서 등가어가 존재하지 않을 때 직면할 수 있는 어려움

(1) 원천언어의 특정 단어가 원천문화와 관련된 고유 개념인 경우: 원천언어의 단어가 목표언어의 문화에는 존재하지 않는 경우이다.

(2) 원천언어의 특정 단어의 개념이 목표언어에서 단어화되지 않은 경우: 목표언어에 개념은 존재하지만 단어가 존재하지 않는 경우이다.

---

68) Baker 1992: 20-42.

(3) 원천언어의 특정 단어가 의미상으로 복잡한 경우: 원천언어가 형태상으로 복잡한 것이 아니라, 의미상으로 복잡한 경우로 단일 단어가 일련의 복잡한 개념을 의미하고 있는 경우이다.

(4) 원천원어의 특정 단어와 대응하는 목표언어의 단어가 의미상으로 상이하게 구분될 경우: 대응하는 목표언어가 그 용법이나 의미가 원천언어의 의미와 차이가 있는 경우이다.

(5) 목표언어에 상위어가 없는 경우: 목표언어에 특정의 하위어는 존재하지만 상위어가 존재하지 않는 경우이다.

(6) 목표언어에 특정의 하위어가 없는 경우: 주로 많이 발생하는 경우로 목표언어에 상위의 개념 범주인 개괄적인 단어는 존재하지만 좀 더 세분화된 하위 범주의 단어가 존재하지 않는 경우이다.

(7) 원천언어와 목표언어 간에 물리적인 관점이나 대인 관계에 있어서 관점이 상이한 경우: 대응하는 단어가 동일한 의미라 하더라도 물리적인 관계나 그 대상에 따라 단어가 분화되거나 다르게 사용될 경우이다.

(8) 원천언어와 목표언어 간에 표현적 의미에 차이가 존재하는 경우: 원천언어의 단어와 동일한 의미의 목표언어 단어가 존재하지만 표현적 의미가 다른 경우이다. 따라서 단어에 포함된 중립적 또는 경멸적, 부정적인 감정의 정도가 두 단어 간에 다르게 나타난다.

(9) 원천언어와 목표언어 간에 형태가 다른 경우: 특정의 접미사나 접두사가 발달한 원천언어와는 달리 목표언어에 이에 상응하는 단어가 없어 의역을 해야 하는 경우이다.

(10) 원천언어와 목표언어 간에 특정형태를 사용하는 빈도와 목적이 다를 경우: 예를 들면, 원천언어인 영어에서는 동사에 ~ing를 덧붙여서 사용하는 명사형 형태의 사용빈도가 높지만 한국어에서는 그러한 명사형의 사용빈도가 높지 않은 경우를 들 수 있다.

(11) 원천 텍스트에 차용 단어를 사용한 경우: 원천 텍스트에 사용된 차용 단어의 등가어가 존재하지 않아 목표 텍스트에 그대로 사용하는 경우는 원천 텍스트의 문체적인 효과를 상실하거나, 형태는 비슷하지만 의미가 다른 '유형이의어 false friends'69)를 생산할 위험이 있다.

단어차원에서 등가어가 존재하지 않을 때의 번역전략

(1) 더 상위 개념의 단어로 번역하는 방법 : 보다 상위 범주에 속하는 개념의 단어, 즉 보다 일반적이고 보편적인 단어로 번역하는 전략이다.

(2) 보다 중립적이거나 덜 표현적인 단어로 번역하는 방법 : 등가어라고 간주하는 단어가 감정이나 정서의 전달이라는 면에서 원천언어와 목표언어 간에 차이가 있을 경우, 그러한 구체적인 감정이나 정서를 비교적 뚜렷하게 드러내지 않는 중립적인 단어나 그 정도가 약화되는 다른 단어로 표현하는 번역전략이다.

(3) 문화를 대체해서 번역하는 방법 : 원천언어의 단어와 동일한 명제적 의미는 아니지만, 목표 언어권의 독자에게 유사한 영향을 미치는 목표 문화권의 특정 문화와 결부된 단어나 표현으로 대체하는 전략이다.

(4) 차용어 또는 설명을 덧붙인 차용어를 이용해 번역하는 방법 : 문화와 결부된 단어나 현대에 사용하는 개념, 의성어의 번역에서 특히 흔한 번역전략으로서 원천언어의 단어를 그대로 빌려와 번역하는 방법이다. 설명이 부연된 차용어는 해당 텍스트에서 여러 번 반복 사용된 단어일 때 특히 유용한 번역전략으로서 처음 사용할 때만 설명을 덧붙여 번역

---

69) 앞서 예로 든 영어 'overeat'와 한국에서 사용되는 '오바이트'가 유형이의어 類型異議語의 한 예이다.

할 수 있다.

(5) 관련단어를 이용해 풀어서 번역하는 방법 : 원천단어의 개념이 목표언어로는 다른 형태로 단어화되었거나 원천 텍스트에서 특정 형태의 사용빈도가 목표언어에서 부자연스러울 정도로 상당히 자주 사용된 경우 사용하는 방법이다. 원천언어의 단어와 관련이 있는 유사한 단어를 이용해 풀어서 번역하는 전략이다.

(6) 관련이 없는 단어를 이용해 풀어서 번역하는 방법 : 원천 텍스트에 사용된 단어가 목표언어로는 전혀 단어화되지 않은 경우 사용하는 번역전략이다. 상위 개념의 범주에 속하는 단어를 이용해 풀어서 번역하거나 원천단어의 복합적인 의미를 단순히 풀어서 번역하는 방법이다. 풀어서 번역하는 방법은 단어의 명제적 의미를 구체적으로 나타내는데 있어서 높은 수준의 정확함은 성취할 수 있으나, 단어가 지니고 있는 표현적 의미나 유발된 의미와 같은 종류의 연상의미를 전할 수 없다. 또한 하나의 단어에 대해서 몇 개의 단어를 구성하는 설명으로 번역해야 하므로 사용에 번거롭고 불편한 점이 있다.

(7) 생략하는 방법 : 원천 텍스트의 특정 맥락에 사용된 단어나 표현의 번역을 생략하는 방법이다. 특정항목이나 표현이 전달하는 의미가 텍스트의 전개에 중요하지 않거나 긴 설명으로 독자의 주의를 흩뜨린다고 여길 때에는 번역가가 이의 번역을 생략하는 전략이다. 그러나 의미의 손실이 불가피하다.

(8) 삽화를 이용해서 번역하는 방법 : 목표언어에 등가어가 존재하지 않는 단어가 물리적인 실체로서 삽화로 그려낼 수 있거나, 공간의 제약이 있는 경우, 텍스트가 간략하고 정확하게 요점을 부각해야 한다면 유용하게 이용할 수 있는 번역전략이다.

이 밖에도 베이커는 보다 높은 언어 층위에서의 번역전략에 대해 제시하고 있으므로 이에 대한 상세한 정보는 베이커의 책자를 참고할 수 있다.

4.9 로렌스 베누티

1 자국화 번역 domesticating translation
2 이국화 번역 foreignizing translation

베누티 Lawrence Venuti는 프리드리히 슐라이어마허 Friedrich Schleiermacher로부터 "자국화 번역(自國化, 친숙하게 하기, domesticating translation)[70]"과 "이국화 번역(異國化, 낯설게 하기, foreignizing translation)"이라는 개념을 도입하여 자신의 주장을 피력했다.

자국화 번역 domesticating translation은, 목표 텍스트의 독자들이 외국 텍스트의 생소함을 가능하면 느끼지 않도록 채택하는 명료하고 자연스러운 양식의 번역 방법이다. 자국화 번역은 목표언어의 담화유형에 적합하도록 하고, 유려하고 자연스럽게 들리는 목표언어의 문체를 의식적으로 적용한다. 설명에 도움이 될 수 있는 요소를 추가로 삽입하거나, 원천언어의 방언이나 역사적 특색이 나타나는 요소를 제거하거나 생략하고, 전체적으로 목표 텍스트가 목표언어에 존재하는 개념이나 자주 쓰는 용법에 적합하도록 한다. 예를 들어, 2006년 4월 국내에서 상영한 더빙 영화 <빨간 모자의 진실 Hoodwinked>에서는 "What big hands you have"를 "손이 솥뚜껑만 하잖아!"라는 은유로, "that's

---

70) 베누티는 이러한 번역 방법이 언어와 언어 간에도 가능하지만, 동일한 언어 내에서도 시대에 따라 표현이나 표기 방법을 다르게 구사해서 적용할 수 있는 번역전략이라고 했다.

Earl right now"를 "호랑이도 제 말하면 온다더니 얼이잖아"라는 속담으로, "loon"과 "half-loon"을 "완전 칠푼이"와 "팔푼이"라는 비속어로, "I'm done dancing"을 "장단에 놀아나는 데 신물이 난다"라는 관용구로 자국화해 재미난 대사를 구현했다71). 자국화 번역을 선호하는 이유는 독자로 하여금 읽기 쉽고 명쾌한 이해를 도모하는 텍스트의 가독성 readability을 강조하기 때문이다. 그러나 자국화 번역은 적극적으로 자국의 언어만을 받아들이고, 외국의 문물을 수용하려 들지 않는다는 느낌을 줄 수도 있다. 이 방법은 번역 텍스트에 영어식 가치관을 슬쩍 끼워 넣어 독자로 하여금 외국 텍스트에서 자국의 문화를 인지하도록 해 자아도취감을 느끼게 했던 영미권에서 특히 지배적이었다. 베누티는 『번역가의 비가시성非可視性 The Translator's Invisibility』에서 영미권의 자국화 번역에 대해 은근히 부정적인 의미를 함축적으로 나타내며 그 폐단에 대해 논했다. 자본주의와 경제 논리를 앞세우는 영미권의 출판인들은 영어 텍스트의 저작권 판매에 심혈을 기울였고, 이는 전후 미국이 정치·경제의 주도권을 확보하는 지렛대 역할을 하는 동시에 앵글로-아메리카의 문화를 전 세계로 확산시키는 동력이 되었다는 것이다. 이로 인해 다양한 범주에서 다양한 영어 텍스트가 전 세계의 많은 독자에게 앵글로-아메리카의 문화 가치를 수용하도록 강요하였다. 자국화 번역 방법에서는 번역자가 외국의 텍스트를 교묘히 목표언어의 텍스트인 양 가장하고 이 사실을 감추어야 하므로 번역자의 존재를 드러낼 여지가 없다. 번역자의 '비가시성invisibility'을 강조하는 번역전략이다. 그러나 이론이든, 실제든 번역자가 자신이 처한 상황에 저항하고 변화를 이끌어 내려면 자신의 존재를 좀 더 눈에 띄게 나타내야 한다는 것이 베누티의 주장이다. 자국화 번역은 자기민족 중심으로 번역함으로써 타자의 언어와 문화의 특성을 무시하는 폭력 행위라고 베누티는 생각했다. 베누티는 이와 상반되는 개념의 이국화 번역을 선호하였다.72)

---

71) 이근희 2009b 13.

이국화 번역 foreignizing translation은 원천 텍스트에 존재하는 이국풍異國風의 요소를 목표 텍스트에 그대로 옮겨 의도적으로 목표언어권의 관습에 적합지 않은 목표 텍스트를 생산한다. 이국화 번역은 외국 텍스트의 언어나 문화가 다르다는 점을 드러내고, 목표 문화권의 언어적이고 텍스트적인 제약을 반드시 따르지 않아도 될 뿐 아니라, 유려함을 추구하지도 않는다. 원천 텍스트의 명확하지 않은 표현이나 원천언어권 내에서도 생소한 어떤 요소를 그대로 옮기고, 목표언어의 고어古語 등을 의도적으로 텍스트에 넣는다. 이러한 특징들이 모여 목표언어권의 독자에게 "낯선 독서 경험 alien reading experience"73)을 하도록 하는 효과를 낸다.

자국화 번역이 자기민족 중심이라면 이국화 번역은 자기민족 중심주의에서의 일탈을 의미한다. 앙트완 베르망Antoine Berman은 이러한 번역 텍스트를 생산하는 것이 '번역의 윤리 ethics of translation'라고 했다.74) 특히 자국화 번역이 지배적인 영미권에서 이국화 방법을 적용하는 일은 민족 중심주의와 인종주의, 문화적인 자아도취, 제국주의에 저항하는 일이며, 민주적인 지정학상의 관계에 관심을 갖는 일이다. 슐라이어마허 역시 이 방법을 선호하였다. 그러나 이러한 이국화 번역에서 이국화란 외국 텍스트에 존재하며 그 자체로 가치 있는 본질의 투명한 재현이 아니라 전략적인 구성으로, 그 가치가 현재의 목표언어 상황의 조건에 맞아야 한다. 따라서 이국적인 텍스트의 구성조차 자국自國의 문화적인 재료에 따라 달라지기 때문에 외국 텍스트의 해석에 있어서 '이국화 번역'이 부분적으로 이루어진다는 점을 베누티 역시 인정한다.

이상으로 다양한 번역의 방법에 대해 살펴보았다. 다양한 번역의 방법을 살펴보면 대략 다음과 같은 사항에서 논의가 가능하다.

---

72) Venuti 14-29, Shuttleworth & Moira Cowie 43-44, 59.
73) Venuti 20.
74) Venuty 20, 재인용.

원천 텍스트 중심의 번역을 할 것인가, 목표 텍스트 중심의 번역을 할 것인가?

이러한 논의는 로마시대부터 있었다. 즉, 단어 대 단어로 번역하여 원문에 대한 충실함에 가치 판단의 기준을 둘 것인지, 목표언어로 쓰인 번역의 미학적 가치 판단의 기준을 강조하여 모국어와 문학 체계가 더욱 풍부하도록 의미 대 의미의 번역을 할 것인지에 관한 논의가 분분하였다. 원천 텍스트 중심의 번역을 할 것인가, 목표 텍스트 중심의 번역을 할 것인가는 목표 텍스트를 어떻게 볼 것인가가 결정한다. 목표 텍스트를 단순히 원천 텍스트에 종속된 텍스트로 볼 것인가, 아니면 원천 텍스트와는 다른 목표 텍스트 그 자체로 볼 것인가가 그것이다. 이 점에서 우리는 1970년대에 이타마르 에벤 조하르Itamar Even-Zohar와 기디온 투어리Gideon Toury가 주장했던 다체계 이론polysystem theory을 살펴볼 필요가 있다. 두 사람은 원천 텍스트와는 다른 환경에서 다른 의도와 다른 목적으로 목표 텍스트가 생산되기에, 원문에 대한 '충실'이라든가 '등가'에 관한 논의가 무의미하다고 여겼다. 대신에 목표언어의 문학 체계 내에서 번역된 문학 텍스트의 기능에 관심을 두었다. 다체계 이론에서는 번역된 문학텍스트를 목표언어의 문학 체계와 그 밖의 사회·문화·정치 등의 체계와 망을 이루며, 목표언어 내의 고유 텍스트들과 중심과 주변의 자리를 놓고 치열하게 다투는 역동적인 관계에 놓인 존재로 보았다. 특정 시기에 특정 문화에 번역되는 텍스트는 그 선정과 번역 및 목표언어의 문학이나 문화권에 흡수되는 전 과정에서 목표언어 고유의 텍스트에 요구하는 제도적인 조건들을 동일하게 충족시켜야 한다. 따라서 원천 텍스트와의 등가관계에 상관없이 목표 텍스트는 결과적으로 번역 텍스트를 수용할 사회의 언어와 문학의 제약을 받는다. 그렇기 때문에 번역에 접근하는 연구방법 역시 '원천 텍스트 중심의 번역연구Source Text-oriented translation'보다는 '목표 텍스트 중심의 번역연구Target Text-oriented translation'를 해야 한다.75)

원천 텍스트 중심의 번역연구에서는, 목표 텍스트가 단순히 원천 텍스트의 재구성으로서 원천 텍스트의 특징을 고스란히 재생산해야 한다.[76] 이러한 규범적 접근prescriptive approach 방식은 원천 텍스트와 번역 텍스트의 언어적인 비교에만 초점을 맞춘다. 번역의 본질과 번역 텍스트에 관한 다양한 연구를 억누르는 원천 텍스트 중심의 번역연구는 번역 텍스트의 적법성에 대한 논쟁에서 '문자 그대로의 대응literal correspondences'과 '자유로운 대응free correspondence'[77]의 번역을 서로 배타적으로 취급하였다. 또한 등가라는 규범적 개념은 목표 텍스트의 창의성과 상관없이 원천 텍스트와 목표 텍스트의 비교에서 일치하지 않는 모든 사항은 번역자가 두 텍스트 간의 조정을 위한 번역자 나름의 노력이라기보다는 '잘못된 번역'으로 간주한다.

목표 텍스트 중심의 번역 연구는 목표 텍스트 그 자체와 목표 문화권에서 차지하는 목표 텍스트의 위상에 관심을 둔다. 원천 텍스트 또는 번역 절차가 목표 텍스트의 정체성을 결정하는 것이 아니라 목표 문화 그 자체의 집합체가 결정한다.[78] 목표 텍스트 중심의 번역연구는 번역과정이 전적으로 규범적이지 않아야 함을 목표로 한다. 특정 문화나 문학 체계에서 번역이라고 이름 붙인 모든 텍스트는 텍스트의 생산에 어떤 번역규범이 적용되었든지 간에 번역으로 받아들여진 텍스트이다. 따라서 번역으로 받아들여진 모든 텍스트는 목표 텍스트와 원천 텍스트 간에, 또는 목표 텍스트와 원천언어권의 문학 체계와 '어떤 정해진' 관계를 전제하지 않는 독자적인 존재로 간주한다.[79] 이러한 접근방법이 '기술적 접근descriptive approach' 방법이다. 기술적 접근방법은 번역 텍스트를 둘러싼 문학, 문화, 언어 등의 체계 내에서 번역 현상을

---

75) Toury 1980, 1985, 1995.
76) Toury 1980: 39-40.
77) Toury 1995: 223.
78) Toury 1984: 75-76.
79) Toury 1980: 43.

이해하고 설명하는 데 관심이 있다. 목표 텍스트가 원천 텍스트에 종속적인 존재임을 전제하고 원천 텍스트가 연구의 출발점이었던 '원천 텍스트 중심의 번역 연구'에 반해, '목표 텍스트 중심의 번역 연구'는 목표 텍스트가 연구의 출발점이다. 목표 텍스트 중심의 연구는 수많은 목표 텍스트의 사례를 통해 번역 행위가 이루어지는 동안 의사결정이 어떻게 이루어지는지 그 과정을 밝혀내고, 기존의 번역 관계를 토대로 해서 번역의 일반적인 방법을 추출하며, 그러한 방법과 의사결정에 중요한 영향을 미치는 번역의 일반적이고 보편적인 개념을 찾는다.[80] 그렇기 때문에 원천 텍스트에 대한 '충실'이나 '등가'에 대한 논의가 무의미하다.

이에 부합하는 또 하나의 이론이 스코포스skopos 이론이다. 'skopos'는 그리스어로서 'aim', 'goal', 'purpose'라는 의미이다. 1970년대 후반부터 1980년대 초기 독일에서 카타리나 라이스Katharina Reiss와 한스 페르메르Hans J. Vermeer가 처음으로 전개한 이 이론은 소통의 이론과 행위이론 및 텍스트 언어학과 수용자 이론 등에서 영감을 받았다. 이 이론에 따르면, 인간의 모든 행위에는 목적이 수반되기 마련이고 번역도 일종의 행위로서 번역자의 행위역시 목적이 존재한다. 번역자의 행위는 목적에 따라 결정되는 상호작용이며, 수용자에 따라 달라진다. 번역의 목적과 목적을 달성하기 위한 방법은 번역을 둘러싼 상황의 맥락 요인을 떠나서는 결정될 수 없으므로, 목표 텍스트의 독자, 번역 의뢰인, 번역자, 목표 텍스트의 기능 등의 요소를 고려해야 한다. 즉, 원천 텍스트의 종류가 문학 텍스트와 같이 원저자의 권위를 존중해야 하는 텍스트인지, 새로운 정보 전달이 목적인 텍스트인지, 독자층에 호소해 의도하는 어떠한 행동이나 반응을 이끌어낼 목적의 텍스트인지 고려해야 한다. 동일한 원천 텍스트라 할지라도 번역 텍스트의 의도된 독자층이 아동인지, 일반인인지, 전문인인지에 따라 다르다. 또한 독자에게 원천 텍스트를 있는

---

80) Toury 1984: 78.

그대로 알리고 전하는 것이 목적인지, 원천 텍스트의 기능을 옮기는 것이 목적인지, 전달 매체가 서적인지, 방송인지, 영상인지 등을 고려해야 한다. 이러한 고려사항에 따라 번역의 방법과 전략이 달라진다. 원천 텍스트가 최종 번역물에서 차지하는 역할 역시 번역의 목적과 기능에 따라 달라질 수 있다. 따라서 원천 텍스트는 목표 텍스트의 주인 또는 충실을 요구하는 존재가 아니며, 그 영향력은 번역의 목적이나 목표 텍스트의 기능에 따라 클 수도, 미미할 수도 있다. 목표 텍스트는 목표 텍스트가 속하게 될 목표언어권의 언어, 문화를 포함한 다체계 내를 벗어나서는 그 존재의 의미가 없어진다.

이렇게 목표 텍스트를 원천 텍스트와는 독립된 별도의 존재로 먼저 인지하고, 번역의 목적과 번역 텍스트의 기능을 고려한 후에 다양한 번역 방법 가운데서 가장 적합한 방법을 선택해야 한다. 따라서 번역 텍스트를 비평할 때, 흔히들 범하기 쉽듯이 오로지 하나의 규범적인 잣대를 만들어 놓고 그 잣대에 비추어 벗어난 부분은 모두 '오역'이며 '품질이 떨어지는 번역'이라고 비난해서는 안 된다. 목표 텍스트가 목표로 하는 독자층이 다양하듯 번역의 평가도 목표 텍스트가 대상으로 삼고 있는 독자층의 입장에서 이루어져야 하고, 목표 텍스트의 의도된 목적과 기능에 비추어 잘 부합되었는지 고려해서 비평이나 평가가 이루어져야 한다.

1 존 드라이든John Dryden이 분류한 번역의 방법을 실제 사례와 연결시켜 설명하시오.

2 피터 뉴마크Peter Newmark의 8가지 번역 방법 가운데 4가지 이상의 번역 방법을 실제 사례와 연결해서 설명하시오.

3 다니엘 과덱Daniel Gouadec이 분류한 번역의 방법 가운데 그림 번역, 핵심어 번역, 선택 번역의 예를 찾으시오.

4 줄리안 하우스Juliane House의 번역 방법에 대해 실제 사례를 들어 설명하시오.

5 단어차원에서 등가어를 찾을 수 없는 실제 사례와 그에 대한 번역의 사례를 드시오.

6 자국화 번역domesticating translation과 이국화 번역foreignizing translation을 실제 사례를 들어 설명하시오.

05 번역 텍스트의 평가
The Evaluation of Translation

모든 번역자가 생각하는 궁극적인 목표는 품질이 좋은 번역 텍스트의 생산이다. 그러나 최고 품질의 번역 텍스트를 생산하기 위해서 모든 번역 텍스트에 적용되는 단 하나의 규범적인 번역 방법이란 존재하지 않는다. 하나의 원천 텍스트가 번역의 대상으로 선정되어 목표 텍스트로 생산되기까지는 매우 다양한 요소의 상호작용이 이루어져야 하기 때문이다. 일반적으로 품질이 좋지 않은 번역 텍스트와 관련된 용어가 번역투(翻譯套)'와 '오역(誤譯)'이다. 전반적인 번역 전략에 대한 평가가 이루어지기도 전에 일단 번역투와 오역의 단계에서 품질의 좋고 나쁨이 결정되는 것이다. 번역투와 오역에 관한 정확한 지식을 갖추고 번역자가 주의를 기울인다면 번역 텍스트의 품질은 눈에 띄게 향상될 수 있다.

모든 번역자가 생각하는 궁극적인 목표는 품질이 좋은 번역 텍스트의 생산이다. 그러나 최고 품질의 번역 텍스트를 생산하기 위해서 모든 번역 텍스트에 적용되는 단 하나의 규범적인 번역 방법이란 존재하지 않는다. 하나의 원천 텍스트가 번역의 대상으로 선정되어 목표 텍스트로 생산되기까지는 매우 다양한 요소의 상호작용이 이루어져야 하기 때문이다. 이러한 요소들의 상호작용을 고려한 번역자의 최종 번역전략에 따라 어느 한 가지 번역 방법이 채택될 수도 있고, 두 가지 이상의 번역 방법이 하나의 텍스트에 함께 적용될 수도 있다. 따라서 '번역자는 어떤 특정의 방법으로 번역해야 한다.'라는 규범적인 주장은 설득력이 없으며, 상황을 고려한 최선의 번역만이 존재할 뿐이다. 그렇다면 최선의 번역 텍스트를 생산하기 위해서 번역자는 어떻게 번역을 해야 하는가. 이는 번역 텍스트에 대한 일반 독자 및 번역에 관여된 전문 독자들의 평가 과정이 어떻게 이루어지는지 고려함으로써 답을 구할 수 있다. 일반적으로 품질이 좋지 않은 번역 텍스트와 관련된 용어가 '번역투飜譯套'와 '오역誤譯'이다. 전반적인 번역 전략에 대한 평가가 이루어지기도 전에 일단 번역투와 오역의 단계에서 품질의 좋고 나쁨이 결정되는 것이다. 번역투와 오역에 관한 정확한 지식을 갖추고 번역자가 주의를 기울인다면 번역 텍스트의 품질은 눈에 띄게 향상될 수 있다. 먼저 번역투와 오역이 무엇인지 살핀 후에 번역의 평가과정으로 나아가기로 한다.

5.1 번역투와 오역

아쉽게도 번역투와 오역의 경계를 구별하는 일은 아직까지 뚜렷하게 정립되지 못한 상황이다. 번역 출간된 지 일주일 만에 베스트셀러 1위의 자리를 차지하여 6개월 이상 이를 유지하며 100만부 이상 판매된 『다빈치 코드』의 번역 품질에 관해 논하면서 오역의 사례[81]라고 예시한 다음의 예를 보면 이 점이 명확해진다.

ST1 A voice spoke, <u>chillingly</u> close. "Do not move."
(*The Da Vinci Code*. Dan Brown 3)

TT1 "움직이지 마시오." 냉기에 가까운 목소리였다.
(『다빈치코드』 1. 양선아 11)
대안번역 소름끼치게 가까이서, 목소리가 들렸다. "꼼짝 마."

ST2 <u>On his hands and knees</u>, the curator froze, turning his head slowly.
(*The Da Vinci Code*. Dan Brown 3)

TT2 소니에르는 손과 무릎이 얼어붙는 것을 느끼며 머리를 천천히 돌렸다.
(『다빈치코드』 1. 양선아 11)

대안번역 팔 다리를 바닥에 댄 채, 소니에르는 꼼짝 못하고, 천천히 고개를 돌아 보았다.

ST3 'The Art of <u>Illuminati</u>' (*The Da Vinci Code*. Dan Brown 9)

TT3 '<u>조명학의</u> 예술' (『다빈치코드』 1. 양선아 18)

대안번역 '<u>일루미나티학</u>'

세 가지 모두 오역의 사례라고 예시되어 있지만, [ST1]에 대한 번역을 오

---

81) 중앙일보 2005년 3월 7일 김성희 기자가 발췌한 사례들이다. 출판사 측에서 새로 인쇄할 때마다 오역이나 오자, 탈자를 고쳐서 출간했기 때문에 인쇄본에 따라 오역 부분이 정정되어 표기되어 있을 수 있다. 제시한 대안번역은 필자의 번역이다.

역이라고 보아야 하는지는 고려해 볼 여지가 있다. 'chillingly'를 '냉기에'라고 번역했다고 해서 원천 텍스트의 의미가 왜곡된 틀린 번역이라고 할 수 없기 때문이다. 다만 목표언어인 한국어의 체계에 비추어 '냉기'와 '목소리'가 서로 호응하지 않을 뿐이다. 이 경우에는 번역에 대해 잘 모르는 비전문가 독자조차도 번역의 품질에 의구심을 갖게 된다. [ST2]에서는 접속사 'on'의 번역이 잘못되었다. 원천언어 'on'이 원천 텍스트에서 '접촉'의 의미로 쓰였지만, 번역자는 이에 대한 정확한 지식을 갖추지 못해 원천 텍스트의 의미를 왜곡하였다. [ST3]에서는 'The Art of Illuminati'에 'Illuminati'의 번역에 대해 번역자는 가장 대표적인 사전적 의미로 번역해 '조명학'이라고 번역해 놓았지만 정작 원저자는 '조명학'과는 전혀 상관이 없는, 비밀결사 단체 '일루미나티'를 의미하는 것이다. 또한 'Art'부분 역시 '예술'이기보다는 '일루미나티에 관한 모든 것'으로서 '일루미나티학'으로 보는 편이 더 적절하다. 맥락을 좇아 번역 텍스트를 읽던 독자들은 느닷없이 등장한 '조명학'에 대해 어리둥절하기 마련이다. [ST2]는 원천언어와 관련해서, [ST3]은 언어 자체라기보다는 원저자의 정확한 의도와 관련해서 원천 텍스트의 의미를 왜곡하고 있다.

[ST1]의 경우는 원천 텍스트와 목표 텍스트를 대조해보지 않아도 부자연스럽다는 점을 비전문가 독자조차도 인지가 가능한 반면, [ST2], [ST3]는 원천 텍스트와 목표 텍스트를 비교하지 않는 한, 일반 비전문가 독자들은 왜곡의 사실을 인지하지 못한다. 이와 같이 원천 텍스트의 의미가 왜곡되지는 않지만 목표언어권의 언어 체계와 비추어 적절하지 않은 오류와, 목표언어 체계에 비추어 오류는 없으나 원천 텍스트의 의미가 왜곡되는 오류로 분류해 볼 수 있다. 즉, 목표언어 체계에 비추어 적합하지 않은 오류를 '번역투'라 한다면, 원천 텍스트의 의미가 왜곡되는 오류를 '오역'이라 한다. 번역투와 오역의 정의 및 특징은 다음과 같다.

<도표 1> 번역투와 오역의 정의 및 특징

번역투	오 역
<정의> 목표언어의 어휘적, 통사적, 화용적, 관용적인 용법과 맥락을 고려하지 않고 대표적인 사전적 의미로 일대일 대응하는 데서 비롯되는 생소하거나 부적합한 표현	<정의> 원천 텍스트를 둘러싼 원천언어 그 자체에서 비롯되거나, 역사, 정치, 경제, 문화 등의 언어 외적인 번역가의 지식 부족에서 비롯되는 틀린 번역
<특징> 1. 원천언어를 모르는 독자라 하더라도 목표언어의 언어체계에 비추어 오류의 인지가 가능하다.	<특징> 1. 원천언어를 모르는 독자라면 목표언어의 체계에 비추어 오류의 인지가 어렵다.
2. 목표언어의 어휘적, 형태적, 통사적, 화용적, 관용적인 층위에서 발생하는 오류이다.	2. 원천 텍스트의 의미론적 층위에서 발생하는 오류이다.
3. 이야기의 전개나 맥락에 커다란 영향을 미치지 않는다.	3. 이야기의 전개나 맥락에 커다란 영향을 미칠 수 있다.
4. 정확한 정보의 전달에 미미한 영향을 미칠 수 있다.	4. 정확한 정보의 전달에 커다란 영향을 미칠 수 있다.
5. 모국어의 언어 체계에 영향을 미쳐 모국어를 훼손하거나 왜곡하고 쓰임에 제약을 가할 수 있다.	5. 모국어에 미치는 영향이 미미하다.
6. 체계적이고 반복적인 교육과 훈련을 통해 해결이 가능하다.	6. 번역자 본인의 언어 내적이고 외적인 지식의 축적을 통해 해결이 가능하다.

5.2 번역 텍스트의 평가과정

독자들이 행하는 번역 텍스트의 **1차적 층위의 번역 평가**는 번역 텍스트의 언어가 목표언어의 체계에 비추어 적절한가의 여부에 초점이 맞춰지는 '번역투'의 여과 단계이다. 이 단계에서는 원천 텍스트와 목표 텍스트의 대조 및 비교가 필요 없는 단계로, 전문가가 아니라도 목표 텍스트 상에서 번역이 적절치 않음을 한 눈에 알 수 있다. 예문을 통해 살펴보자.

> **ST** The agent motioned through the windshield toward the Eiffel Tower.
> "She is the symbol of France. I think she is perfect."
> <div align="right">(<i>The Da Vinci Code</i>, Dan Brown 17)</div>

> **TT** 요원은 창밖으로 에펠 탑을 가리켰다.
> "무척 아름답죠, 안 그런가요? 그녀는 프랑스의 상징입니다. 저는 그녀가 완
> 벽하다고 생각합니다." (『다빈치코드』 1. 양선아 31)

번역 텍스트의 예문을 접하는 독자들은 상당히 당혹스러울 수밖에 없다. 왜냐하면 한국어에서는 탑을 가리켜 '그녀'라고 일컫지 않기 때문이다. 영어에서는 동일한 단어의 반복을 가급적 피하고 대명사를 활용하며, 무생물조차도 인칭 대명사로 지시가 가능하다. 반면에 한국어에서는 대명사의 활용 대신 동일한 단어의 반복이 흔하고, 무생물을 인칭 대명사로 지시할 때는 비유에서나 가능하다. 따라서 에펠탑을 대명사 'she'로 받는 원천언어의 관용적인 쓰임에 집착한 나머지 목표언어의 관용적인 쓰임을 고려하지 않은 예문의 번역은 부정적인 평가를 받는다.

목표 언어 체계에 비추어 적절하지 않거나 자연스럽지 못한 번역문은 텍스트의 가독성이나 용이한 이해에 부정적인 영향을 미친다. 비전문가인 독자들조차 이러한 텍스트는 은연중 번역자의 번역능력에 부정적인 평가를 하기 마련이고, 텍스트에 대한 관심이 멀어진다. 텍스트란 궁극적으로 누구에겐가 읽히는 과정을 통해 상품의 가치를 인정받는 것이고 인정을 받았을 때만이 텍스트의 존재가 가능하다. 따라서 번역자는 번역의 과정에서 두 언어 체계를 둘러싼 상이한 점들을 이해하고 목표언어 체계를 고려하여 이들을 적절히 조정하는 중재자의 역할을 해야 한다.

그러나 때에 따라서는 원천 텍스트의 구조나 단어에 얽매인 부자연스럽거

나 생소한 표현이 사용되는 빈도가 거듭되면서 번역투가 목표 언어권에 자리를 잡는 경우도 허다하다. 이러한 경우에는 긍정적인 영향 외에도 부정적인 영향을 미칠 수 있는데 그 이유는 다음과 같은 연유에서 찾아볼 수 있다.

언어란 그 언어를 사용하는 공동체 구성원의 사고방식과, 사물을 인지하고 파악하는 방법을 반영한다. 언어를 통해 문화적 전통을 답습하고, 문화적 동질감을 느끼며 하나라는 민족적인 유대감이 형성되는 것이다. 어려서부터 익힌 문화적 특징은 짧은 순간에 사라지는 것이 아니다. 그러한 전통적인 문화의 토대 위에서 새로운 문화가 창조되고 형성되며 다음 세대로 전수된다. 언어를 통한 그들만의 공유된 사고방식과 문화의 습득은 전 세계의 민족과 문화에 대해 주체적으로 접촉을 하고, 주체적으로 받아들이며, 주체적으로 자신들의 것으로 만드는 토대가 된다. 그렇기 때문에 원천 텍스트의 언어 체계에 얽매인 번역 텍스트는 목표언어권의 언어체계를 혼란스럽게 하고, 나아가 목표언어의 활용을 잠식하여 공동체에 속한 구성원들의 사고방식에까지도 변화를 가져올 수 있다.

2차적 층위의 번역 평가는 원천 텍스트를 둘러싼 언어 그 자체와, 언어 이외의 요소에 대한 번역자의 지식이 정확한가 여부에 초점이 맞춰지는 '오역'의 여과 단계이다. 목표언어 체계에 비추어 적합하지 않은 번역에 직면할 때나 맥락상 도무지 이해되지 않는 부분에 접할 때, 소극적인 독자라면 해당 텍스트에 대한 관심을 거두거나 그냥 지나칠 테지만 원천언어에 대한 지식이 있는 적극적인 독자라면 목표 텍스트와 원천 텍스트와의 비교를 시도한다. 원천 텍스트와 목표 텍스트를 비교했을 때 원천 텍스트의 일부 의미가 왜곡되었다면 이는 오역에 해당한다. 오역은 크게 '원천언어 그 자체에서 야기되는 오역'과 '원천 텍스트를 둘러싼 다양한 맥락에서 야기되는 오역'이 있다. 원천언어 그 자체에서 야기되는 오역은 번역자가 원천언어에 대한 정확한 지식이 부족해서 발생하는 오역이고, 원천 텍스트를 둘러싼 다양한 맥락에서

야기되는 오역은 역사, 정치, 경제, 문화 등과 같은 언어 외적인 부분에 대한 번역자의 정확한 지식이 부족해서 발생하는 오역이다. 다음은 원천언어 그 자체에서 비롯된 오역의 사례이다.

> **ST1** He was trapped inside the Grand Gallery, and <u>there existed only one person on earth to whom he could pass the torch.</u>
>
> (*The Da Vinci Code*. Dan Brown 6)
>
> **TT1** 박물관 대화랑에 갇힌 <u>소니에르는 횃불을 건네줄 수 있는 지상의 유일한 사람이다.</u> (『다빈치코드』 1. 양선아 31)
>
> **본뜻** 박물관 대화랑에 갇힌 <u>소니에르가, 진실의 횃불을 전해줄 수 있는 사람은 지구상에 단 한 사람뿐이었다.</u>

원천 텍스트의 'only one person'은 '소니에르'가 아니다. 소니에르가 진실의 횃불을 전해줄 제3의 대상을 의미하는데, 번역자는 원천언어의 구조를 정확하게 이해하지 못해 원천 텍스트의 의미를 왜곡하는 오역을 범하고 있다. 다음은 원천언어에 대한 번역자의 지식이 부족해서가 아니라 원천 텍스트를 둘러싼 외적인 요소에 대한 번역자의 지식이 부족해서 비롯된 오역의 사례이다.

> **ST2** Most recently, of course, had been the earthshaking discovery that Da Vinci's famed *Adoration of the Magi* was hiding a dark secret beneath its layers of paint.
>
> (*The Da Vinci Code*. Dan Brown 184)
>
> **TT2** 가장 최근의 깜짝 놀랄 만한 발견으로는 유명한 다빈치의 그림인 〈매기에 대한 찬사(Adoration of Magi)〉'가 있다. 이 그림은 여러 겹의 채색 밑에 어두운 비밀을 숨기고 있었던 것이다. (『다빈치코드』 1. 양선아 261)

대안번역 가장 최근에 있었던 깜짝 놀랄 만한 발견으로는 다빈치의 유명한 그림인 〈동방 박사의 경배〉의 채색 밑으로 은밀한 비밀이 숨겨져 있었다는 점이다.

번역자는 'Adoration of the Magi'를 단어 대 단어로 옮겨 '매기에 대한 찬사'로 번역하였다. 그러나 이는 다빈치가 그린 그림의 제목을 뜻하는, 원천 텍스트를 둘러싼 문화와 관련된 고유명사이다. 번역자는 이에 대한 지식의 부재로 원천 텍스트의 의미를 왜곡하고 있다.

3차적 층위의 번역 평가는 번역에 관한 전문가적인 차원에서 이루어지는 마지막 평가 단계로 번역전략의 적절성 여부이다. 1차적 층위와 2차적 층위에서의 번역 요건을 충족시킨 후, 텍스트의 장르나 독자층, 번역자의 선호, 출판사의 출판정책, 번역의 목적과 기능 등을 고려한 번역전략의 적절성 여부가 평가의 마지막 기준이 된다. 즉 번역 텍스트의 선정과 생산에 관여되는 다양한 요소 간의 상호작용을 고려하여 번역전략이 적절히 구사되었는가에 관심이 있다. 그 한 예로 동일한 원천 텍스트에 대해 '자국화 번역' 전략과 '이국화 번역' 전략이 구사된 사례를 살펴보자.

ST Anyway, it was December and all, and it was cold <u>as a witch's teat</u>, especially on the top of that stupid hill.

(*The Catcher in the Rye*. Salinger 4)

TT1 하여간 때는 십이월이라 <u>계모의 눈살만큼이나</u> 날씨가 써늘했습니다. 그 빌어먹을 언덕 꼭대기는 유독 더 심했습니다.

(『호밀밭의 파수꾼』. 김욱동·염경숙 9)

TT2 어쨌건 이곳의 12월은 <u>마녀의 젖꼭지처럼</u> 춥다. 특히 이 망할 언덕 꼭대기는.

(『호밀밭의 파수꾼』. 공경희 13)

[ST]의 'a witch's teat'에 대해 [TT1]은 이에 대응되는 목표 언어로 번역

하는 대신 목표 문화권에 익숙한 개념인 '계모의 눈살'로 번역하고 있다. 즉 자국화 번역전략이 구사된 사례로, 한국어에서 계모의 눈살은 관용구로서 이 관용구의 의미가 주는 이미지는 일반적으로 차갑고 쌀쌀한 느낌이다. 물론 이러한 편견은 점차 중립적인 의미로 이동하고 있지만, 번역자는 목표 문화권에서 전혀 이해할 수 없는 이국화 번역전략을 구사하기보다는 쉽게 의미가 전달되는 역동적 등가의 표현을 택하고 있다. 반면 [TT2]는 이국화 번역전략을 채택해 원천 텍스트의 언어에 대응되는 목표언어 '마녀의 젖꼭지'로 번역하고 있다. 'a witch's teat'가 얼마나 추운 정도를 의미하는지 알 리 없는 독자들에게는 불친절한 부정적인 측면의 번역 방법이지만 자국과 다른 외국의 문화를 소개하는 긍정적인 측면 또한 있다. 물론 이 두 가지 번역전략 가운데 어느 번역 방법이 더 낫고 최선이라는 규범은 존재하지 않는다. 번역자가 다양한 요소를 고려하여 특정의 번역 방법을 선택하고 이를 전략적으로 구사한다면 바로 그 방법이 최선이기 때문이다. 따라서 번역 텍스트의 평가도 이러한 요소를 고려한 최적의 번역전략이 구사되었는가의 여부에 초점이 맞춰져야 한다.

번역의 평가과정이 이렇다면 번역자가 번역을 어떻게 해야 잘 하는 것인가에 대한 해답 또한 예측이 가능하다. 번역자는 목표 텍스트가 일차적으로는 목표언어의 체계에 적합해서 부자연스럽거나 부적절하지 않아야 하며, 이차적으로는 원천 텍스트의 언어 내적이고 외적인 지식에 부합해야 하고, 마지막 단계로는 목표 텍스트를 둘러싼 다양한 요소를 고려한 번역전략이 적절해야 함에 초점을 두어야 한다. 번역의 평가 과정을 도표화하면 다음과 같다.

〈도표 2〉 번역 텍스트의 평가과정

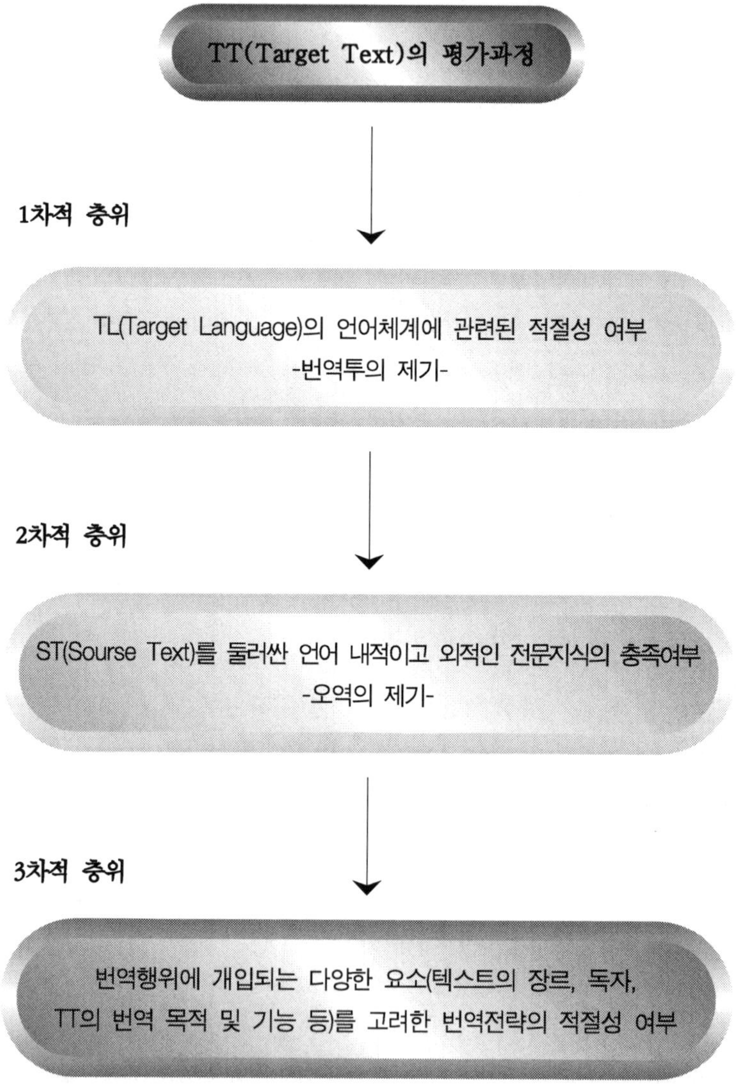

TT(Target Text)의 평가과정

1차적 층위

TL(Target Language)의 언어체계에 관련된 적절성 여부
-번역투의 제기-

2차적 층위

ST(Sourse Text)를 둘러싼 언어 내적이고 외적인 전문지식의 충족여부
-오역의 제기-

3차적 층위

번역행위에 개입되는 다양한 요소(텍스트의 장르, 독자,
TT의 번역 목적 및 기능 등)를 고려한 번역전략의 적절성 여부

연습문제

1. 번역 텍스트에서 번역투의 예를 찾고 이에 대해 설명하시오.
2. 번역 텍스트에서 오역의 사례를 찾고 이에 대해 설명하시오.
3. 이국화 번역전략이 적용된 사례를 찾아 설명하시오.
4. 자국화 번역전략이 적용된 사례를 찾아 설명하시오.
5. 하나의 번역 텍스트를 정해 3단계의 평가과정을 기준으로 비평하시오.

06 번역투
Translationese

번역투를 의미하는 영어 'translationese'는 'translation'에 '-ese'가 붙은 형태이다. '-ese'는 'journalese', 'legalese', 'Brooklynese', 'officialese', 'pentagonese', 'federalese'와 같이 특정 집단에서 사용하는 독특한 전문어나 문체, 강세를 일컫는 접미사로 기존에 없던 새로운 단어를 형성한다. 그러나 대개 이러한 신조어는 난삽하고 과장되어 좋지 않게 인식하는 글에 사용하거나 조롱이나 멸시 등의 부정적인 의미를 내포하고 있다. 번역투(translationese) 역시 'translatese', 'translatorese'라는 용어와 함께 세계 제2차 대전 이후의 문학관련 언론계에서 목표언어에 비추어 유려함이 떨어지는 번역을 비평할 때 경멸조로 사용하던 용어이다.

6.1 번역투의 개념

번역자가 가장 먼저 주의를 기울여야 할 번역투에 대해 일반인이 갖는 개념은 사전적인 정의에서 찾아볼 수 있다. 한국어에서 '투套'라고 하면 "말이나 글, 행동 따위에서 버릇처럼 일정하게 굳어진 본새나 방식"이다.82) 또한 '번역투'란 "특정의 글에서 그 글이 원문이 아니라, 번역문이라는 표지標識가 일정하게 나타나는 방식"이다. 혹자에 따라서는 '번역문체'라는 표현을 사용하기도 하는데 '문체'란 "문장의 개성적 특색으로 시대時代나 문장의 종류, 글쓴이에 따라 그 특성이 문장의 전체 또는 부분에 드러나는"83) 것이며 '문체'의 순화된 표현이 '글투'이다. 그렇기 때문에 '번역문체'란 "글의 전체 또는 일부분에 나타난 번역문의 독특한 특색"이라고 할 수 있다.

번역투를 의미하는 영어 'translationese'는 'translation'에 '-ese'가 붙은 형태이다. '-ese'는 'journalese', 'legalese', 'Brooklynese', 'officialese', 'pentagonese', 'federalese'와 같이 특정 집단에서 사용하는 독특한 전문어나 문체, 강세를 일컫는 접미사로 기존에 없던 새로운 단어를 형성한다. 그러나 대개 이러한 신조어는 난삽하고 과장되어 좋지 않게 인식하는 글에 사용하거나 조롱이나 멸시 등의 부정적인 의미가 있다.84) 번역투translationese 역시 'translatese', 'translatorese'라는 용어와 함께 세계 제2차 대전 이후의 문학 관련 언론계에서 목표언어에 비추어 유려함이 떨어지는 번역을 비평할 때 경멸조로 사용하던 용어이다. 번역투에 대해 학술적으로 접근한 국내의 학자로는 김정우와 박여성 등을 들 수 있다.

---

82) 『표준국어대사전』 6444.
83) 이 밖에도 문체는 문장의 양식으로서 구어체, 문어체, 논문체, 서사체 따위로 분류될 수 있다. 『표준국어대사전』 2292.
84) *Webster's Third New International Dictionary* 775 ; Fowler, *Longman Dictionaries of Contemporary* 463 ; Baker 1992: 24 ; *Random House Webster's College Dictionary* 450.

김정우는 번역투를 "직역의 번역 방법으로 산출된 번역문에 존재하는 원문 외국어 구조의 전이 흔적"으로 정의한다. 의역과 직역의 번역 방법 가운데 "직역의 번역 방법을 채택한 번역자는 번역 작업을 수행하는 내내 외국어 원문의 존재를 염두에 두어야 하고, 결과적으로 일반적인 모국어의 문장과는 다른 특징을 띠게 된다."85)는 것이다. 김정우는 한국어와 영어가 달라서 비롯되는 번역투의 유형을 제시하면서86), 한국의 중·고등학교 교과서에 뿌리 깊게 자리 잡은 번역투의 영향에 대한 실태를 구문 형식과 굴절 요소, 전치사구, 관용어구, 기타 등의 영역에서 조사를 하며 그 폐단을 지적하였다.87) 먼저 영어의 시제와 한국어의 시제 체계가 달라 발생하는 번역투의 예이다.

> **ST** He said that he was ill.
>
> **TT** 그는 <u>아팠다고</u> 말했다.
>
> **대안번역**88) 그는 <u>아프다고</u> 말했다.　　　　　　　　　　　　(김정우 1990: 49)

인용문의 시제와 본 문장의 시제가 일치하는 [ST]의 번역에 있어서, 한국어는 본 문장의 서술어가 인용문의 시제까지 담당하기 때문에 인용문의 시제와 본 문장의 시제가 일치하지 않는다. 따라서 한국어의 문법구조를 고려해서 '아프다'라고 하지 않고 영어의 구조를 그대로 전이해서 [TT]와 같이 '아팠다'라고 하면 번역투가 된다.89) 다음은 번역투의 영향을 받아 번역 텍스트가 아닌 데도 번역투가 지속적으로 쓰이면서 원문인 중·고교 교과서에 뿌리

---

85) 김정우 2003: 144.
86) 김정우 1990.
87) 김정우 2003.
88) 반드시 그렇게 번역해야 한다는 의미가 아니라 바람직한 번역 가운데 하나의 대안으로 제시되는 정도이다.
89) 김정우 1990: 49.

깊게 자리 잡은 번역투의 몇 가지 사례를 김정우의 논문에서 발췌한 예이다.

ST1 사랑하는 처자를 <u>가진</u> 가장은 부지런할 수밖에 없다.

(고등 국어 상: 84-87)

대안 사랑하는 처자가 <u>있는</u>(딸린) 가장은 부지런할 수밖에 없다.

(김정우 2003: 150)

ST2 아이들<u>에 의해</u> 자연 발생적으로 창작된 놀이

(중학 생활국어 2-2: 91-12)

대안 아이들<u>이</u> 자연 발생적으로 창작한 놀이   (김정우 2003: 150)

ST3 동네 사람들<u>에 의해</u> 하나의 골치 아픈 뒤통거리로 발견되었다.

(중학 국어 2-1: 151-156)

대안 동네 사람들<u>에게</u> 하나의 골치 아픈 뒤통거리로 발견되었다.

(김정우 2003: 150)

[ST1]은 소유를 의미하는 영어의 동사 'have'를 직역한 번역투에서 비롯된 문장이고, [ST2]와 [ST3]은 수동문의 행위자 표지 'by'를 직역한 번역투에서 비롯된 문장이다. 번역 텍스트가 아닌 한국 고유의 텍스트인데도 이러한 번역투가 빈번하게 출현한다는 점은, 번역투가 자생력을 갖고 한국 고유의 언어 체계에 확고하게 자리를 잡는다는 사실을 입증한다.

박여성은 번역투를 협의와 광의로 분류하였다. 협의로는 번역투가 "원천 텍스트와 목표 텍스트간의 형식적인 일치와, 외국어와 모국어 사이에서 의미, 형태 및 화행speech act을 방해하는 과도현상"이고, 광의로는 번역투가 시간이 흐르면서 전부는 아니지만 일부가 목표언어로 정착한다는 점에서 "출발언어

의 통사, 의미, 화용, 문체론적 특성이 목표언어로 재현되는 과정에서 나타나는 부정합不整合" 현상이다.[90) 독일의 작가 귄터 그라스Günter Wilhelm Grass의 작품『양철북Die Blechtrommel』중심의 번역 비평에서 화행론적, 텍스트의 유형적, 사용역register적,[91) 일상의 지식이나 기호학적 접근을 통해 이 같은 문제를 다룬 박여성의 사례 가운데 화행론적 접근과 관련된 예는 다음과 같다.[92)

ST : German
Mann, brauchen Sie doch nicht rot zu werden, wenn ich Feuer haben will. Sind doch kein Mädchen, oder?

TT1 어이, 내가 불을 붙여달란다고 해서 그렇게 얼굴을 붉힐 필요는 없을 텐데. 처녀도 아닐거고, 혹은?

TT2 어이, 불을 붙여달라는 말에 그렇게 얼굴 붉힐 필요는 없잖아. 처녀도 아닐 테고?

TT3 이봐, 불 붙여 달라고 하는데 그렇게 얼굴을 붉힐 필요는 없잖아. 계집애도 아닌데?

대안번역 어이, 담배 불이나 붙여주지. 뭘 그리 튕겨! 순진한 아가씨 같지도 않구 먼. 안 그래?
(박여성 2002: 32-33)

'oder'는 대답을 요구하지 않는 수사 의문문에 사용되는 어휘로서, [TT1] 의 '혹은'은 단어 대 단어 번역word for word translation이다. [TT2]나 [TT3]에서는 '아닐테고', '아닌데'로 번역했지만, 'oder'의 화용적 기능인 '반어적 되묻기'

---

90) 박여성 2002: 8-9.
91) 특정 직업이나 관심사, 취미, 전문 분야에서 사용하는 어휘 및 연어가 각기 다르다는 점을 고려해야 한다.
92) 박여성 2002: 31-3

를 재현하지 못한다. 또한 원천언어권에서 '몸가짐이 단정한[순진한] 아가씨'
를 염두에 둔 'Mädchen'을 '계집애'나 '처녀'로 번역하면 목표언어권인 한국
에서는 원조교제나 매춘 같은 엉뚱한 함의를 유발할 수 있다.[93] 이는 원천언
어와 목표언어 간의 표현적 의미가 다른 경우이다. 박여성은 이러한 사례들
을 정확하게 번역투와 오역으로 분류하지 않았지만 본 책자의 4장 1절에 제
시한 번역투와 오역의 분류에 의하면 대체적으로 번역투라기보다는 원천언
어에 대한 지식 부족에서 비롯되는 오역의 예이거나 글자가 틀린 사례이다.

마크 셔틀워스Mark Shuttleworth와 머이라 카위Moira Cowie는 '번역투translationese,
third language'란 "두드러지게 원천언어의 특징에 의존한 탓에 목표 텍스트에 쓰
인 언어가 매우 부자연스럽고, 이해하기 어려우며, 우습게 여겨지기조차 할
때 사용하는 경멸조의 용어"라고 정의한다.[94] 이와 같이 부정적인 평가와
관련된 번역투는 적절하지 않은 원천언어의 은유를 사용하거나, 문법적인 어
순이 부자연스럽거나, 잘 쓰이지 않은 전문용어가 자주 등장하는 특징이 있
다.[95] 목표언어권에서 통상적으로 사용하지 않는 어휘나 문법구조 외에도 의
미나 문체, 화용적인 기능도 포함된다.[96] 단어와 단어의 호응관계가 원천언
어와 목표언어 간에 일치하지 않아 발생하는 번역투를 베이커가 제시하는
사례를 통해 살펴보자.[97]

---

93) Ibid 33.
94) "A generally pejorative term used to refer to TL usage which because of its
    obvious reliance on features of SL is perceived as unnatural, impenetrable or
    even comical."(187)
95) Shuttleworth & Moira Cowie 187.
96) Puurtinen 391.
97) Baker 1992: 55.

   영어 텍스트를 프랑스어로 옮기면서 번역자는 'shoe repairs'를 그대로 옮겨 'réparer ses chaussures'로 옮겼다. 그러나 프랑스어 'réparer'는 일반적으로 'fridges(냉장고)', 'cars(자동차)', '기계류(machines)'와 어울리는 단어이지 'chaussures[(구두)]'와는 좀처럼 함께 어울리는 단어가 아니다. 목표언어인 프랑스어로는 '구두'와 '밑창을 갈다'가 어우러져 'ressemeler ses chaussures'로 번역해야 적절한 표현이 된다. '구두 밑창을 갈다'가 아닌 '구두를 수선하다'를 접하는 프랑스의 독자는 모국어의 어법에 비추어 적절하지 않은 번역 텍스트에서 번역투임을 인지하게 된다.

   핀란드 고유의 텍스트와 번역 텍스트의 특징을 연구한 소냐 티르코넨-칸딧 Sonja Tirkkonen-Condit에 따르면, 핀란드 고유의 텍스트는 유창하고, 자연스러우며, 관용어법에 적합하고, 생동감 있는 단어와 영롱한 색상의 이미지 표현이 빈번했다. 반면에 번역 텍스트는 표현이 어색하고, 관용적인 용법에 어긋나며,

---

98) 필자의 번역임을 밝혀둔다.

가독성이 떨어졌다.99) 이러한 특징은 목표언어권의 고유 텍스트와 번역 텍스트 간에 구별되는 일반적인 현상으로서,100) 초보 번역자나 전문 번역자 모두 이 문제에서 자유로울 수 없다.101) 그러나 번역자가 자신도 모르게 '우연히' 생산한 번역투가 '품질이 좋지 못한' 번역의 평가와 관련이 있다는 것은 그렇다 하더라도, 번역자가 '의도적으로' 생산할 때조차 '좋지 못한' 평가와 관련된다는 점은 문제의 소지가 있다.102) 이 문제는 번역투의 기능 편에서 다룰 계획이다.

1990년대 이후 번역이 후기 식민지주의와 맞물려 언급된 제3세계에서는 번역투에 대한 개념이 기존의 개념과 다르게 받아들여졌는데 이는 가야트리 샤크라보티 스피박Gayatri Chakravorty Spivak에서 엿볼 수 있다. 제3세계의 문학 작품을 강대국의 언어인 영어로 번역하면서 영어 중심의 언어 체계 및 문화, 가치관을 투사한 번역으로 일관하는 점을 비난했던 스피박은 번역투에 대해 다른 견해를 피력했다. 번역 텍스트에서 드러나는 이질적인 요소나 특징, 현상이라는 서양권의 개념과 달리, "정치적으로 힘이 약한 개인이나 문화의 정체성을 말살하는" 번역이 번역투라고 했다.103) 즉, 식민지배 하에 있던 제3세계권에서는 자국의 텍스트를 번역한 서양의 텍스트에서 자국의 요소가 드러나지 않는 번역이 번역투이다. 이는 목표언어권에서 자국화 번역의 방법을 채택했을 때 원천언어권에서는 자국의 특징이 드러나지 않기에 번역텍스트가 번역투의 번역이 된다는 견해이다.104)

앤드류 체스터만Andrew Chesterman이나 베이커, 라비오사-브레이스웨이트Sara

---

99) Tirkkonen-Condit 2002, 211-213.
100) Steiner 332, 338.
101) Tirkkonen-Condit, 조상은 참조.
102) Robinson 1991, 60.
103) Munday 133.
104) 본 책자에서는 번역 텍스트에서 드러나는 자국어와 대비되거나 자국어에 비추어 부자연스러운 이국적인 요소나 특징, 현상이 '번역투'라는 개념을 채택한다.

Laviosa-Braithwaite와 같은 학자들은 번역투를 부정적인 평가와 결부해서 생각하지 않고, 중립적인 관점에서 보았다. 즉, 텍스트의 장르에 관계없이 어느 언어 간에서나 발견되는 보편적인 하나의 현상으로 보고, 객관적인 파악과 분석을 시도하였다. 특히 베이커나 라비오사-브레이스웨이트는 원천언어나 목표언어가 어떤 언어든 상관없이 번역 텍스트에서 보편적으로 드러나는 특징을 네 가지로 들고 있는데, 어휘의 단순화simplification, 표준화normalization, 명료화explicitness, 보수화conservatism가 그것이다.105) '어휘의 단순화simplification'란 타입type과 토큰token106)의 비율이 고유 텍스트보다 낮고,107) 이는 잘 쓰이지 않는 어휘를 가급적 사용하지 않음을 의미한다. '표준화normalization'란 목표언어권에서 흔하게 쓰이는 특징들을 과도하게 사용하고, 은유나 관용어의 번역에 더 상투적인 표현을 하며, 방언이나 구어체의 표현이 적다는 특징이다. '명료화explicitness'는 설명이 없는 암시나 인용의 사용을 가급적 피하고, 혼란을 야기하거나 의미가 하나 이상으로 이해가 가능한 고유명사를 더 적게 사용함을 의미한다. 티나 푸어티넨Tiina Puurtinen 역시 번역투에 대한 접근이 점차, 번역된 언어에서 보게 되는 '뭔가 이상하다'라거나 '맞지 않다'라는 부정적인 인상에서 어떠한 가치 판단도 없이 번역된 언어와 번역되지 않은 언어 간에 나타나는 온갖 종류의 차이로 보려는 중립적인 접근으로 대체되고 있음을 지적한다.108) 이러한 학자에게 '번역투'라는 용어는 부정적인 함축 없이 단순히 번역 텍스트에 독특하게 나타나는 언어 현상을 뜻한다.

---

105) Tirkkonen-Condit 208, 재인용.
106) 컴퓨터에 구축된 대규모의 언어자료인 코퍼스corpus를 이용한 연구방법에서 사용하는 용어로, '타입'이 어휘의 분류 유형이라면 토큰은 특정 타입의 범주 하에서 사용되는 다양한 단어의 굴절이나 교착이다. 예: 타입-의하다, 토큰-의하는/의하면/의하여/의하지/의한/의할/의해, 등.
107) 타입과 토큰의 비율이 낮다는 것은 번역 텍스트에서 보다 상위어 위주로 표현되고 있음을 의미한다.
108) Puurtinen 2003: 391.

그러나 번역투에 어떠한 가치 판단도 개입하지 않기란 쉽지 않을 듯하다. 이는 번역투라고 발견되는 특징들이 대체적으로 가독성과 관련되어 번역 텍스트에 부정적인 평가를 내리는 원인이 되는데, 보편적인 특징으로 발견되는 번역투라 하더라도 가독성에 부정적인 영향을 미친다는 사실은 푸어티넨의 연구 결과에서도 입증된다. 푸어티넨은 유사한 시기에 생산된 유사한 유형의 핀란드 고유의 텍스트와 번역 텍스트의 특징을 컴퓨터에 구축된 대규모의 언어자료corpus, 말뭉치를 이용해서 그 특징을 비교 분석하였다. 원천언어가 영어인 아동 문학을 검색한 결과, 번역 텍스트에서 '복문의 비정형非定型 구조'가 상대적으로 빈번하게 출현하였다. 이러한 구조는 문장 구조가 복잡하기 때문에 독자가 이해하기 어려워 '가독성可讀性, readibility'과 '가화성可話性, speakability'에 부정적인 영향을 미친다. '가독성'과 '가화성'은 아동문학의 품질과 관련해서 중요한 요인이다. 푸어티넨이 제시하는 예를 통해 이를 구체적으로 살펴보자.

ST : English
Mandy held her breath <u>expecting</u> her father <u>to snap</u> something in reply.

TT : Finnish
Mandy pidätti hengitystään odottaessaan <u>isänsä kivahtavan jotain vastaukseksi</u>.

대안번역 : Finnish
Mandy pidätti hengitystään, <u>sillä</u> hän odotti, <u>että</u> hänen isänsä kivahtaisi jotain vastaukseksi.

Back : Translation
Mandy held her breath, <u>because</u> she expected <u>that</u> her father would

---

[ST]의 분사 'expecting'과 to 부정사 'to snap'을 목표언어 체계를 고려하지 않고 그대로 옮긴 [TT]는 복잡한 문장 구조로 인해 정보처리에 부담을 가져온다. 그 결과로 '가독성'과 '가화성'에 부정적인 영향을 미친다. 푸어티넨이 대안으로 제시한 번역에서는 종속 접속사 'because'와 관계사 'that'으로 문장을 분리해주고 있으므로 문장의 분석과 이해가 수월하다. 이는 '가독성'과 '가화성'에 긍정적인 효과가 있다. 따라서 번역투에 대해 중립적인 견해를 갖는다 하더라도 번역투가 일단 가독성이나 가화성에 부정적인 영향을 미친다는 사실은 인정해야 한다.

6.2 번역투의 기능

번역투에는 순기능과 역기능이 모두 존재하며, 이는 결코 이분법적으로 생각할 수 없는 문제로서 하나의 스펙트럼선 상에서 보아야 한다. 먼저 번역투의 순기능을 살펴보자면, 번역자가 하나의 번역전략으로서 번역투를 의도적으로 채택할 수 있다. 원천 텍스트의 이국적인 요소를 그대로 옮겨 이국적 정취나 풍미를 전달하고자 할 때, 원저자의 문체나 단어의 쓰임을 그대로 옮겨 소개하고자 할 때, 원천 텍스트에서 언급되는 특정지역의 방언이나 등장인물의 특징이나 신분을 구별하고자 할 때 등의 이유로 번역자가 전략의 하나로 적용할 수 있다. 실제로 문학 텍스트의 번역에 있어서 시대를 구별하기 위해, 이국적인 정취를 고양시키기 위해 번역투를 자연스럽게 사용한 사례가 빈번하다.[109] 또한 기존의 문학 체계에 어떤 혁신적인 새로운 요소를 도입하

---

109) Reynolds 참조.

고자 할 때 원천 텍스트가 존재하지 않는데도 번역투의 표현을 사용함으로써 목표 문화권에서 마치 번역 텍스트인 것처럼 간주하도록 하는 '의사 번역 pseudo translation'110)의 방법도 번역투를 이용한 전략이다. 이러한 순기능적인 면에서는 신조어新造語나, 언어의 구조나 기법 등의 도입을 통해 목표언어를 기름지게 하고 풍요롭게 할 수 있다.

그러나 번역투에는 이러한 순기능만 존재하지 않는다. 번역투의 말과 글이 자생력을 갖고 수많은 자기 복제111)를 하며 목표언어의 말과 글에 확고히 스며들기까지는, 공연히 글의 이해를 어렵게 하고, 목표언어 고유의 말과 글의 체계를 훼손시켜 자연스러운 문장 규칙 및 언어 관습을 깬다. 또한 원천언어권이 세계의 중심 국가이고 지배 국가이며 목표언어권이 주변 국가이고 피지배 국가라면, 그래서 목표언어권의 독자가 원천언어의 문화가 더 우월하다고 인식하면 번역투의 사용이 더욱 세련되고 학식을 갖춘 자들의 어투인 양 여겨진다. 그 결과 번역투의 사용이 목표언어 체계 내의 순수한 고유 어휘를 잠식하거나 문법체계를 왜곡하는 현상을 빚기도 한다. 영어의 표현이 한국 고유의 표현을 잠식하는 예를 하나 들자면 'Good morning!'이 좋은 예이다. 이에 대한 번역어인 '좋은 아침!'이 이제는 너무 상투적인 표현이 되어 번역 텍스트가 아닌 상황에서도 널리 쓰인다. 공영 라디오 방송의 아나운서 한 사람은 매일 아침 뉴스의 말미에 '즐거운 하루 되십시오.', '감기 조심하십시오.', '웃는 하루 되십시오.' 등의 다양한 표현이 가능한데도 꼭 잊지 않고 '좋은 하루 되십시오.'라고 한다. 이는 'good'이라는 영어의 단어가 다양한 한국어의 고유어 표현을 잠식한 예이다. 영어의 접속사 'although'나 'though' 등에서 비롯된 번역어 '그럼에도 불구하고'도 마찬가지이다. 공영 라디오 방송의 한 시사 관련 대담프로그램에서는 사회자나 상대자 역시 '그

---

110) Shuttleworth & Moira Cowie 134.
111) 문화전달의 단위 또는 모방의 단위. 그리스어 'mimeme'에서 비롯되었다 (Chesterman 1997 참조).

럼에도 불구하고'를 남발한다. '그런데도', '그렇지만', '그렇긴 해도', '그렇다 해도' 등의 다양한 표현은 이제 모두 잠식되었다고 보아도 무방하다. 번역투의 사용은 단순히 언어에만 영향을 미치는 것이 아니라 문화에도 영향을 미친다. 그래서 혹자들은 번역이 문화 간의 패권다툼으로 확대될 수 있다고 하였다. 번역투의 인식과 수용에 신중하지 않은 일반인과 젊은이들은 새로움과 호기심 및 특정 집단의 유대감 형성이라는 공유된 개념으로 번역투를 쉽게 수용한다. 과학 기술의 발달과 함께 쏟아지는 각종 기기를 매체로 번역투의 복제 속도 또한 더욱 배가 되는 추세이다. 그 결과로 목표언어권의 언어체계 내에 번역투의 표현이 더욱 빠르게 정착되리라는 점은 자명하다.

이 같은 번역투의 순기능과 역기능을 정리하자면, 원천 텍스트의 이국적인 요소를 그대로 옮겨 이국적 정취나 풍미를 전달하고자 할 때나, 원천 텍스트에서 언급되는 특정 지역의 방언이나 등장인물의 특징이나 신분을 구별하고자 할 때, 기존의 문학 체계에 어떤 혁신적인 새로운 요소를 도입하고자 할 때는 번역투의 순기능을 활용하여 번역투를 하나의 번역전략으로서 구현할 수 있다. 반면에 번역투는 가독성의 저하를 가져와 글의 이해를 어렵게 하고, 목표언어 고유의 말과 글의 체계를 훼손 또는 왜곡시키며, 목표언어 고유의 어휘를 잠식하고 다양한 활용에 제약을 가한다. 또한 문화 간의 패권다툼으로 확대될 수 있으며, 신속한 파급력으로 목표언어 체계에 이질적인 요소가 정착될 수 있다는 역기능이 있으므로 꼭 필요한 경우가 아니면 번역자는 이를 자제해야 한다. 언어의 최전선에서 활동하는 번역자들은 이러한 번역투의 기능에 대한 정확한 인식을 바탕으로, 번역투의 역기능에 주의를 기한다면 목표언어 체계에 적합한 자연스럽고 아름다운 번역 텍스트의 양산이 가능하고, 번역 결과물의 품질 또한 향상될 것이다. 번역투의 기능에 관한 내용을 도표화하면 다음과 같다.

<도표 3> 번역투의 순기능과 역기능

순기능	역기능
1. 원천 텍스트의 이국적인 요소를 그대로 옮겨 이국적 정취나 풍미를 전달	1. 가독성readability의 저하
2. 원천 텍스트에서 언급되는 특정 지역의 방언이나 등장인물의 특징이나 신분을 구별	2. 목표언어 고유의 말과 글의 체계를 훼손 또는 왜곡
3. 기존의 문학 체계에 어떤 혁신적인 새로운 요소의 도입	3. 목표언어 고유 어휘의 잠식과 다양한 활용에 제약
4. 번역전략의 일종으로 활용	4. 문화 간의 패권다툼으로 확대
	5. 신속한 파급력과 함께 목표언어 체계 내에 급속히 정착

6.3 번역투의 유형

하나의 번역전략으로서 비롯된 것이 아닌 우발적으로 생산된 번역투는 번역자가 원천언어와 목표언어 간의 상이한 부분에 대한 고려를 하지 않거나, 목표언어에 대한 정확한 지식이 부족해서 발생한다. 따라서 영어 텍스트를 한국어로 번역할 때 발생할 수 있는 번역투에 대비하여 영어와 한국어의 특성을 살펴봄으로써 두 언어 체계의 상이함에서 비롯되는 번역투의 유형에 대해 알아보자.112)

---

112) 번역투에 대해 논한 기존의 문헌자료와 영어 사전 및 국어 사전을 참고로 조사가 이루어졌다(국립국어연구원, 권응호, 김정우, 서정수, 서계인, 원영희, 유목상, 이강언, 이건수 외, 이근달, 이석규 외, 이환묵, 임홍빈, 장진한, 정동빈, 정호영, 조상은 등).

1) 대명사의 번역

대명사는 명사를 대용하는 기능이 있어, 동일한 사람이나 동물, 사물을 다양한 표현의 간접적인 방식으로 지시할 수 있다. 그러나 영어와 한국어에서는 대명사를 사용하는 빈도에 있어서 상당한 차이가 있다.

영어의 구조는 문장의 문법적인 요소를 반드시 갖춰야 하므로 동일한 사람이나 동물, 사물이나 개념에 대해 반복해서 언급해야 할 경우가 빈번하다. 그러나 그때마다 반복해서 동일한 명사를 사용하는 대신 대명사를 이용해 표현하는 특징이 두드러진다. 반면에 한국어는 문장의 문법적인 요소를 반드시 갖추지 않고 생략하는 예가 많아 말하는 이와 듣는 이 간에 지시대상의 인지가 가능하다면 생략하는 방법이 일반적이다. 표기해야 할 상황이라 해도 대명사 대신 동일한 명사로 반복해서 표현하는 것이 일반적이다. 따라서 영어의 대명사를 한국어로 번역할 때는 맥락상 필요하지 않다면 가급적 생략하거나 상위 문맥에서 밝힌 이름, 호칭, 지칭 등의 명사로 바꿔주어야 한다. 예문을 보자.

> **ST** North Korea's unpredictable leader **Kim Jong-il** has emerged from **his**[1] longest news blackout since **he**[2] took power, striding and smiling with army brass, at the height of the U.S.-led war in Iraq. The Korean Central News Agency(KCNA) reported **Kim**[3] inspected a military medical school in Pyongyang on Thursday, accompanied by Korean People's Army chief of staff Kim Yong-chun, Armed Forces Minister Kim Il-chol and two army generals. It was the first time in 50 days that North Korea's propaganda machine mentioned **his**[4] activities in public since Feb. 12 when **he**[5] attended a reception hosted by the Russian ambassador in Pyongyang to celebrate **his**[6] 61st birthday. A picture, carried by the official news agency, showed **Kim**[7] laughing as **he**[8] walked on the ground of Kim Hyong-jik Military Medical University,

flanked by a dozen generals and cadres, many of them also smiling widely. Wearing a pair of sun-glasses and his[9] trademark work suit, Kim[10] looked robust with his[11] pot belly intact. His[12] face could seem a bit thinner, amid some rumors in Seoul that he[13] has been swimming and dieting at a health farm. It was his[14] longest absence from media exposure since he[15] became head of the all-powerful Workers Party in 1997, replacing his[16] father Kim Il-Sung who died three years earlier and consolidating his[17] status as the only the "Dear Leader." In early 2001, the junior Kim[18], who also controls the armed forces, went unreported for 35 days after George W. Bush was inaugurated as U. S. president.　　(*The Korea Herald* 2003/4/5)

TT 언제나 예측 불허인 북한의 지도자 **김정일**이 (Φ113))[1] 집권 이후 (Φ)[2]가장 긴 은둔을 끝내고 공식 석상에 모습을 드러냈다. 김정일 국방위원장[3]은 미국의 대이라크전이 한창 진행되는 가운데 북한군 지도층을 대거 동행하고 웃는 모습을 보여주었다. 조선중앙통신은 김정일 국방위원장[4]이 김영춘 총참모장, 김일철 인민무력부장과 또 다른 장군 2명을 대동하고 평양에 있는 김형직 군의 대학을 시찰했다고 보도했다. 이는 북한의 선전 매체인 조선중앙통신이 50일 만에 처음으로 김 위원장[5]의 공식활동을 보도한 것이다. 김 위원장[6]은 지난 2월 12일 러시아 대사관에서 자신의[7] 61번째 생일을 축하하는 파티에 참석한 이후로 공식활동을 중단해왔다. 조선중앙통신은 김 위원장[8]이 활짝 웃으며 김형직 군의대학에서 역시 웃고 있는 십 여명의 장군, 간부들과 함께 (Φ)9걷고 있는 모습을 담은 사진을 내보냈다. 선글라스를 쓰고 늘상 입는 (Φ)10업무복을 입은 김 위원장[11]은 건강해 보였고, (Φ)[12]불룩 나온 배도 그대로였다. 그러나 김 위원장[13]의 얼굴은 다소 야위어 보이기도 했다. 서울에서는 김위원장[14]이 수영을 하고 건강농장에서 식생활을 조절하고 있다는 소문이 돌았다. 최근의 은둔은 김 위원장[15]이 아버지인 김일성 주석이 사망한 지 3년 만에 절대적인 권력을 지닌 노동당의 당수가 되어 "수령님 아버지"로서의 (Φ)[16]지위를 굳힌 1997년 이후 (Φ)[17]가장 긴 것이었다. 역시 군을 장악하고 있는 김위원장[18]은 2001년 초 조지 부시 대통령이 취임한 후에도 35일간 공식석상에 나타나

---

113) 원천 텍스트의 특정 요소에 대한 번역을 생략하였음을 의미한다.

(*The Korea Herald* 2003/4/5/8면)

원천 텍스트에는 'Kim Jong-il'을 지시하는 대용어로 주격 대명사 'he'가 5번(28%), 소유격 대명사 'his'가 9번(50%), 어휘 대용어 'Kim'이 3번 (17%), 'The junior Kim'이 1번(5%)으로 총 18번 사용되었다. 즉 문법적인 결속장치인 대명사를 이용해서 지시하는 방법이 78%였고, 어휘적인 결속장 치인 대용어휘의 반복이 22%를 차지하였다. 반면에 번역 텍스트에는 문법적 인 결속장치인 지시어 '자신'이 1번(6%), 생략이 7번(39%), 어휘적인 결속 장치인 '김정일 국방위원장'이 2번(11%), '김위원장'이 8번(44%) 쓰였다. 영어에는 대명사를 활용한 지시어가 빈번한 반면, 한국어에는 동일한 어휘의 반복과 생략이 빈번함을 알 수 있다. 이러한 영어와 한국어의 차이를 인식하 지 못하고 번역투를 생산한 사례들을 실제 번역 텍스트를 통해 살펴보자.

He

ST They had intended to hang **the schoolmaster**, but something in his[1] figure, so small, white, and pitiful, touched their hearts and they let him[2] escape. As he[3] ran away into the darkness they repented of their weakness and ran after him[4], swearing and throwing sticks and great balls of soft mud at the figure that screamed and ran faster and faster into the darkness. (*Winesburg, Ohio*. Anderson 16)

TT 그들은 **선생**을 목매달아 죽일 작정이었으나, 몸집이 너무 작은데다 살결이 희고 가엾은 그의[1] 모습이 측은하게 느껴져서 그가[2] 도망가도록 내버려두었 다. 그가[3] 어둠 속으로 도망치자 그들은 자기들의 마음이 너무 약했음을 뉘우 치고는, 그의[4] 뒤를 쫓아가면서 더욱 빨리 달아나는 그를[5] 향해 욕설을 퍼붓고 막대기와 큼직한 진흙덩이를 던졌다.

대안번역 그들은 **선생**을 매달아 죽일 작정이었으나, 외모에서 뭔가, 지나치게 왜소한데다, 핏기도 없고, 초라한 모습에, 마음이 동해 그냥 도망가게 두었다. 선생이 어둠 속으로 달아나자, 그들은 자신들의 나약함을 후회하고 뒤를 쫓으며, 비명과 함께 어둠 속으로 냅다 달리는 선생을 향해 욕을 퍼부으며 나뭇가지나 큼직한 진흙덩이를 던졌다.

원천 텍스트에는 'school master'를 지시하는 대명사가 주격 'he', 소유격 'his', 목적격 'him'과 같이 형태를 달리하며 4번 쓰였다. 그런데 생략이나 동일한 명사의 반복을 해야 할 목표 텍스트에는 오히려 그보다 하나 더 많은 5개의 대명사로 번역되었다. 이 가운데 1과 2, 4는 생략하는 것이 자연스럽고, 3과 5는 호칭인 '선생'으로 바꾸는 것이 더 자연스럽다. 이를 바탕으로 번역된 대안은 [대안번역]과 같다.

She

ST For a time the tall dark **girl** thought she[1] would marry the jeweler's son. For hours she[2] sat in silence listening as he talked to her[3] and then she[4] began to be afraid of something.

(*Winesburg, Ohio*. Anderson 20)

TT 얼마 동안 그 키 크고 얼굴색이 검은 **처녀**는 (Φ) **보석상의 아들**과 결혼할까 하고 생각했다. 그녀[1]는 그가 그녀[2]에게 얘기하는 몇 시간 동안을 잠자코 귀만 기울이고 앉아 있었다. 그러고 나서 무엇인가에 겁을 내기 시작했다.

(『와인즈버그, 오하이오』. 한명남·김병철 29)

대안번역 한 동안, 그 키 크고 머리가 검은 **아가씨**는 보석상 아들과의 결혼을 생각했었다. 그러나 몇 시간 동안 잠자코 앉아 보석상 아들이 하는 이야기를 듣자 원천 텍스트의 'girl'을 지시하는 대명사 4개에 대해서, 목표 텍스트에는 'girl'에 대한 대명사 2개를 생략하면서 나머지는 '그녀'라고 표현하였다. 또한 'jeweler's son'에 대한 대명사 'he'를 단어 대 단어 번역하여 '그가'라고 표현하고 있다. 그러나 대안번역에서는 'girl'의 대명사를 모두 생략할 수 있음과 'jeweler's son'에 대한 대명사 'he'의 번역도 신분을 나타내는 명사로 바꾸어 한국어의 언어 관습에 적합하도록 바꿀 수 있음을 제시하였다.

다음의 예문들은 대명사 부분에서 발생할 수 있는 번역투의 유형을 실제 연습하고 이를 [번역투]의 번역과 비교해 봄으로써 자신의 번역에서 번역투의 양산 정도를 가늠해 볼 수 있는 사례들이다. [번역투]는 실제 대학생의 번역에서 발췌하였으며, [대안번역]을 통해 번역투를 피해 다르게 번역할 수 있음을 알 수 있다.

> **ST** My parents would have about two hemorrhages apiece if I told anything pretty personal about them. They're quite touchy about anything like that, especially my father. (5: 1)[114]
>
> **번역실습**

---

114) [ST]에 인용된 발췌문의 해당 원천 텍스트 번호와 페이지를 의미한다. 원천 텍스트의 목록은 <부록2>와 같다.

115) 만약 내가 <u>그들에</u> 관해 지극히 개인적인 사항을 <u>이야기한다면</u> <u>나의 부모님은</u> 각각 매우 흥분하실 것이다. 특히 <u>나의 아버지는</u> 그런 것에 꽤 민감하다.

대안번역 <u>우리 부모님</u>에 관해 아주 사적인 이야기를 하면 두 분 다 펄펄 뛰실 것이다. <u>두 분은</u> 모두 그런 일에 상당히 민감하신데, 특히 <u>아버지가</u> 더하시다.

원천 텍스트의 'my parent'와 지시 대명사 'they'에 대한 한국어 번역은 '우리 부모님'이나 '우리'를 생략하고 단지 '부모님'이나 '두 분은'으로 번역해야 적절하다. 한국 문화에서는 부모를 가리켜 특히 '그들'이거나 '나의 부모님'이라는 표현을 하지 않는다. 'my father'에 대해서도 '우리 아버지(님)'이나 '아버지(아버님)'라고 번역해야 자연스럽다. 대명사의 소유격은 주격이나 여격으로 바꾸는 것이 때로는 더 적절하다. 누구의 소속임을 알려주는 소유격의 표지가 영어에서는 뚜렷한 반면, 한국어에서는 소유격의 표지가 규범적이지 않다. 특히 1인칭의 소유격은 더 더욱 그 쓰임이 한정적이다.

ST Anyway, Jane wouldn't answer him when he asked her if she knew where there was any cigarettes(sic). So the guy asked her again, but she still wouldn't answer him. She didn't even look up from the game. (5: 78)

번역실습

---

115) 번역실습에 예시하고 있는 [번역투]는 영어학과 영문학을 전공하는 84명의 대학 3, 4학년 초보 번역자들에게서 실제로 수집한 사례이다. 이들의 번역투를 분석한 결과는 <부록3>, <부록4>, <부록5>와 같다.

번역투 어쨌든 제인은 그가 <u>그녀</u>[1]에게 담배가 어디 있는지 물었을 때 대답하지 않았다. 그래서 그 남자는 <u>그녀</u>[2]에게 다시 물었다. 그러나 <u>그녀</u>[3]는 여전히 그에게 대답하지 않고 심지어 <u>그녀</u>[4]는 게임만 하고 있다.

대안번역 아무튼, 제인은 (Φ)[1] 담배가 어디 있는지 아느냐는 그의 (Φ)[2] 물음에 답하지 않았다. 그러자 사내가 (Φ)[3] 재차 물었지만, (Φ)[4] 여전히 답하지 않았다. (Φ)[5] 심지어 게임에서 눈조차 떼지 않았다.

원천 텍스트에서 'Jane'을 지시하는 대명사는 5개이다. 대명사는 이미 앞의 맥락에서 언급된 명사를 지시하는 것으로 말하는 이와 듣는 이 간에 이미 정보가 공유된 상태이기 때문에 한국어의 관습으로는 생략이 빈번하다. 또한 재차 언급이 필요할 때는 대명사 대신 본래의 명사를 반복해서 표현하는 방법이 일반적이다. 대안번역에서 엿볼 수 있듯이 '그녀'라는 표현을 전혀 사용하지 않아도 한국어로 충분히 의사소통이 가능하며 오히려 그러한 표현이 더 자연스럽다.

ST To keep the wheels of industry turning, we manufacture consumer goods in endless quantities, and, in the process, are rapidly exhausting our natural resources. (2: 49)

번역실습

원천 텍스트의 'we'나 'our'은 특정인을 지시하는 대명사가 아니라 복수의 일반인을 지칭한다. 문법규칙상 주어와 소유격의 표지를 반드시 해야 하는 영어의 특성으로 인해 불특정 다수를 지시하는 지시대상의 주격과 소유격을 사용한 예이다. 한국어는 주어를 반드시 명기하지 않아도 문맥상 말하는 이나 듣는 이, 저자와 독자 간의 의사소통에 문제가 없다면 생략하는 것이 관용적 용법이다.

ST She never really closed it all the way, her mouth. It was always just a little bit open, especially when she got in her golf stance, or when she was reading a book. (5: 77)

번역실습

번역투 그녀는 내내 입을 절대 다물지 않았다. <u>그것은</u> 항상 조금 열려 있었는데, 특히 골프 자세를 잡을 때나 책을 읽을 때 그랬다.

대안번역 그 여자는 정말이지 내내 (∅) 다문 적이 없었는데, 그건 바로 입이었다. 언제나 입을 약간 벌리고 있었고, 특히 골프를 치는 자세를 취할 때나 책을 읽을 때면 그랬다.

영어의 용법에서는 보편적으로 지시대상을 먼저 언급한 뒤에 대명사로 표기한다. 하지만 예문과 같이 일반적인 어순과 달리 역으로 유표화되었다면, 이는 저자가 지시대상인 '입'을 강조하고 싶은 의도라고 볼 수 있다. 따라서 저자의 의도를 살리는 번역이 좋을 것이고, 그러자면 앞의 대명사 번역을 생략해서 문장구성 요소의 부재로 유표화하여 뒤의 명사를 두드러지게 하는 방법을 적용할 수 있겠다. 그리고 두 번째 대명사의 번역은 '그것'보다 '입'으로 반복하거나 생략하는 방법이 적절하다.

ST Eventually, of course, it came my turn to go, and I found myself aboard a Delta Jumbo jet on my first trip to Las Vegas. (6: 1)

번역실습

번역투 물론, 결국에는 내가 갈 차례가 왔고 라스베가스로 가는 첫 여행을 위해 델타 점보제트기에 탑승한 내 자신을 발견했다.

대안번역 결국에는, 당연히, 내가 갈 차례가 되었고, 난생 처음 나는 라스베이거스로 향하는 델타 점보 비행기에 몸을 싣고 있었다(①).

영어의 재귀대명사는 타동사 구문에서 동사가 나타내는 행위가 주어인 행위자 자신에게 되돌아올 때, 즉 목적어가 주어 자신일 때와 말하는 이가 특정 주체를 강조하고자 할 때 사용한다. 원천 텍스트에 있는 재귀대명사가 강조의 용법으로 쓰였다면 목표 텍스트의 한국어도 재귀대명사를 이용하여 강조의 용법으로 사용한다. 하지만 동사가 나타내는 행위가 주어 자신에게 되돌아오기 때문에 재귀대명사가 사용되었다면, 한국어에서는 굳이 재귀대명사를 사용하지 않고 맥락에 따라 적절한 표현으로 바꾸어야 한다. 본 예문의 재귀대명사는 강조의 용법이 아니라 동사의 행위가 주어로 다시 돌아오기 때문에 재귀대명사를 사용한 사례이다. 따라서 재귀대명사를 일 대 일 단어 번역 보다는 생략하는 편이 자연스럽다.

다음은 영어의 대명사 번역에 있어 한국어의 대우법과 관련해 주의를 기울여야 할 부분에 대한 언급이다. 번역자는 대명사를 번역할 때 말하는 이와 듣는 이 간의 관계, 말하는 이와 듣는 이와 제3자간의 관계를 고려하여 한국어의 경어법 체계에 적합하도록 호칭이나 지칭을 선정해야 한다. 영어의 인칭 대명사는 말하는 이와 듣는 이 간의 관계나, 말하는 이와 듣는 이와 대화에 언급되는 제3자와의 관계가 어떠한 가에 상관없이 호칭이나 지칭이 동일하다. 반면에, 한국어는 경어체계가 매우 발달한 관계로 대화를 나누는 말하는 이와 듣는 이 간의 계층적 관계나, 대화에 등장하는 제3의 인물간의 계층적인 관계에 따라 호칭이나 지칭이 달라진다.

1인칭의 경우 이야기를 나누는 상대방의 지위가 높아 합쇼체로 대우해야할 경우 '나'를 '저'로 해야 하고 '우리'를 '저희'로 표현해야 하지만, '저희'의 경우는 3자를 배제하는 경우나 듣는 이를 포함하지 않을 때만 사용할 수 있다. 이는 '저희'가 상대방에 대해 자신을 낮추는 말이기 때문이다. 이뿐 아니라 번역자가 특히 주의해야 할 용법이 1인칭 복수 표지 '우리'라는 어휘이다. '우리'는 복수 표지일 뿐 아니라 단수 표지이기도 해서 '우리 집, 우리 가족, 우리 엄마, 우리 딸, ……'이라는 식으로도 나타난다. 한국에서는 자신보다는 전체에 의존하는 경향이 짙어서 개인보다는 집단 내에서의 인간관계를 중시하며, 집단과의 조화로운 관계를 유지하기 원한다.116) 이러한 가치관은 언어에도 반영되어 원천 텍스트의 'my'라는 어휘는 한국어로 '우리'로 번역해야 할 때가 빈번하다. 이러한 용법을 무시하고 영어의 특성을 그대로 좇아 원천 텍스트의 1인칭 단수의 소유격 번역을 '내 아버지, 내 부모, 나의 집, 내 학교……'로 표현한다면 이는 적절하지 않은 표현이 된다.

2인칭의 복수형태 '너희' 역시 '우리'와 같이 단수형의 용법이 가능하다. '너희 집, 너희 나라, 너희 가족, 너희 아버지……'라는 표현은 복수형의 형태 이지만 의미는 단수이다. 그러나 '너의 집(네 집), 네 나라, 너의 가족, 너의 아버지…….'라는 표현은 한국어의 어법상 부자연스럽다. 그리고 아주 높임 의 대우체인 합쇼체에서는 대명사보다 호칭으로 대용하는 일이 많다. 이 또 한 영어와 상이한 특징이므로 번역자는 번역시 주의를 기울여야 한다. 무의 식중에 범하기 쉬운 번역투이다.

3인칭의 경우는 1인칭, 2인칭과는 달리 한국어 내에 고유한 형태가 존재하 지 않고, 지시관형사, 자립명사, 지시관형사와 의존명사의 결합으로 이루어진 다. '이(말하는 이에게 가까이 있는 인물을 칭할 때), 그(듣는 이에게 가까이 있는 인물을 칭할 때), 저(말하는 이와 듣는 이로부터 비슷한 거리에 있는 인물을 칭할 때)'는 지시관형사로서 자립명사인 '사람'과 결합하거나, 의존명 사인 '이'와 결합하여 '저 사람', '그 사람', '이 이', '저 이' 등과 같이 3인칭 대명사를 나타낸다. 이러한 경우가 아니라면 호칭이나 지칭을 사용한다. 영 어의 'he'와 'she'의 한국어 대응어인 '그'와 '그녀'는 일본에서 유입되어 1920년대 김동인이 처음으로 사용하였고, 일상적인 언어에서는 거의 쓰이지 않지만 문학작품에서 점차 널리 쓰이는 추세이다. 만약 원문이 문학 텍스트 가 아닌 다른 장르의 번역에서 이러한 표현을 빈번히 사용한다면 자연스럽지 못한 번역문이 될 것이다.

유교를 바탕으로 친족 관계의 윤리적 제도가 발달한 한국에서는 친족의

---

116) 박종호 204, 신성철·박의제 1994: 158.

호칭에 관한 단어가 그 자체로만도 매우 세분되는데, 이는 존칭어의 체계와 더불어 더욱 심화된다. 이러한 특징은 한국어와 영어가 매우 달라, 친족의 호칭이 그리 세분되지 않은 영어 텍스트를 한국어로 번역할 때 번역자들이 적지 않게 겪게 되는 어려움을 야기하기도 한다. 따라서 번역자는 문학 작품의 번역에 있어서 작품 속의 등장인물들 간의 관계 설정에 따른 호칭을 부여할 때와 구어체 문장의 글을 번역할 때 상당한 주의를 기울여야 한다. 그러면 한국어의 호칭 체계를 고려하지 않은 번역 텍스트의 예를 살펴보자.

> **ST** Sophie's words were a choked whisper. "But⋯Grand-père said you were⋯."
> (*The Da Vinch Code*. Dan Brown 474)
>
> **TT** 소피의 말은 속삭임으로 막혀 버렸다. "하지만……할아버지는……어, 당신이……."
> (『다빈치 코드』 2. 양선아 314)
>
> **대안번역** 소피의 말은 목이 메어 들릴 듯 말 듯했다. "하지만…… 할아버지께서는 할머니께서……(생략된 표현: 돌아가셨다고 했는데요)"

원천 텍스트의 'you'란 다름 아닌 소피의 친할머니를 뜻한다. 이 문맥은 오랫동안 돌아가신 줄로 여겼던 할머니를 뜻밖에 만나 놀라는 장면이다. 단지 할아버지의 말만 믿고 아주 어릴 때부터 할머니께서 돌아가신 줄 알았기에, 할머니의 얼굴은 기억 못해도 여러 정황상 자신의 할머니임을 알고는 놀라 말이 제대로 나오지 않는 상황이다. 한국어의 관습으로는 자신과 아무런 연고가 없는 노인일지라도 노인에게 '당신'이라는 호칭을 사용하지 않는다. 하물며 자신의 친할머니를 언급하면서 '당신'이라는 표현은 매우 적절하지 않다. 다음은 말하는 이와 듣는 이, 제3자 간의 계층적인 관계를 고려해야 할 사항을 위배한 예다.

> **ST** "Your grandfather wanted so badly to tell you everything. But things were difficult <u>between you two</u>. <u>He</u> tried so hard. There's so much to explain. So very much to explain."
>
> (*The Da Vinch Code*, Dan Brown 475)
>
> **TT** 네 할아버지는 너에게 모든 것을 얘기하고 싶어 했단다. 하지만 <u>너희</u> 두 사람 사이의 일이 어려웠지. <u>그는</u> 노력했어. 설명할 것이 아주 많구나. 그래, 설명해야 할 것이 아주 많아. (『다빈치 코드』 2, 양선아 314)
>
> **대안번역** "네 할아버지는 아주 몹시 네게 모든 것을 알리고 싶어 하셨단다. 하지만 <u>너와 할아버지</u> 간의 상황이 여의치 않았지. <u>할아버지는</u> 정말 애를 많이 쓰셨단다. 설명할 것이 아주 많구나. 설명할 것이 정말이지 아주 많아."

원천 텍스트의 대화는 말하는 이와 듣는 이와의 계층적인 관계뿐 아니라 대화에 등장하는 제3의 인물인 할아버지와 듣는 이인 소피와의 관계, 할아버지와 말하는 이인 할머니와의 관계를 고려해야 하는 상황이다. 본문의 'you'란 대안번역에서 나타나듯이 '할아버지와 손녀딸'을 지시하는 대명사이고, 'he'는 '할아버지'를 지시하는 대명사로 할머니와는 부부지간이다. 그런데 목표 텍스트의 '그는'이라는 표현은 부부지간에 부르는 호칭으로 한국어의 어법에 적절하지 않다. 남편을 '그'라고 부르지 않기 때문이다. 따라서 듣는 이와의 관계를 고려하여 '할아버지'라고 표현하는 것이 한국어의 어법에 적절하다.

2) 동사의 번역

영어의 동사를 한국어로 번역할 때는 동사의 대표적인 사전적 의미를 떠나 다양하게 활용 가능한 한국어의 서술어를 고려해 중심언어와 호응되는 서술어를 선택해야 한다. 영어가 명사, 특히 to 부정사, 동명사를 이용한 명사형이 발달했다면, 한국어는 서술어(동사)가 발달한 언어이다. 이는 보편적으로 나타나는 서양권의 언어와 동양권의 언어 간의 차이로서, 문화 인류학자나 심리학자, 언어학자의 연구에서 실증자료로 많이 밝혀진다.117) 사회 심리학자로 유명한 리차드 니스벳Richard E. Nisbett은 최근에 발표한 실험연구 결과에서, 사물을 조직화할 때 서양인은 '범주'에 주목하고 동양인은 '관계'에 주목함을 알았다. '범주'는 명사로 표현된다. 곰의 특징은 '커다란 몸집, 커다란 이빨, 발톱, 긴 털, 사나운 모습 등이며, 이러한 특징이 있는 동물을 곰이라 한다는 것이다. 반면에 '관계'는 동사로 표현된다. 타동사의 의미를 이해한다는 것은 사물과 사물 사이에서 일어나는 행위를 이해한다는 의미이다. 또한 서양의 언어는 맥락보다는 '대상'에 초점을 맞추기 때문에 '주어'에 집착하고 행위자 중심이다. 반면에 동양의 언어는 주로 '맥락'에 의존하며 대화의 초점이 되는 '주제' 중심이다.

이러한 특징은 서양의 언어가 명사 중심이면서 개인주의적이라면 동양의 언어는 동사 중심이면서 집단 중심이고 관계와 맥락 중심이라는 사실을 뒷받침하는 결과이다. 따라서 영어의 명사를 번역할 때나 동사를 번역할 때는, 번역자들이 적절히 개입해서 맥락과 단어들 간의 호응관계를 고려해야 한다. 영어의 동사는 하나의 단어가 다양한 맥락에서 사용되지만, 한국어는 맥락과 주변에 쓰인 단어들과의 관계에 따라 동사가 달리 쓰인다. 그렇기 때문에 번역자는 영어의 동사를 번역하는데 있어서 한 가지 사전적 의미만을 일률적으로 적용해서는 안 된다. 하나의 동사가 사람, 사물, 동물 등 다양한 맥락에 쓰일 수 있는 영어에 반해, 다양한 맥락마다 다양한 서술어를 적용하는 한국어의 표현을 보자.

---

117) 최인철 106, 144-155.

ST1 The store <u>has</u> foreign goods for sale.
TT1 그 상점에서 외제품을 <u>판다</u>.

ST2 Thank you for <u>having</u> a good time with you.
TT2 함께 즐겁게 보낼 수 <u>있어서 감사드려요</u>.

ST3 He <u>had</u> a press conference(a meeting, a gathering).
TT3 그 사람은 기지회견(집회, 간담회, 회담)을 <u>했다(개최했다, 열었다)</u>.

ST4 He <u>has</u> an account at the bank.
TT4 그 사람은 그 은행과 거래를 <u>한다(그 은행에 계좌가 있다)</u>.

ST5 I <u>have</u> 30,000 won with me.
TT5 나한테(내게) 3만원이 <u>있어</u>.

ST6 She <u>has</u> a book under her arm.
TT6 그 여자는 책을 옆구리에 <u>끼고 있다</u>.

ST7 She <u>has</u> a sweet voice.
TT7 그 여자는 목소리가 <u>아름답다(감미롭다)</u>.

'have'는 소유의 개념을 나타내는 '~을 가지다'라는 1차적인 의미 외에도, '있다', '보내다', '개최하다(열다)', '하다', '끼고 있다', '지녔다' 등의 다양한 표현으로 번역이 가능하다. 특히 '관심'과 결합이 될 때는 관심이 '정도'의 개념이므로 '강하다', '많다', '적다'와 같은 형용사가 적합하므로 '관심을 가지다'라는 표현 대신, '관심을 쏟다', '관심을 두다', '관심이 있다', '관심이 높다', '관심이 적다', '관심을 끌다'와 같은 서술어를 이용해 표현하는 것이 한국어의 어법에 비추어 적절하다. 'have'의 번역이 아주 부자연스럽게 번역된 실제 사례를 보자.

> **ST** "But vaulted ceilings <u>don't have</u> keys."
> "Actually they <u>do~</u>." (*The Da Vinci Code*, Dan Brown 221).

> **TT** "하지만 둥근 천장은 열쇠를 <u>가지고 있지</u> 않아요."
> "사실 <u>가지고 있소~</u>." (『다빈치 코드』 1, 양선아 314-315)

> **대안번역** "하지만 둥근 천장에 열쇠라고는 <u>없잖아요</u>."
> "실은 <u>있소</u>."

원천 텍스트의 동사 'have'에 대해 번역자는 주체가 무생물인데도 '가지고'라는 표현을 썼다. 일반적으로 'have'는 존재의 유무를 나타내는 '있다'와 관련해서 번역되는 사례가 빈번하다. 무생물인 장소를 의미하는 주어를 부사구로 번역하여 '하지만 둥근 천장에는 열쇠가 없잖아요.'라든가 "실은 있소"라고 번역하는 방법이 한국어의 언어관습에 더 적절할 것이다. 영어의 동사 하나에 대응할 수 있는 한국어의 다양한 표현을 보여주는 또 하나의 예이다.

Go

> **ST1** All the money he got <u>went</u> in books.
> **TT1** 그 남자는 있는 돈을 전부 책 사는 데 <u>썼다</u>.

> **ST2** The first prize <u>goes</u> to James.
> **TT2** 제임스가 우승을 <u>했다</u>(우승은 제임스에게 돌아갔다).

ST3 The pain has <u>gone</u> now.
TT3 이제 안 아프다(고통은 이제 사라졌다).

ST4 The engine is <u>going</u> now.
TT4 엔진이 지금 <u>가동 중이다</u>.

ST5 <u>Go</u>[118] when you hear the bell.
TT5 종소리가 울리면 <u>시작하시오</u>.

ST6 <u>Go</u> to court.
TT6 법에 <u>호소하시죠</u>.

[ST1]부터 [ST6]까지는 얼마나 다양한 상황에서 'go'가 쓰이고, 얼마나 다양하게 한국어로 번역할 수 있는지 보여주는 사례이다. 이러한 예문에서 알 수 있듯이 영어 'go'는 물질명사이든, 추상명사이든, '이동의 개념'만 있다면 어느 맥락에서든 사용이 가능하다. 하지만 한국어에서는 맥락마다 다르게 표현해야 한다. [ST1]과 같이 돈이 이동할 때는 '가다'라는 표현 대신 '쓰다, '소비하다', '들다'라는 표현을 사용한다. [ST2]는 우승과 관련된 이동인데, 우승이나 상과 관련해서 이동을 표현할 때는 한국어로 '차지하다', '타다', '하다', '받다'라는 동사를 사용한다. [ST3]은 아픔이나 통증과 관련된 이동으로서 한국어로는 '사라지다', '누그러지다', '없어지다', '덜하다'로 표현할 수 있다. [ST4]와 같이 기계와 관련된 움직임은 '작동 중이다', '가동 중이다'와 같은 표현을 쓸 수 있고, [ST5]와 같이 벨이 울리면 이동을 하라는 맥락에서는 대개 '출발하라', '시작하라'를 사용한다. [ST6]의 사례에서 보여주는 표층적인 의미는 '법정에 가라'이지만, 심층적인 의미는 '법에 호소하시오'나 '법으로 해결하시오', '소송을 거시오' 등이다. 따라서 한국어로의 번역

---

118) 가라는 맥락이 아님.

에 있어서는 이러한 점에 유의하여 적절한 어휘를 선정해야 한다. 또 하나의
예를 살펴보자.

Lay

> **ST1** The parents laid[119] their complaints before the school board.
> **TT1** 학부모들은 학교당국에 불평을 늘어놓았다.

> **ST2** He laid the blame for the fight on me.
> **TT2** 그 사람은 싸움의 책임을 내게 전가했다.

> **ST3** The story is laid in London.
> **TT3** 그 이야기의 배경은 런던이다.

> **ST4** I lay you $5 that she will not come.
> **TT4** 난 그 여자가 오지 않는 쪽에 5달러를 걸겠어.

이 예문들은 'lay'에 관련된 다양한 맥락을 보여준다. '놓다', '두다'라는
개념만 있다면 [ST1]부터 [ST4]를 통해서도 알 수 있듯 영어에서는 'lay'를
사용할 수 있다. 그러나 영어와 달리 한국어로는 [ST1]과 같이 불평과 관련
해서는 '늘어놓다', '털어놓다', '하다' 따위의 동사와 어우러지지만, [ST2]의
책임의 소재와 관련해서는 '미루다', '전가하다', '탓 하다'와 같은 동사와 어
우러진다. [ST3]과 같이 이야기의 소재所在와 관련된 맥락에서는 제시된 번역
과 같이 표현할 수 있으며, 내기와 관련된 맥락인 [ST4]와 같은 상황에서는
'놓다', '두다'라는 동사 대신 '걸다'와 호응된다. 마지막으로 또 하나의 사례

---

119) lay와 turn의 사례는 이진한 23-25에서 인용하였으나 필자가 부분적으로 번역을
수정하였다.

를 살펴보자.

Turn

ST1 I had my old suit <u>turned</u>.
TT1 나는 헌 옷을 <u>고치려고</u> 맡겼다.

ST2 He <u>turned</u> the car right.
TT2 그 사람은 자동차를 오른쪽으로 <u>틀었다</u>.

ST3 Summer heat <u>turns</u> the milk.
TT3 여름 무더위로 우유가 <u>상한다</u>.

ST4 Autumn <u>turns</u> maple leaves yellow.
TT4 가을에는 단풍잎이 노랗게 <u>물든다</u>.

ST5 The sight of all that blood <u>turned</u> my stomach.
TT5 온통 피투성이 장면으로 속이 <u>울렁거렸다(메슥거렸다)</u>.

ST6 She has <u>turned</u> 50.
TT6 그 여자는 오십이 <u>되었다</u>.

ST7 Mr. Brown <u>turned</u> the beggar from his door.
TT7 브라운씨는 거지를 문간에서 <u>쫓아냈다</u>.

ST8 He <u>turned</u> my best friend against me.
TT8 그 사람은 내 절친한 친구가 내게 등을 <u>돌리게 했다</u>.

ST9 She <u>turned</u> me on.

TT9 나는 그 여자한테 반했다.

ST10 It really turns me off to see you bitting your fingernails.
TT10 손톱을 물어뜯는 네 모습이 이제 정말 신물 난다.

[ST1]부터 [ST10]까지는 'turn'과 관련된 사례이다. 매우 많은 사례를 들고 있는데, 이는 하나의 영어 동사 'turn'에 대해 얼마나 다양한 한국어로 번역할 수 있는가 보여주기 위함이다. 'turn'은 방향은 물론이고, 상태나 상황이 변화되어 기존과 달라짐을 의미하는 동사이다. [ST1]부터 [ST10]까지 다양한 맥락이지만, 변화라는 개념이 공유되기에 영어 'turn'이 모든 맥락에 사용되었다. 그러나 한국어에서는 어떻게 달라지는지 살펴보자. [ST1]은 헌 옷에 변화를 가져온 예로서, 헌 옷을 '고쳐 새로 짓다'라는 의미이다. 따라서 '고치다'를 사용할 수 있다. [ST2]는 방향에 변화를 가져온 예로서, 지금까지 오던 방향에서 방향이 바뀌어 오른쪽으로 변화되었음을 의미하므로 '돌리다,' '틀다'라는 표현을 쓸 수 있다. [ST3]은 여름날의 고온으로 우유 상태가 변화된 예로서, '상하다'라는 표현을 쓸 수 있고, [ST4]는 계절의 변화 때문에 나뭇잎 색깔이 변화된 예로서, '물들다' 또는 '되다'를 쓸 수 있다. [ST5]는 안 좋은 광경을 목격함으로써 속이 메슥거리는 상태로 '울렁거리다' 또는 '뒤집어지다'를 사용할 수 있다. [ST6]은 나이의 변화를 가리키는 것으로, '되다'가 일반적으로 쓰이나, 본 사례에서는 '50'이라는 숫자가 100의 절반을 함축하고 있어 '고개'로 비유하여 '50 고개를 넘다'로 번역이 가능하다. [ST7]은 주어인 주체가 거지로 하여금 인위적으로 문 앞에서 방향을 틀도록 한 것이므로 '쫓다'를 사용할 수 있고, [ST8]은 절친한 친구가 등 돌리게 된 맥락이므로 '돌리게 하다'라는 표현을 사용할 수 있다. [ST9]는 '반하게 하다'라는 관용적인 용법이고, [ST10]은 '지겨워지다', '정 떨어지다', '신물 나다'라는 관용적인 용법에서 비롯된 표현이므로 예문과 같은 번역이 적절하다.

이와 같이 몇 가지 사례를 통해 영어로는 다양한 맥락에서 동일한 동사의 사용이 가능하나, 이를 한국어로 번역할 때는 맥락마다 적절한 표현으로 번역자가 개입하여 번역해야 한다는 사실을 알 수 있다. 따라서 번역자는 동사의 번역에 있어서는 문맥과 단어들 간의 어우러짐을 고려하여 적절한 어휘를 선택해야 한다. 번역투가 발생할 만한 몇 가지 동사의 유형120)을 실제로 번역해보고 이를 대안번역과 비교해보자.

ST Scientists believe that the people of Hunza have these three main advantages or benefits. (2: 73)

번역실습

번역투 과학자들은 훈자족 사람들이 세 가지 주요 이점과 혜택을 갖고 있다고 믿<u>습니다.</u>

대안번역 과학자들은 훈자족에게 이러한 세 가지 이점이나 혜택이 있다고 <u>여긴다.</u>

동사 'believe'에 대한 번역을 살펴보자. 'believe'의 사전적 의미는 '믿다'가 대표적이다. 그러나 한국어에서 '믿다'라는 표현은 종교와 관련이 있거나 타인과의 신뢰 구축을 바탕으로 한 상황에서 사용한다. 위 예문과 같은 상황

---

120) 동사, 구, 전치사, 접속사 등의 번역투 유형과 대안번역에 대해 살펴보고자 사용한 예의 선정은 필자의 임의대로 선정한 것임을 밝혀둔다. 코퍼스 등을 이용하여 정확한 빈도 순서를 고려해서 선정해야 마땅하나, 단어의 수가 너무 방대하다는 점과 아직은 자유자재로 활용할 수 있는 코퍼스 등 도구가 미비하다는 점 때문에 번역투와 관련해서 흔히 관찰할 수 있는 소수의 단어나 구로 임의선정 하였다.

에서는 '믿다'라는 표현보다는 '여기다', '생각하다', '~라고 하다(말하다, 언급하다)', '밝히다', '알아내다' 등으로 바꾸어 표현할 수 있다.

ST Because I had a few hours to spare, I decided to catch a couple of movies at a theater near the garage. (2: 66)

번역실습

번역투 나는 몇 시간이 남기 때문에 나는 창고 근처의 극장에서 영화를 보기로 결정했다.

대안번역1 몇 시간의 여유가 있어, 나는 두 편의 영화를 정비소 근처의 영화관에서 보기로 했다.

대안번역2 몇 시간의 여유가 있기에, 나는 정비소 근처에 있는 한 영화관에서 두 편의 영화를 보기로 했다.

원천 텍스트의 'decide'에 대해 일반적으로 번역자는 가장 먼저 '결정하다(결심하다)'라는 어휘를 떠올린다. 그런데 'decide'의 번역어로는 '~을 하기로 하다', '~하기로 마음먹다', '~을 작정하다' 등의 표현이 적절하며 이들 표현에는 이미 '결정하다'의 의미가 함축되어 있으므로 '결정하다'라는 표현을 사용하지 않는 편이 더 적절하다.

ST A more famous example of different style of marriage is found among the early Mormons.   (2: 47)

번역실습

번역투 결혼 풍습의 다른 유형의 더욱 유명한 예는 초기 몰몬교에서 <u>발견됩니다</u>.

대안번역 색다른 결혼 풍습으로 더 잘 알려진 예로는 초기 몰몬교도들의 결혼을 <u>들 수 있다</u>.

‘find’의 대표적인 사전적 의미는 ‘찾아내다’이다. 노력해서 찾아내든, 우연히 발견해서 찾아내든 그것은 결국 어떠한 사실에 대해 ‘알다’라는 의미로 모아진다. 따라서 ‘find’의 번역으로는 ‘알다(알아내다)’라는 표현이 가장 보편적으로 쓰일 수 있고, 그 외에도 ‘깨닫다’, ‘~이다(있다)’, ‘볼 수 있다’, ‘나타내다’ 등의 표현이 있다. 이 예문의 번역도 굳이 ‘찾을 수 있다’ 라든가 ‘발견할 수 있다’라고 표현하지 않아도 가능하다.

ST Each culture has different ways to help the young people in the job-hunting process.   (2: 58)

번역실습

'have'는 크게 '가지고 있다', '먹다', '마시다', '손에 넣다', '경험하다', '~을 하다', '~을 하게 하다', '~을 당하다'로 그 의미가 분화되고, 세부적으로 들어가면 더욱 다양하게 분류된다. 이 가운데 번역 상에서 대체로 문제가 되는 부분은 '가지다'라는 의미의 'have'이다. 영어에서 'have' 동사는 인적人的・물적物的・동물의 소유뿐 아니라 신체의 일부나 특징・특질・능력・사람의 감정이나 생각에도 쓰이며, 병에 걸렸을 때조차도 사용한다. 사물에 관해서도 마찬가지로 물건의 일부나 부속물・특징・기능・속성까지 망라하여 'have'동사가 쓰인다. 이는 동사 'wear'과 같이 하나의 어휘가 개념상으로 유사한 상황, 즉 신체에 뭔가가 걸쳐져 있는 상황이라면 '옷을 입다', '아기를 업다', '팔찌를(시계를, 안경을, 반지를) 끼다', '모자를 쓰다' 등으로 표현해야 할 곳에 모두 'wear'를 사용하는 예와 같다. 따라서 'have'동사의 번역은 맥락을 잘 살펴서 적절한 표현으로 바꾸어야 한다. 이 예문에서는 have'동사를 '있다'라고 번역하는 방법 또한 하나의 대안이 될 수 있다.

ST These organizations help young people talk with other people who are in the same profession. (2: 60)

번역실습

번역투 이러한 조직들은 같은 전문직업을 가진 젊은이들이 다른 사람과 대화하는데 <u>도움을 줍니다</u>.

대안번역 이러한 단체들이 <u>있기에</u> 젊은이들이 같은 직종에 근무하는 다른 이들과 대화를 나눌 수 있다.

'help'라는 동사도 기계적으로 '돕는다'라는 표현으로 번역하고 있는지 살펴볼 필요가 있다. 'help' 동사는 음식물과 함께 쓰여 '집어주다', '(술을) 부어주다', '권하다', '시중들다(담다, 차려서 내다)'라고 쓰이는 상황을 배제한다면 '돕다', '거들다', '힘이(보탬이) 되다' 등의 의미가 된다. 사역의 의미에서도 마찬가지로 '거들어서 ~하게 하다', '도와서 ~시키다' 등으로 쓰이지만 실제 번역 상에서는 굳이 '돕다(거들다)'라는 표현을 하지 않아도 표현이 가능하다. 본 예문에서는 무생물이 주어인 문장이기 때문에 주제격 조사나 주격조사 '~은, ~는, ~이, ~가'를 붙이기보다는 부사격 조사를 사용하는 방법이 더 적절하다.

ST They learn how to meet and talk to people because every conversation is a chance or opportunity to make important contacts.　　(2: 60)

번역실습

번역투 그들은 사람들과 만나서 이야기하는 법을 배웁니다. 왜냐하면 모든 대화는 중요한 접촉들을 <u>만들기 위한</u> 찬스이며 기회이기 때문입니다.

대안번역 젊은이들은 사람들을 어떻게 만나고 이야기를 나눌지에 대해 배우는데

'make'는 용법이 매우 다양해 대표적인 사전적 의미인 '만들다'라는 의미 말고도 사전 상에 나열된 의미만 해도 수십 가지가 된다. 그러나 대표적인 사전적 의미인 '~을 만들다'라는 종류의 번역을 기계적으로 하는 경향이 있다. 이러한 표현은 본 예문의 번역 상 적절하지 않다. 제시된 대안번역이 하나의 대안으로 적용될 수 있다.

ST Computer technology has also made it possible to run a house electronically. (2: 87)

번역실습

번역투 컴퓨터 기술은 또한 집에서 전자적으로 이용할 수 있게끔 가능하게 만든다.

대안번역 컴퓨터 기술로 인해 전자기기로 집을 관리하는 일 또한 가능해졌다.

원천 텍스트의 'make'는 사역 동사의 용법이다. 'make'가 사역의 의미일 때는 '~에게 ~하게 하다(시키다)'라는 표현이 정형화된 표현이다. 이 예문에서는 일차적으로 무생물 주어의 처리가 이루어져야 한다. 그리고 'make'의 번역도 정형화된 표현을 벗어나야 자연스럽다. 그런데 'make'하면 '만들다'라는 표현부터 떠올리고, 무생물 주어에 주제격조사 '~은/는'을 적용하여, '컴퓨터 기술은 ~을 가능하게 만들었다'라는 어색한 번역을 할 수 있다.

ST Increasingly, people need to be prepared to change jobs several times in their lifetime. (2: 54)

번역실습

번역투 더욱 더, 사람들은 그들의 인생에 있어서 직업을 여러 번 바꿀 준비가 <u>필요하다</u>.

대안번역 점차, 사람들은 평생에 직업을 몇 번 바꿀 대비를 <u>해야 한다</u>.

'need' 하면 으레 '~이 필요하다', '~을 필요로 하다', '~할 필요가 있다'라고 해서 꼭 '필요'라는 표현을 사용하고 있는 건 아닌지 살펴보아야 한다. 위 예문 역시 '~을 해야 한다'에 이미 '필요'의 의미가 포함되므로 '필요'라는 단어는 군더더기에 불과하다.

ST Las Vegas offers all of these diversions and probably at the lowest prices available anywhere. (6: 3)

번역실습

번역투 라스베이거스는 이러한 다양함을 모두 <u>제공하고</u> 아마도 가장 싼 가격에 어디든지 사용할 수 있게 해줄 것입니다.

라스베이거스에는 이러한 오락거리가 다 <u>있으며</u> 아마 제일 싼 가격으로 어딜 가나 누릴 수 있을 것이다.

'offer'의 대표적인 사전적 의미는 물건이나 원조, 의견 등을 '제공하다', '제출하다', '제의하다'이다. 그러나 한국어로 번역시 대개의 맥락상 '~이 있다'라고 해야 자연스럽다.

ST Part of the problem is our exploding population. More and more people <u>produce</u> more wastes. (2: 50)

번역실습

번역투 우리의 폭발적인 인구도 문제의 한 부분이다. 사람들이 많으면 많을수록 더 많은 쓰레기들을 <u>생산해 낸다</u>.

대안번역 그러한 문제에는 폭발적으로 증가하는 인구 문제도 있다. 더욱 더 많은 사람이 쓰레기를 더 많이 <u>배출하기</u> 때문이다.

'produce'의 대표적인 사전적 의미는 '생산하다(만들다)', '산출하다'이다. 하지만 본 예문의 번역으로는 '생산하다', '만들다'라는 표현이 적절하지 않다. '생산하다', '만들다'라는 표현은 한국어에서 그 대상이 필요로 인해 의도적으로 생산하고 만드는 의미가 일반적인 반면 쓰레기와는 어우러지지 않는다. 쓰레기는 의도적인 어떤 행위의 부산물로서 발생되는 것이므로 대안번역과 같이 번역할 수 있다.

ST The guides provide a wealth of useful information on gaming, gambling lessons, shows, lounge entertainment, and sports.

(6: 12)

번역실습

번역투 가이드(책자)는 게임, 겜블링, 수업, 공연, 오락, 그리고 스포츠에 관해 풍부하고 유용한 정보를 제공한다.

대안번역 안내책자에는 게임이나 도박에 관한 지침, 공연, 라운지에서 행해지는 유흥과 스포츠 등에 관한 유용한 정보가 풍부하다.

'provide'는 대표적으로 '공급하다', '주다', '제공하다', '준비하다' 등의 의미로 사용될 수 있다. 그러나 이러한 단어가 맥락과 주변단어와 어우러지는지 살펴봐야 한다. 본 예문 역시 '제공하다'라는 표현보다 '있다'라고 표현하는 방법이 자연스럽다. [대안번역] 외에도 '~가 아주 많다'로 번역할 수 있다.

ST "I realize that I have failed as a father if after all these years you feel that you have to lie to me."

(2: 67)

번역실습

번역투 나는 모든 세월이 흐른 뒤에도 만일 네가 나에게 거짓말해야 한다고 느끼면, 내가 아버지로서 실패했다는 것을 깨닫는다.

대안번역 "이토록 세월이 흐른 뒤에도 네가 아비에게 거짓말을 할 수밖에 없다고 여긴다면 난 아비로서 실패한 게로구나."

본 예문에서 'realize'의 사전적 의미는 '깨닫다', '파악하다', '이해하다' 등이다. 그러나 맥락을 고려하지 않고 이러한 일대일 대응의 번역을 하면 매우 딱딱한 표현이 되거나 부적절하기가 쉽다. 특히 구어체의 표현에는 적절치 않다. 한국어의 구어체에서는 '깨달았다'라는 표현보다는 '알았다'라는 표현이 더 빈번하게 쓰이기 때문이다. '알았다'라는 의미도 본 예문에서와 같이 반드시 이 어휘를 사용하지 않아도 가능하다. 따라서 맥락에 적절한 목표언어의 활용을 다양하게 고려해야 한다.

ST Everyone seems to be exercising at health clubs.   (2: 77)

번역실습

번역투 모든 사람들은 헬스클럽에서 운동을 하는 것처럼 보인다.

대안번역 누구나 헬스장(체련장)에서 운동을 하는 듯하다.

'seem to ~'의 번역에 있어서 '~처럼 보이다'라고 하여 '보이다'라는 표현을 기계적으로 사용한다. 하지만 본 예문에서와 같이 '~인 듯하다'라는 표현이 더 적절한 예가 빈번하다.

ST Several recent studies showed a connection between stress and illness. (2: 64)

번역실습

번역투 최근 몇몇 연구는 스트레스와 질병 사이에 관계가 있다고 <u>보여준다.</u>

대안번역 최근의 몇몇 연구 결과를 보면 스트레스와 질병이 서로 관련이 있음을 <u>알 수 있다.</u>

'show'는 '보이다', '나타내다'라는 단어가 가장 대표적인 사전적 의미이다. 그러나 'show'의 번역에 있어서 대응어인 '보이다'를 생략하거나 우회해서 '~임을 알 수 있다', '~라고 밝혔다', '~라고 한다', '~라고 발표하였다'라고 바꿀 수 있다.

3) 구(phrase)의 번역[121]

두 개 이상의 단어가 모여 동사가 되는 동사구뿐 아니라 명사구, 부사구, 전치사구의 번역 역시 동사의 번역과 마찬가지로 한국어로 번역할 때는 하나의 특정 의미만 활용할 것이 아니라 맥락에 따라 다양한 표현의 활용을 모색해야 한다. 예를 들어 'as soon as' 하면 번역자들은 '~하자마자'라는 표현을

---

121) 다양한 사례가 있겠지만 단지 몇 개의 사례만을 들어 그러한 현상이 관찰됨을 예시하는 수준임을 밝혀둔다. 이러한 유형 역시 기존의 문헌 자료를 통해 제기되는 몇 가지 사례를 들었다.

떠올린다. 그러나 '~하기가 무섭게', '~하기를 기다렸다는 듯이', '~하는 동시에' 등의 다양한 표현이 사용 가능하다. 다음의 예문들을 실습해 보면 이를 실감할 수 있다.

ST Located on the southern Pacific coast, Acapulco is situated on Acapulco Bay, and is probably the most famous beach resort in Mexico. (4: 112)

번역실습

번역투 남태평양 연안에 <u>위치한</u> 아카풀코는 아카풀코 만에 <u>위치하고</u> 있어서 멕시코에서 가장 유명한 해변 휴양지가 될 것이다.

대안번역 남태평양 해안에 <u>있는</u> 아카풀코는 아카풀코 만에 <u>있으며</u> 아마도 멕시코에서 제일 유명한 해변 휴양지일 것이다.

위 예문은 'be located in(at or on)'이나 'be situated in(at or on)'의 사례이다. 한국어에서는 사람이나 사물의 위치에 대해 언급할 때 '~에 위치하다'라는 표현보다는 '~에 있다'라는 표현을 사용한다. 이는 이미 장소에 붙은 처소격조사 '~에'가 위치의 의미를 포함하고 있기 때문이다. 따라서 '위치하다'라는 표현은 군더더기에 지나지 않는다. 그러나 이러한 표현이 이미 상당한 수준으로 사용되고 있는 실정이다.

ST Children belonged to all members of the community, and all the adults worked hard to support themselves and shared everything they had. (2: 47)

번역실습

번역투 어린이들은 사회 모든 구성원들에 <u>속해 있어서</u>, 모든 어른들은 생계를 위해 열심히 일을 했고 그들이 가진 모든 것을 나누어주었다.

대안번역 아이들은 그 공동체 내 모든 <u>구성원의 아이들이며</u>, 어른들은 모두 열심히 일해 구성원들을 부양하고 자신에게 있는 것이면 모두 함께 나누었다.

'belong to'의 번역으로 선호되는 표현은 '~에 속하다'이다. 하지만 그러한 표현이 문맥 속에 어우러져 자연스러울 경우를 제외한다면 다양한 표현으로 바꾸어야 한다. 맥락에 따라서 '~의 구성원(일원)이다', '~의 것이다', '~의 소유이다' 등의 표현을 할 수 있다. 본 예문에서도 '~에 속하다'라는 표현이 자연스럽지 않다.

ST It was the last game of the year, and you were supposed to commit suicide or something if old Pency didn' t win. (5: 2)

번역실습

번역투 그것은 그 해의 마지막 시합이었다. 만약 펜시가 이기지 않았더라면 당신은 자살이나 그 어떤 것이라도 <u>하기로 되어 있었다</u>.

대안번역 그 경기가 그 해의 마지막 시합이었어, 그래서 넌 아마 펜시가 지기라도 했다면 자살 아니라 뭐라도 했었을 거야.

'be supposed to'에 대한 번역으로 번역자들은 흔히 '~하기로 되어 있다'라는 표현을 떠올린다. 그러나 이때 'suppose'가 사용된 맥락을 여러 가지로 상정해보아야 한다. '가정하다'라는 의미 외에도 '기대하다', '생각하다', '추측하다' 등의 다양한 표현이 가능하기 때문에 맥락뿐 아니라 같은 문장에서 쓰이는 다른 어휘들 간의 호응관계 역시 고려해야 한다. 본 예문의 맥락에서는 '~자살이나 뭐라도 하기로 되어 있다'라고 번역한다면 무척 부적절하고 부자연스럽다. 따라서 대안번역과 같이 하거나 '~해야 했어,' '~라도 해야 할 판(참) 이었다', '~라도 할 태세였어'라는 표현을 사용할 수 있다.

ST They learn how to meet and talk to people because every conversation is a chance or opportunity to make important contacts.　　　(2: 60)

번역실습

번역투 그들은 사람들과 <u>만나고 이야기하는 방법을</u> 배운다. 왜냐하면 모든 대화는 중요한 관계를 만드는 하나의 기회이기 때문이다.

대안번역 그들은 사람들을 <u>어떻게 만나 이야기를 나눌지에 대해</u> 배우는데 이는 대화 하나 하나가 중요한 인연이 되는 계기나 기회가 되기 때문이다.

명사구에서 흔히 볼 수 있는 상투적인 표현은 'how to' 구문에서 많이 발생한다. 'how to' 하면 '방법(방식, 수단)'이 전형적으로 쓰여 '~하는 방법'으로 번역하는 사례가 빈번하다. 하지만 서술적으로 표현하여 '어떻게 ~하는지를' 등과 같이 번역할 수 있다. 대안번역과 같이 서술적으로 번역하는 방법도 하나의 대안이 될 수 있다.

> **ST** Dr. Santino points out that it's sometimes difficult to see the <u>difference between a fad and a trend</u>. (2: 79)
>
> **번역실습**
>
>
>
> **번역투** 산티노 박사는 <u>일시적 유행과 경향 사이의 차이점</u>을 찾는 것은 때때로 어렵다고 지적한다.
>
> **대안번역** 산티노 박사는 잠시 반짝하는 유행과 추세(경향)를 <u>구별하는 일</u>이 때로는 어렵다고 한다.

　'difference between A and B'의 구문에 대해 'A와 B의 차이'라는 명사 표현으로 번역하는 일보다 서술적으로 번역하는 방법이 한국어로는 더 자연스럽다. 특히 동사에서 파생된 명사를 번역할 때는 서술적인 표현으로 바꾸어주는 편이 더 자연스럽다.

ST For foreign language education, it is not enough just to hire a lot of foreign instructors. (1: 22)

번역실습

번역투 외국어 교육을 위해 많은 외국인 강사를 고용하는 <u>것만으로는 충분하지 않</u>다.

대안번역1 외국어 교육에 있어서, 단지 외국인 강사를 많이 <u>채용한다고 되는 일은 아니다.</u>

대안번역2 외국어 교육에 있어서, 외국인 강사를 많이 채용하는 <u>것만이 다가 아니다.</u>

대안번역3 단순히 원어민 강사를 채용한다고 해서 외국어 교육이 <u>제대로 이루어지는 것은 아니다.</u>

'enough to~'의 번역으로 많이 사용하는 표현은 '~하기에 충분한'이다. 그러나 때로는 이러한 표현에 대해 독자들은 의구심을 품을 때가 있다. 과연 충분하다는 것이 무엇이며 어디까지를 충분하다고 볼 수 있을 것인가 하는 문제가 그렇다. 따라서 그러한 표현보다는 맥락에 적절한, 주변의 단어와 어우러지는 구체적인 표현으로 바꿔 줄 필요가 있다. 대안번역에서와 마찬가지로 '~한다고 되는 일은 아니다', '~하는 것만이 다가 아니다', '~한다고 해서 제대로 이루어지는 것은 아니다' 등으로 번역할 수 있다.

ST They also had the certainty of a job for life, but they usually couldn't choose to change from an employer to another or from one profession to another. (2: 54)

번역실습

번역투 그들은 또한 삶을 위한 직업의 확실성을 가지고 있다. 그러나 그들은 종종 <u>고용주에서 다른 사람으로</u> 혹은 <u>전문직에서 다른 어떤 것까지로</u> 변화시키기 위해 선택할 수 없었다.

대안번역 그들 또한 평생 확실한 직업은 있었지만, 대개 직장을 <u>이리저리</u> 옮기거나 직업을 <u>마음대로</u> 바꿀 수는 없었다.

　'from~ to~'의 번역은 '~부터(에서) ~까지', '~에서 ~(으)로' 할 수 있다. 그러나 본 예문에서는 '어떤 고용주로부터(에서) 다른 고용주' 또는 '어떤 직업에서 다른 직업으로'라는 표현이 부자연스럽다. 한국어에서 흔히 쓰이듯 '직장을 이리저리 옮기다'라거나 '여기저기 회사를 바꾸다', '마음대로 직업을 바꾸다'라고 번역할 수 있다. 또한 'change'에 이미 'from~ to~'의 의미가 포함되어 있다고 봐도 무방하므로 생략할 수도 있다.

ST Instead of repairing a toaster or a radio, it is easier and cheaper to buy a new one and discard the old, even though 95 percent of its parts may still be functioning. (2: 51)

번역실습

번역투 빵 굽는 기계나 라디오를 수리하는 대신에, 그것의 부품들의 95% 정도가 여전히 기능을 하더라도 오래된 것을 버리고 새 것을 사는 것이 더 쉽고 더 저렴하다.

대안번역 빵 굽는 기계나 라디오를 수리하지 않고, 새 제품을 하나 사고 쓰던 제품을 버리는 일이 더 손쉽고 싸다. 설혹 부품의 95%가 아직 쓸 만해도 말이다(조금만 수리를 하면 멀쩡한데도 말이다).

'instead of'의 번역에는 '~하는 대신에'라는 표현이 상투적이지만, '~하지 않고', '~하는 것보다', '~ 하는 것이 더 ~하다' 등 번역자가 노력만 하면 더 다양한 한국어의 표현 가운데 적절한 표현을 찾을 수 있다. 본 예문의 경우 비교급으로 표현되어 있어 '~하는 것보다 ~ 하는 것이 더 ~하다', '~하지 않고 ~하다'로 번역하는 방법이 대안이 될 수 있다.

ST They went to doctors for treatment of a number of symptoms such as sore throats, tiredness, headaches, and respiratory difficulties. (2: 69)

번역실습

번역투 그들은 목구멍의 아픔, 피곤함, 두통, 그리고 호흡기 질환과 같은 많은 증상의 치료를 위해 의사에게 갔다.

대안번역1 그들은 목의 통증이나(목이 아프거나), 피로, 두통, 호흡기 질환 등의 증상을 치료하기 위해 병원을 찾았다.

대안번역2 그들은 다양한 증상을 치료하기 위해 병원을 찾았다. 이를 테면 목의 통증이나 피로, 두통, 호흡기 질환 때문이었다.

'such as'는 '예컨대', '이를 테면'과 같이 특정 사례를 예시하기 위한 표현이다. 이에 대한 활용 가능한 표현이 다양한데도 전형적으로 'such as' 뒤의 명사들을 나열한 뒤 '~와 같은'이라고 번역하는 경향이 있다.

4) 무생물 주어의 번역

송민(1979)은 현대 한국어와 근대 한국어의 문법구조 가운데 달라진 현상으로, 비인칭 대명사나 무생물 명사(무정명사)[122]가 주어의 위치에 사용되

---

122) 사람이나 동물과 같이 감정의 표현이 가능한 대상을 지시하는 명사를 유정명사有情名詞라 하며, 감정표현의 능력이 없는 대상을 지시하는 명사를 무정명사無情名詞라 한다.

고, 지시대명사가 필요이상으로 증가한 내용을 꼽는다. 이는 분명 외국어의 영향을 받은 번역투로 말미암아 한국어의 쓰임에 변화가 있음을 입증하는 예이다. 영어는 무생물 주어를 빈번하게 사용하는 특징이 있다. 한 연구 결과를 보면,[123] 사역동사 'make' 구문에서 무생물 주어가 사용된 빈도가 무려 57%에 달했다. 한국어에서는 무생물 주어의 쓰임이 늘었다고는 하나 영어에 비해 무생물 주어가 그리 자주 쓰이지 않는다. 그리고 주의할 점은 한국어에서 무생물이 주어로 쓰이면 주격조사에 '~이/가'를 사용하지 않고 '~에(서)'를 적용한다는 점이다. 주어를 별도로 상정想定하기 어려운 경우에는 단체를 나타내는 무생물 명사라 하더라도 주어의 자리에 '~에(서)'를 취하지 않는다. 예를 들면 다음과 같다.

> *124)한국의 축구 대표팀에서 독일 월드컵 행에서 기사회생했다.
> 한국의 축구 대표팀이 독일 월드컵 행에서 기사회생했다.

'축구 대표팀'이 무생물인 단체를 뜻하긴 하나, 별도의 주어를 상정하기 어려운 유정명사로 간주하기 때문에 무생물 주격조사 '에서'가 아니라 유정명사의 주격조사 '이'를 적용해야 한다. 이러한 경우를 제외한다면, 무생물 주어는 주격조사나 처소격 조사 '~에(서)'를 사용하거나 '~으로', '~해보니' 와 같이 연결어미를 이용하여 부사절로 번역한다. 무생물이 피동문의 주어로 사용되었을 때는 목적격 '~을', '~를'을 사용해야 한국어의 언어 체계에 비추어 적합하다. 무생물을 주어로 사용한 원천 텍스트의 번역에 대해 살펴보자.

---

123) 이영옥 2001: 56 재인용.
124) 문장의 표현이 부자연스럽거나 부적합함을 나타내는 표시이다.

ST1 This study says well the assumption is true.

번역투 이 연구는 그 가설이 사실이라는 것을 잘 말해준다.

대안번역1 이 연구 결과에서 그 가설이 사실임을 잘 알 수 있다.

대안번역2 이 연구 결과를 보면 그 가설이 사실임을 잘 알 수 있다.

ST2 Experience has taught me to be wary of his approach.

번역투 경험은 나에게 그의 접근을 조심하도록 가르쳤다.

대안번역1 경험으로 나는 그 사람이 접근하면 조심해야 함을 알았다.[125)]

대안번역2 경험을 해보니 그 사람이 접근하면 조심해야겠더라.

(이근달 24-25)

ST3 The garden is filled with a lot of flowers.

번역투 그 정원은 수많은 꽃들로 가득했다.

대안번역 정원에 꽃들로 가득했다.

ST4 The apples have been taken from the trees by the pickers.

번역투 사과는 수확하는 이들로 인해 나무에서 거두어진다.

대안번역 일꾼들이 나무에 열린 사과를 땄다.

---

125) [ST]와 관련된 예는 이근달의 예를 발췌한 것이나 [대안번역1]은 필자의 번역이다.

[ST1]의 무생물 주어는 '우리'와 같이 별도의 주어를 상정할 수 있는 상황이다. 따라서 [대안번역]과 같이 처소격 조사 '에서'를 적용하거나, 조건을 나타내는 연결어미를 이용하여 부사절로 번역할 수 있다. [ST2]는 수단이나 방법을 나타내는 부사격으로 번역하거나, 선행을 나타내는 접속의 연결어미로 번역하는 두 가지 방법을 대안으로 들 수 있다. [ST3]은 처소격 조사 '에'를 적용한 사례이며, [ST4]는 피동문을 능동문으로 변환해 무생물 주어를 목적격으로 번역한 사례이다. 무생물 주어가 사용된 다음의 예문을 실제 번역해보고 대안번역과 비교해보자.

ST More research is needed to clearly establish the connection between the immune system and psychological factors.　　　　　(2: 65)

번역실습

번역투 더 많은 연구는 면역체계와 심리적인 요인들과의 연계성을 명확하게 확립하는 것을 필요로 한다.

대안번역1 더욱 더 많은 연구에서 면역체계와 심리적 요인과의 관계를 명확히 밝혀야 한다.

대안번역2 면역체계와 심리적 요인의 관계를 명확히 밝히기 위한 연구가 더욱 활발해야 한다.

별도의 주어를 상정할 수 있는 예를 제외하고 무생물 주어의 주격조사는 '~에서'를 사용하므로 본 예문의 번역으로 [대안번역1]과 [대안번역2]와 같이 표현하는 방법이 가능하다. 또한 피동문이므로 피동문의 주어를 목적어로 사용하여 번역하는 방법도 대안이 된다.

5) 문장부호의 번역

(1) 줄표(-)

> **ST** As for Jesse Bentley-although he was a delicately built man there was something within him that could not easily be killed.
>
> (*Winesburg, Ohio.* Anderson 45)
>
> **번역실습**
>
>
>
> **번역투** 제시 벤틀리로 말하면-그는 허약한 체격이었지만, 그의 내부에는 쉽사리 없어지지 않을 어떤 것이 있었다.   (『와인즈버그, 오하이오』. 한명남·김병철 53)
>
> **대안번역** 제시 벤틀리로 말하지면, 몸이 허약하긴 해도 쉽사리 당하지 않을 뭔가가 있었다.

줄표(-)의 사용은 한국어에서도 삽입이나 해설, 전환이나 생략 따위에 사용되지만 엄밀히 말하면 한국어 고유의 것은 아니다. 따라서 원천 텍스트에 있는 줄표를 그대로 번역하면 글의 흐름을 방해하고 때에 따라서는 내용이 분산되는 경우가 있다. 그러므로 문장부호의 번역을 생략하고 자연스럽게 앞뒤 문맥을 이어서 번역하거나, 줄표 안에 있는 문장을 수식어구나 예시어구로 따로 분리해 자연스럽게 전체 문장 속으로 삽입하는 번역 방법이 적합하다. 위에 제시된 예문에서는 원천 텍스트와 마찬가지로 줄표를 그대로 표기하는 번역투대신, 줄표를 생략하고 반점을 이용하여 경계를 지은 후 양보의 연결어미로 자연스럽게 이은 대안번역을 제시하였다. 또한 별도의 접속어가 필요하지 않은 경우는 다음과 같이 마침표로 종결하고 생략하는 방법도 하나의 대안이 될 수 있다.

> **ST** A telephone was ringing in the darkness-a tinny, unfamiliar ring.
> (*The Da Vinci Code*. Dan Brown 7)

> **TT** 어둠 속에서 전화벨이 울리고 있었다. (Φ) 귀에 거슬리는 낯선 소리였다.[126]
> (『다빈치 코드』. 양선아 1권 16)

다음의 예는 문장부호 줄표의 번역이 부적절하게 번역된 사례들이다.

> **ST** My parents are quite touchy about anything like that, especially my father. They're nice and all —I'm not saying that— but they're also touchy as hell. (*The Catcher in the Rye*. Salinger 1)

> **TT** 부모님은 그런 일들에 대해서 굉장히 신경이 예민하셨다. 특히 아버지는, 두 분 모두 좋으신 분들이지만 —이런 이야기를 하고 싶지 않았다— 끔찍할 정도로 과민한 분들이니까.
> (『호밀밭의 파수꾼』. 공경희 9-10)

> **대안번역** 우리 부모님은 그 같은 일에 상당히 민감하신데 특히 아버지가 더 하시다. 두 분은 좋은 분들이지만, (Φ) 사실 말하려고 한 건 아닌데 (Φ), 불같이 화도 잘 내신다.

[ST]는 줄표가 두 개 있는 예로서 [TT]의 번역은 원천 텍스트의 구조와 일치하는 모습이다. [대안번역]의 예와 같이 줄표를 생략하고, 앞뒤 문맥에

---

126) 번역 텍스트에 일부 오역이 있어 필자가 이를 정정한 후 예문으로 제시하였다.

적절한 연결어미를 이용하여 전체 문장 속으로 삽입하는 번역하는 방법이
대안이 될 수 있다.

(2) 쌍반점(;)

ST The ideas that we have about marriage are part of our cultural
background ; they are part of our basic beliefs about right and wrong.
(2: 45)

번역실습

번역투 우리가 결혼에 대해 갖고 있는 생각들은 우리의 문화적 배경의 부분이다
; 그것들은 옳고 그름에 대한 우리의 기본적인 믿음들의 부분이다.

대안번역 결혼에 대해 떠올리는 생각들은 문화를 이루는 일부가 되며, 옳고 그름
에 대한 신념의 바탕이 된다.

영어의 쌍반점은 일반적으로 등위접속사의 역할을 하거나 앞뒤 문장의 경
계를 표시한다. 그러나 한국어에서는 사용하지 않는 문장부호이다.127) 따라
서 번역자는 원천 텍스트의 쌍반점을 생략하고 논리적으로 문맥에 적합한
접속어나 연결어미로 연결해야 한다. 본 예문에서는 '그리고'나 '또한'이라는
독립된 접속어를 삽입하여 번역해도 되지만 한국어에서 독립적인 접속사보
다는 연결어미가 더욱 선호되므로 대안번역과 같이 번역할 수 있다. 다음과
같이 원천 텍스트의 쌍반점을 번역 텍스트에 그대로 옮긴 번역투의 글을 종
종 볼 수 있다.

---

127) 『한글맞춤법』 참고.

ST Some people work best in the mornings ; others do better in the evenings. (이근달, 109)

번역투 어떤 이들은 아침에 일이 제일 잘 된다; 다른 이들은 저녁에 일이 제일 잘 된다.

대안번역 어떤 이들은 아침에 일이 제일 잘 되는 반면에 어떤 이들은 저녁에 더 잘 된다.

[ST]에 사용된 쌍반점은 등위 접속어 가운데 역접逆接의 접속어를 사용해야 문맥에 적합하다. 따라서 [대안번역]에 제시한 표현으로 번역하는 방법이 하나의 대안이 될 수 있다.

(3) 쌍점(:)

ST Without praise and encouragement anyone can lose self-confidence. Thus we all have a double necessity : to be praised and to know how to praise. (2: 42)

번역실습

번역투 칭찬과 용기 없이는 누구든지 자신감을 잃을 수 있다. 이와 같이 우리 모두는 두 가지 필요성을 갖고 있다 : 칭찬 받는 것과 칭찬하는 법을 아는 것이다.

대안번역 칭찬과 격려가 없다면 누구든 자신감을 잃을 수 있다. 따라서 누구나 두 가지가 필요한데 하나는 칭찬을 받는 것이고 다른 하나는 칭찬하는 방법을 익히는 것이다.

쌍점은 앞뒤 문맥의 관계가 동격이거나 설명, 원인, 인용의 관계이다. 한국어에서 쌍점은 내포되는 종류를 나열하거나, 소표제小標題에 간단한 설명을 덧붙이거나, 저자명 다음에 저서명을 표기할 때, 시時와 분分, 장章과 절節 따위를 구별할 때, 둘 이상을 대비할 때 사용한다. 내포되는 종류를 나열하거나 소표제 뒤에 간단한 설명을 덧붙인다 해도 쌍점을 표기하지 않고 접속어나 연결어미를 이용하여 앞의 문장과 뒤의 문장을 적절히 이어주거나, 강조어를 삽입한다면 반드시 쌍점의 표기가 필요한 것은 아니다. 본 예문도 앞 문장에서 언급한 내용을 구체적으로 부연 설명하는 관계이다. 따라서 쌍점 표기를 생략하고 접속어나 연결어미를 이용하여 앞의 문장과 뒤의 문장을 적절히 이어주는 방법이 적절하다. 또 하나의 예를 살펴보자.

ST We have three kinds of support from the U.S. : military, economic, political.   (이근달 109)

번역실습

번역투 우리는 미국에서 세 가지 지원을 받고 <u>있다: 군사</u>, 경제, 정치적 지원이다.

대안번역 우리는 미국에서 세 가지 지원을 받는데, <u>그것은</u> 군사적, 경제적, 정치적 지원이다.

예문의 쌍점은 부연 설명을 뜻하는 것으로, [대안번역]과 같이 번역할 수도 있으나 '즉', '그것은 다름 아니라'라는 표현도 가능하다.

(4) 삽입구(, ~ ,)

ST1 The group's first leader, Joseph Smith, believed that a man should be allowed to have several wives. (2: 48)

번역실습1

번역투 그 집단의 첫 번째 지도자인, 조셉 스미스는 남자가 여러 부인을 갖는 것을 허락해야 한다고 믿었다.

대안번역 그 집단의 초대 지도자인 조세프 스미스는 한 남자가 여러 명의 아내를 둘 수 있도록 해야 한다고 생각했다.

ST2 In Japan, for example, the daily newspaper Asahi reports a sudden rise in the number of businessmen who need psychological help for their clinical depression. (2: 55)

번역실습2

번역투 일본에서는, 예를 들면, 아사히 일간지는 우울증을 위한 심리학적 도움이 필요한 많은 직장인들의 급격한 증가를 보고했다.

대안번역 일례로, 일본에서는 아사히 일간지에서 우울증 치료에 심리적인 도움이 필요한 기업인의 수가 갑작스럽게 증가하는 것으로 보도하였다.

삽입구와 관련해서 번역투가 발생하는 때는 원천 텍스트에서 이미 언급한 명사나 문맥에 대해 부연 설명하는 삽입구나 절이 반점을 경계로 문장의 중간에 삽입된 경우이다. 물론 한국어에서도 문장 중간에 끼어든 구절 앞뒤로 반점을 사용할 수 있다. 그러나 영어 텍스트를 잘 관찰하면 삽입구나 절이 일반적으로 이와 같은 틀에서 사용되는 예가 다반사이다. 특정 사람이나 사물을 언급한 뒤에 부연설명을 덧붙이는 경우나, 앞머리를 먼저 제시한 후 'for example'이라는 어휘를 삽입하는 예가 대표적인 사례이다. 이에 대한 한국어 번역에서는 원문의 구문 형태를 그대로 일대일로 대응시킬 것이 아니라, 삽입어구를 앞으로 도치시켜 명사의 수식어로 표현하여 번역하거나 독립어구로 번역하는 방법이 자연스럽다. [ST1]의 예문에서는 별도로 양 쪽에 표기된 반점의 번역을 생략하고 동격의 삽입구를 주어를 수식하는 수식어를 번역할 수 있다. 'for example'이 문장의 중간에 삽입되어 글의 흐름을 방해하는[ST2]의 예문에서는 '예를 들면', '일례로' 등과 같은 표현을 문장의 앞에 두는 관용적인 쓰임이 한국어에 있으므로 대안번역과 같이 번역하는 방법이 적절하다. 삽입어구의 번역을 도치시킨 사례를 살펴보면 다음과 같다.

ST In early 2001, the junior Kim, who also controls the armed forces, went unreported for 35 days after George W. Bush was inaugurated as U.S. president. (*The Korea Herald*, 2003/4/5)

TT 역시 군을 장악하고 있는 김 위원장은 2001년 초 조지 부시 대통령이 취임한 이래 35일간 공식석상에 나타나지 않았다.
(*The Korea Herald*, 2003/4/5/8면)

본 예문은 앞뒤의 반점으로 경계가 구분된 삽입절의 번역을 앞으로 도치시켜 'the junior Kim'의 수식어로 표현하였다.

6) 수(단수, 복수)의 번역

ST1 All human beings are born into families - and families begin with the joining together of a man and a woman in marriage.　(2: 45)

번역실습

번역투 모든 인간은 가족 안에서 태어난다. 그리고 가족은 결혼 안에서 한 남자와 한 여자가 함께하는 것으로 시작한다.

대안번역 모든 인간은 가족의 일원으로 태어나고, 가족은 남녀가 함께 결혼으로 결합함으로써 시작된다.

ST2 Most of them do not know that there are new ideas and methods about hunting for a good job.　(2: 58)

번역실습

번역투 그들 대부분은 좋은 직장을 얻는 데는 새로운 아이디어들과 방법들이 있다는 것을 모른다.

대안번역 젊은이들 대다수는 좋은 직장을 구하는 데 독특한(참신한, 기발한) 생각과 방법이(다양한 생각과 방법이) 있다는 점을 모른다.

명사의 수_{number}에 따라 동사의 활용이 달라지는 영어와 달리 한국어는 문법적으로 수의 표현이 제한되지 않는다. 제한되지 않을 뿐더러 오히려 수를 표지하지 않는 편이 보편적이어서, 명사의 수를 지시하는 일이 중요하지 않을 때는 명사를 단순히 단수형의 형태로 표현하는 방법이 자연스럽다. 또한 '여러분'이나 '우리'에는 이미 복수의 개념이 내포되어 있으므로 복수 표지가 필요 없다. 따라서 영어 텍스트에 단수로 표지가 되었다고 해서 일일이 번역 텍스트에 단수로 표지를 하거나, 복수형을 계속 나열하는 영어표현을 그대로 복수형으로 반복해서 번역한다든지, 불필요한 맥락에 복수 표지 '~들'을 붙인다면 번역투의 문장이 된다. 따라서 [ST1]의 'a man and a woman'의 번역으로 '한 남자와 한 여자'라고 표기하기보다는 '남자와 여자(남녀)'라고 표기하는 방법이 더 자연스럽다. 이는 남녀 간의 결혼에 있어서 일부일처제라는 전제가 말하는 이나 듣는 이 또는 저자와 독자간에 이미 공유되어 있기 때문에 수의 표지를 생략하는 편이 바람직하다. [ST2]의 번역에서는 '생각'과 '방법'이 불가산 명사이므로 복수 표지를 않는 것이 더 적절하다. 또한 복수 표지를 한다 해도 한국어의 언어 관습에는 복수 접미사를 붙여 복수의 의미를 나타내는 방법보다 부사와 같은 수식어를 이용하여 복수의 의미를 나타내는 일이 빈번하다. 따라서 복수의 의미를 살리고 싶다면 괄호로 표지했듯 '다양한'이나 '여러 가지'라는 부사를 삽입해도 좋을 듯하다.

수의 표지와 관련해서 한국어에 대해 좀 더 자세히 살펴보면 다음과 같다. 영어를 포함한 인도·유럽어 만큼 단수·복수 표지에 관한 엄격한 규칙이 한국어에는 적용되지 않지만, 물론 한국어에도 수에 관한 규칙적인 질서가 존재한다. 복수를 나타내기 위해서는 복수 표지의 접미사 '-들', '-희', '-네'를 가산加算 가능한 체언128)에 덧붙여 사용한다. 복수 접미사 가운데 '-들'은

---

128) 한국어의 단어 분류체계에서는 단어를 품사별로 체언, 관계언, 용언, 수식언, 독립언으로 분류한다. 체언에는 명사, 대명사, 수사가 해당되고, 관계언에는 조사가, 용언에는 동사와 형용사가, 수식언에는 관형사와 부사가, 독립언에는 감탄사가

무정명사보다 유정명사에 덧붙여서 더 자주 사용하며, '-들'과 '-희'는 '너희들(낮춤말인 '저희들'도 마찬가지)'과 같이 두 접미사를 함께 덧붙여 사용할 수도 있다. '-네'는 '너희네', '그 아이네'와 같이 무리나 집을 의미하는 접미사로 사용할 수 있다. 인칭대명사의 경우는 지시 대상이 복수이면 반드시 복수 표지를 해야 한다.

그러나 복수 표지의 접미사는 체언 가운데서도 명사나 대명사에만 적용될 뿐, 수를 명시하는 수사에는 적용되지 않는다. 수사뿐 아니라 수사와 문법적 기능이 비슷한 '-명', '-자루', '-분', '-개' '-켤레', '-벌', '-척' 등과 같이 단위를 나타내는 의존명사에도 복수 표지의 접미사를 덧붙여 사용할 수 없다. 수사는 아닐지라도 문장 가운데 수량을 나타내는 부사나 형용사가 있는 경우에는, 복수 표지사 '-들'을 사용하지 않아도 복수의 의미를 전달할 수 있으므로 복수 표지가 반드시 필요한 것은 아니다. 복수를 표지하는 접미사를 가산성의 명사나 대명사에 적용할 수 있지만, 가산성의 명사라 할지라도 특정한 상황이 전제되지 않는 경우에는 덧붙여 사용할 수 없다. 질량성質量性의 명사나 추상의 명사에는 원칙적으로 복수 접미사가 적용되지 않지만, 이러한 명사들이 주어의 자리에서 쓰이지 않는다면 복수 접미사 '-들'을 사용할 수 있다. 처소를 표시하는 '저기', '여기' 등의 지시 대명사가 주어인 경우에는 복수형 접미사 '-들'을 덧붙일 수 없지만, 목적어, 부사, 부사격 조사 등 주어의 자리가 아니라면 접미사 '-들'을 사용할 수 있는데, 이때는 대체로 주어가 생략되어 나타나지 않는다. 이러한 경우에는 주어의 복수 접미사가 주어 이외의 자리로 이동한 것으로 생각한다. 다음은 위에서 언급한 복수 접미사를 덧붙이면 안 되거나 부자연스러운 사례들이다. 번역자는 이러한 사례에 주의를 기울여야 한다.

해당된다.

(1) 수사의 경우

예문에 쓰인 '여럿이'는 사람이라는 개체의 수를 나타내는 수사이다. 수사의 경우에는 복수 표지를 하는 접미사의 사용이 한국어의 문법에 적합하지 않기 때문에 접미사 '-들'을 덧붙여서는 안 된다. 번역자가 주의를 기울이지 않는다면 무의식 중에 원문의 형식을 따르기 쉬운 번역 사례이다.

(2) 수사와 단위를 나타내는 의존명사가 함께 사용된 경우

*ㄱ. 갖가지 색상의 구두 <u>열 켤레들</u>을 진열해 두고 번갈아 신었다.
  ㄱ. 갖가지 색상의 구두 <u>열 켤레</u>를 진열해 두고 번갈아 신었다.

*ㄴ. 학교에서 돌아오는 길에 <u>세 명의 학생들</u>이 싸우는 것을 보았다.
  ㄴ. 학교에서 돌아오는 길에 <u>세 명의 학생</u>이 싸우는 것을 보았다.

*ㄱ의 예문에서 '켤레'는 선행하는 명사의 수량을 나타내는 단위 명사이지만 수사가 없이는 자립할 수 없는 의존명사이다. 이 또한 선행한 수사와 더불어 수사의 기능을 하므로 의존명사에 복수 접미사 '-들'을 덧붙여서는 안 된다. *ㄴ의 예문은 수사와 의존명사가 존재하는 문장에서 명사에 복수 접미사 '-들'을 덧붙인 사례이다. 이미 수사로 복수 표지를 하였으므로 명사에 복수접미사를 덧붙이는 일은 복수 표지의 중복에 불과하므로 불필요하다. 특히 두 번째 사례는 번역자가 원문인 영어의 형태에 얽매여 범하기 쉬운 오류의 유형이라 하겠다.

---

129) *잘못 표기된 사례를 의미한다.

(3) 수량을 나타내는 부사나 형용사가 있는 경우

> *ㄱ. 명절을 맞을 준비를 위해 시장에 <u>사람들이 많이</u> 모였다.
> ㄱ. 명절을 맞을 준비를 위해 시장에 <u>사람이 많이</u> 모였다.
>
> *ㄴ. 크리스마스 시기에는 <u>많은 장난감들이</u> 상점에 즐비하다.
> ㄴ. 크리스마스 시기에는 <u>많은 장난감이</u> 상점에 즐비하다.

'많이', '많은' 이라는 수량을 나타내는 부사가 이미 쓰였기 때문에 '사람'과 '장난감'에 접미사 '-들'이 필요 없다. 이 경우 역시 번역자들의 주의가 요구되는 사례라 하겠다.

(4) 가산성의 명사에 특정한 상황이 전제되지 않은 경우

> *ㄱ. <u>개들은</u> 주인에 대한 충성심이 강한 동물이다.
> ㄱ. <u>개는</u> 주인에 대한 충성심이 강한 동물이다.

'개'는 가산성의 명사이긴 해도 본 예문에서는 특정한 문맥 가운데 놓인 명사가 아니기 때문에 수에 있어서 중립적이다. 따라서 접미사 '-들'이 붙을 수 없다.

(5) 질량성의 명사나 추상성의 명사가 주어의 자리에 쓰인 경우

> *ㄱ. <u>꿀들이</u> 쏟아져 온 바닥이 끈적인다.
> ㄱ. <u>꿀이</u> 쏟아져 온 바닥이 끈적인다.
>
> *ㄴ. 사랑하는 이에 대한 <u>그리움들은</u> 그 이의 가슴을 멍들게 했다.
> ㄴ. 사랑하는 이에 대한 <u>그리움은</u> 그 이의 가슴을 멍들게 했다.

*ㄷ. 빨리 <u>꿀들을</u> 엄마 오시기 전에 몰래 퍼먹자.

*ㄹ. <u>숙제들</u> 다 했니?

　*ㄱ에 쓰인 '꿀'은 질량성의 명사이고, *ㄴ에 쓰인 '그리움'은 추상성의 명사이다. 원칙적으로 이러한 질량성의 명사나 추상성의 명사에는 복수임을 표시하는 접미사 '-들'이 붙을 수 없다. 그러나 ㄷ과 ㄹ의 사례에서와 같이 '꿀'과 '숙제'가 질량성의 명사나 추상성의 명사라 할지라도 주어의 자리에서 쓰이지 않는다면 복수 접미사 '-들'의 사용이 가능하다.

(6) 처소를 지시하는 대명사가 주어의 자리에 쓰인 경우

*ㄱ. <u>여기들이</u> 우리들의 조상이 숨 쉬던 곳이다.
*ㄴ. <u>여기들</u> 가만히 있거라.

　*ㄱ의 예문에서는 처소를 가리키는 지시대명사 '여기'가 주어로 쓰였고, ㄴ의 예문에서는 부사의 자리에 쓰였다. 이 때 주어로 쓰인 지시대명사는 매우 부자연스러운 반면, 부사에 쓰인 지시대명사는 자연스럽다. 이와 같이 처소를 지시하는 지시대명사가 주어의 자리에 쓰일 때는 복수 접미사를 붙일 수 없지만, 그 외의 자리에 쓰일 때는 복수 접미사를 덧붙일 수 있다. 이때는 주어가 생략된 경우로 간주하기 때문이다.

　이상으로 수의 표지가 필요 없는 여러 사례를 살펴보았다. 이 가운데 특히 예문을 제시한 유형들은 번역자가 원천 텍스트에 쓰인 영어의 형태에 얽매일 때 범하기 쉬운 오류의 유형이다. 수의 표지와 관련해서 어색하게 번역된 실제 사례를 살펴보면 다음과 같다.

ST1 A carpenter came to fix the bed so that it would be on a level with the window. (*Winesburg, Ohio*. Anderson 7)

TT1 그래서 침대 높이를 창 높이와 똑같이 고칠 생각으로 목수 한 사람을 불러 들였다. (『와인즈버그, 오하이오』. 한명남·김병철 17)

대안번역 침대를 창문 높이로 맞추기 위해 ①목수를 불렀다.

본 예문은 단수 표지와 관련된 사례이다. 노인이 기거하는 방의 침대를 고치기 위해 목수가 왔을 때는, 여러 사람이 아니라는 것쯤은 목표언어의 독자도 짐작할 수 있다. 이렇게 상대방이 인지 가능한 상황에서는 [대안번역]에서 제시한 대로 단수 표지 '한'이 필요 없다.

ST2 By remembering it I have been able to understand many people and things that I was never able to understand before. (*Winesburg, Ohio*. Anderson 9)

TT2 그것을 마음 속 깊이 새겨둔 덕택에, 나는 그전 같으면 어림도 없었던 많은 사람들과 여러 가지 세상 일들을 이해할 수 있었다. (『와인즈버그, 오하이오』. 한명남·김병철 19)

대안번역 그것을 마음속에 새겨 두었기에, 각양각색의 사람이나 다양한 세상사를 이해할 수 있었고, 이는 전 같으면 어림없는 일이었다.

본 예문은 복수 표지와 관련된 사례이다. 이미 복수임을 표지하는 형용사와 부사인 '많은(다양한)'과 '여러 가지'라는 표현이 본문에 있으므로 조사 '-들'은 필요 없는 복수형의 중복표현이다. 따라서 이를 생략하는 것이 적절하다.

7) 시제의 번역

말하는 시점인 발화시를 중심으로 앞뒤 시간의 맥락을 제한하는 문법범주인 시제는, 사건이 일어난 시간인 사건시가 발화시보다 앞서는 과거시제, 사건시와 발화시가 일치하는 현재시제, 사건시가 발화시보다 나중인 미래시제로 나뉜다. 한국어의 시제는 보통 활용어미130)로 표시되며, 사건시를 나타내는 부사와 함께 쓰여 시제의 의미가 더욱 분명해지는 경우도 있다.

(1) 현재시제

현재시제의 표시방법은 다음의 예에서와 같이 동사의 종결형에서 선어말어미131) '-는/ㄴ'을 사용해서 표시한다. 형용사와 서술격조사에서는 어말어미132) '-다'가 그 기능을 하며, 현재시제 형태가 반드시 발화시와 일치하는 현재시제에만 사용되는 것은 아니어서 다음의 예문과 같이 때로는 미래시제와 보편적 사실을 표시할 때, 과거의 사건이나 상태를 생생하게 표현하고자 할 때도 현재시제를 종종 사용한다. 관형사133)형의 현재시제로는 '-는'을 사용한다.

> ㄱ. 그 사람은 일주일 후면 비행기로 서울을 떠난다.

---

130) 활용이 어미의 교체로 행해질 때 교체되는 부분으로서, 예를 들면 '먹다', '먹고', '먹으니'에서 '-다', '-고', '-으니'를 말한다.
131) 어간과 어미 사이에서 높임, 공손, 시제 따위를 나타내는 형태소로서, 예를 들어 '입으시었다'에서 '입'은 어간, '다'는 어미, '-시-'와 '-었-'은 선어말어미이다.
132) 어간이나 선어말 어미에 이어지는 형태소로서, '읽다', '깊네', '좋고', '보이니', '잡히어'에서 '-다', '-네', '-고', '-나', '-어'가 어말어미이다. 종결어미, 연결어미, 전성어미 등으로 나뉜다.
133) 수식언의 하나로 체언(명사) 앞에서 체언의 내용을 구체적으로 꾸미는 말. '새 옷', '순 우리말'에서 '새'와 '순'이 관형사이다.

ㄴ. 역사의 수레바퀴는 끊임없이 돈다.

ㄱ의 예문은 '-ㄴ'을 이용한 미래시제이고, ㄴ의 예문은 보편적 사실에 선어말 어미 '-ㄴ'을 사용한 예이다. 이렇듯 현재시제를 표시하는 선어말 어미 '-ㄴ'은 현재시제뿐 아니라 미래시제와 보편적 사실을 언급할 때도 사용된다.

(2) 과거시제

과거시제의 표시방법은 대부분의 어미에 선어말어미 '-었/았/였-'[134]을 붙여서 사용한다. 선어말어미 '-었/였-'의 경우에는 현재시제나 미래시제에도 사용될 수 있다. 그러나 동작의 완료를 의미하는 '앉다, 서다, 뜨다' 등의 동사에 '-었/았-'을 사용할 때는 현재시제를 대신하는 것이나, 미래시제에는 그 쓰임이 드물다. 다음의 예를 보자.

ㄱ. 나와 일행은 이제서야 컴컴한 극장 내의 지정된 좌석을 찾아 앉았다.
ㄴ. 부동산 가격이 천정부지로 올라 이제 돈 벌어 집사기는 다 틀렸다.

ㄱ의 예문은 동작의 완료를 의미하는 동사에 '-았-'이 쓰여 현재시제를 나타내는 예문이고, ㄴ의 예문은 앞으로 집을 사기가 쉽지 않음을 우회적으로 표현한 미래시제라 하겠다. '-었었-'과 같이 과거시제의 표시에 선어말어미 '-었-'을 중복하여 사용하는 형태는 과거의 사건 내용이 현재와 비교해서 현재는 그렇지 않다든지, 발화시보다 훨씬 이전에 일어난 먼 과거의 일을 표시할 때 사용한다. 그러나 동작의 결과를 표시하는 '앉다, 서다' 등에서 이러한 형태가 쓰이면 단순한 과거시제를 의미한다. 과거에 경험한 사건을 회상하는

---

134) 양성모음 'ㅏ, ㅗ'로 된 어간 뒤에서는 '-았', 어간 '하-' 등의 뒤에서는 '-였'으로 대체된다.

데 있어서는 선어말어미 '-더-'가 쓰인다.

> ㄱ. 아까 서류를 다 작성해놓으셨더군요.

이 예문은 과거시제의 선어말어미 '-였-'과 회상법의 선어말어미 '-더-'를 사용하여 경험 당시의 과거시제를 표현하고 있다. 관형사형의 과거시제는 '-(으)ㄴ', '-던'의 형태가 있다.

(3) 미래시제

미래시제를 표시하는 선어말어미는 '-겠-'이 보편적이지만 '-(으)리-'도 있다. '-겠-'은 현재의 사건이나 과거의 사건을 추측하는 데도 쓰일 수 있으며 예문은 다음과 같다.

> ㄱ. 농촌에는 지금 추수가 한창이겠다.
> ㄴ. 과수원에 사과가 벌써 빨갛게 다 익었겠다.

ㄱ의 예문은 현재의 일을 추측하는 예문이며, ㄴ의 예문은 과거의 일을 추측하는 예문이다. 관형사형의 미래시제는 '-(으)ㄹ 것'로 표시한다.

영어의 시제와 한국어의 시제 가운데 번역상에 문제가 되는 것은 일반적으로 완료 시제와 미래 시제이다. 행동이나 작용의 완료나 계속, 경험, 결과에 적용되는 영어의 완료 시제에 대해 한국어는 과거 시제의 선어말어미를 사용한다. 이에 대한 예문을 보자.

> **ST** For centuries, people <u>have used</u> the oceans as a dumping place.

TT 수세기 동안, 사람들은 해양을 쓰레기 투기 장소로 사용해왔다.

대안번역 수세기 동안, 사람들은 바다를 쓰레기 처리장으로 사용했다.

계속의 의미로 사용된 [ST]의 현재완료 시제에 대해 [TT]는 현재완료 시제임을 나타내기 위해 '해오다'라는 서술어를 이용하였다. 그러나 이미 '수세기 동안'이라고 해서 기간을 제시해 주었기 때문에 이는 필요 없는 표현이다. [대안번역]과 같이 과거시제 선어말어미를 사용하여 '사용했다'로 표기하고, 계속의 의미를 강조하고 싶으면 '죽', '내내'와 같은 부사를 활용한다. 다음의 예문들을 실제로 번역해보자.

ST1 "I'm going to go to LA for the weekend."　　　　　　(4: 51)

번역실습

번역투 나는 LA에 가서 주말을 보낼 <u>예정이야</u>.

대안번역 주말에 엘에이에 <u>갈 거야</u>.

ST2 Some nations have begun to try to stop the pollution and the environmental destruction.　　　　　　(2: 25)

번역실습

몇 몇 국가들은 오염과 환경파괴가 멈추도록 노력하기 <u>시작해왔다.</u>

일부 국가에서는 오염과 환경 파괴를 막으려는 노력을 이미 <u>시작했다.</u>

[ST1]에서는 미래를 나타내는 부사구 'be going to~' 구문이 사용되었다. 이에 대한 번역으로, '가다'에 관형사형 어미 '-(으)ㄹ'을 덧붙여 '갈'을 활용할 수 있다. 이미 미래는 예정의 의미가 포함되어 있으므로 어휘 '예정'의 삽입은 군더더기에 지나지 않을 뿐이다. '~ 가려고 해', '~ 가', '~ 갈 계획이야' 등도 대안이 될 수 있다.

[ST2]는 현재완료 시제가 사용된 경우이다. 영어의 현재완료 시제는 동작의 '계속'이나 '완료', '경험', '결과'를 나타내고자 할 때 사용된다. 이러한 영어의 현재완료 시제에 대해 한국어로는 과거 시제의 선어말어미 '-었/았/였-'을 사용하는 방법이 일반적이다. 어간 '하-'의 뒤에서는 과거 시제의 선어말 어미 '-였-'이 사용되므로 '하였다(했다)'로 해야 적절하다. 또한 계속적인 동작을 나타내고자 할 때도 시제로 표현하기보다는 부사 '죽', '내내' 등을 이용하여 표현하는 방법이 일반적이다. '시작하다'라는 동사에 '시작해왔다'라는 표현은 매우 부적절하다.

8) 관용적인 어순의 번역

영어의 문장구성 어순이 '주어+동사+목적어'라는 점과 한국어의 문장구성 어순이 '주어+목적어+동사'라는 근본적인 차이를 제외하더라도, 영어와 한국어 사이에는 관용적인 쓰임에서 비롯되는 어순의 차이가 있다. 단어와 단어의 어우러짐이 달라서 생기는 예도 있고, 지칭이나 호칭이 고유명사와 함께 나란히 표현될 때 어순의 관용적인 쓰임이 달라서 생기는 예도 있다. 범주화에서 비롯되는 예도 있는데 '상위 범주에서 하위 범주로(top-down)'인지,

'하위 범주에서 상위 범주로(down-top)'인지에 따라 두 언어의 어순이 다르다. 두 언어 간에 어순이 상이하게 쓰이는 데도, 번역자가 원천 텍스트에 있는 어순 그대로 번역하면 목표언어의 용법에 적절하지 않아 어색한 표현이 된다. 목표언어 체계 내에서 아주 흔히 사용하는 예는 원천언어의 어순대로 번역되지 않을 가능성이 크지만, 목표언어권에서 잘 사용하지 않는 관용적인 표현은 번역자가 원천언어의 어순대로 번역할 가능성이 크다. 따라서 번역자는 이러한 어순의 차이를 염두에 두고 한국어의 관용적인 용법에 적합하도록 번역해야 한다. 다음은 두 언어의 어순이 달라지는 표현들이다.

(1) 단어와 단어의 어우러짐에서 비롯될 때

〈영어〉 ⇒ 〈한국어〉
- flesh & blood(살과 피) ⇒ 피와 살
- bride & bridegroom(신부와 신랑) ⇒ 신랑과 신부
- food, shelter(housing), & clothing(clothes) (식주의) ⇒ 의식주
- up & down(위와 아래: 위아래) ⇒ 아래와 위: 아래위
- ladies & gentlemen(숙녀와 신사) ⇒ 신사와 숙녀
- right & left(오른쪽과 왼쪽: 우좌) ⇒ 왼쪽과 오른쪽: 좌우
- profit and loss(이익과 손실: 익손) ⇒ 손실과 이익: 손익
- small-to middle sized enterprises(소중(小中)기업) ⇒ 중소기업
- Sunday, Monday, Tuesday, Wednesday, Thursday, Friday, Saturday
    (일, 월, 화, 수, 목, 금, 토) ⇒ 월, 화, 수, 목, 금, 토, 일
- young & old(젊은이와 노인: 소노(少老)) ⇒ 노인과 젊은이: 노소(老少)
- pen & paper(무문(武文) ⇒ 문무(文武)
- rich & poor(풍요와 빈곤: 부빈(富貧))
    ⇒ 빈곤과 풍요: 빈부(貧富): 없는 자와 가진 자
- North-South dialogue(북남 대화) ⇒ 남북 대화
- South East Asia(남동아시아) ⇒ 동남아시아
- vice & virtue(악덕과 미덕) ⇒ 미덕과 악덕

> • fire & water(불과 물: 불물) ⇒ 물과 불: 물불

　이러한 예들은 단어와 단어가 어우러지면서 관용적으로 쓰이는 두 언어의 어순이 다른 사례들이다. 어순이 주는 어감이 아주 다른 경우는 번역시에 오류를 범할 가능성이 적지만 그렇지 않은 경우에는 번역자가 주의를 기울여야 한다.

(2) 신분, 직위를 지칭하는 명사와 인명(人名)이 나란히 표기될 때

> • Chief UN weapons inspector Hans Blix(유엔 무기사찰단장 한스블릭스)
> ⇒ 한스 블릭스 유엔 무기 사찰단장
> • Cuban leader Fidel Castro(쿠바의 대통령 피델 카스트로)
> ⇒ 피델 카스트로 쿠바 대통령
> • White House spokesman Ari Fleischer(백악관 공보담당관 아리 플라이셔)
> ⇒ 아리 플라이셔 백악관 공보담당관
> • Correspondent Louis Meixler(통신원 루이스 마익슬러)
> ⇒ 루이스 마익슬러 통신원
> • FBI Director Robert Mueller(FBI 국장 로버트 뮬러)
> ⇒ 로버트 뮬러 FBI 국장
> • Serbian Prime Minister Zoran Djindjic(세르비아의 총리 조란 진지치)
> ⇒ 세르비아의 조란 진지치 총리
> • Lieutenant colonel Brian Hilferty(중령 브라이언 힐퍼티)
> ⇒ 브라이언 힐퍼티 중령

　이상의 예문들은 '신분과 고유명사가 나란히 표기되었을 때' 영어와 한국어의 어순이 다르다는 점을 나타내고 있다. 즉, 영어는 신분을 먼저 명기한 후에 고유명사가 표기되나, 한국어는 고유명사가 먼저 표기된 다음 신분이 이를 뒤따른다. 해당 고유명사가 목표언어권에 널리 알려진 경우는 목표언어 체계의 관용적인 어순을 고려하지 않고 원천 텍스트의 어순 그대로 옮기는

번역투가 발생할 소지가 적지만, 그렇지 않을 때에는 번역투가 발생할 소지
가 크다. 이를 번역자가 적절하게 중재한 실제 사례를 살펴보자.

> **ST** <u>U.S. president George W. Bush</u> admits in a soon-to-be-published
> book to feelings of loathing toward North Korea's dictator Kim
> Jong-il, the Washington Post reported Saturday.
>
> (*The Korea Herald*. English Update 2002/11/21)

> **TT** <u>조지 W. 부시 미국 대통령</u>은 곧 출간될 책에서 북한의 독재자 김정일에 대
> 해 혐오스런 감정을 갖고 있음을 인정했다고 토요일 워싱턴 포스트가 보도했
> 다.
>
> (*The Korea Herald*. English Update 2002/11/21)

영어의 어순 '미국의 대통령 조시 부시'에 대해 번역자는 개입을 하여 한
국어의 언어관습에 적절하도록 '조시 W. 부시 대통령'으로 중재하였다.

> **ST** <u>Britain's Prince Charles</u> on Tuesday ordered an internal review into
> the sensational collapse of <u>the Princess Diana</u> butler trial and claims
> of a royal cover-up over an alleged homosexual rape.
>
> (*The Korea Herald*. English Update 2002/11/22)

> **TT** <u>영국의 찰스 왕세자</u>는 화요일 <u>다이에나 왕세자비</u>의 집사 재판의 놀라운 실
> 패와 왕실이 동성 강간을 은폐했다는 주장에 대한 내부 조사를 지시했다.
>
> (*The Korea Herald*. English Update 2002/11/22)

지위와 인명이 나란히 있을 때 지위를 먼저 쓰는 원천언어와는 달리 지위
를 인명 뒤에 쓰는 목표 문화의 언어사용 관습에 적절하도록 어순을 변경하
여 번역하였다.

(3) 범주화에서 비롯될 때

- Friday, 27th, May, 2005(금요일, 27일, 5월, 2005년)
  ⇒ 2005년 5월 27일 금요일
- 29 West 35th Street, New York(29번지 웨스트 35번가, 뉴욕)
  ⇒ 뉴욕 웨스트 35번가 29번지
- Elizabeth of Wellsville, Kan. (웰스빌의 엘리자베스, 캔자스)
  ⇒ 캔자스 웰스빌에 사는(혹은 출신) 엘리자베스

'범주화'에서 비롯되는 어순의 상이함을 보여주는 예들이다. 영어는 작은 범주에서 큰 범주로 어순이 이동하나, 한국어는 큰 범주에서 작은 범주로 어순이 이동한다. 따라서 번역자는 이에 대한 고려가 필요하다. 이를 잘 중재하여 번역한 사례는 다음과 같다.

ST At a <u>September 2002</u> press conference, the Beijing government upwardly revised the total from 850,000 to 1 million, but no one believes that figure.

(*The Newsweek* 2002/11/6)

TT 중국 정부는 <u>2002년 9월에</u> 가진 기자회견에서 감염자 수를 85만 명에서 1백만 명으로 상향 조정했지만 그 수치를 믿는 사람은 아무도 없다.

(*The Newsweek* 한국판 2002/11/13)

원천언어와 목표언어간의 상이한 언어 관습에 대해서 번역자는 중재하여 목표언어권의 언어사용 관습에 따라 어순을 변경하여 번역하였다.

다음의 예문에 대해 번역을 실습해보자.

> **ST** Prime Minister John Howard of Australia, who went into the country's election with a good-luck message from President George W. Bush, has been decisively re-elected, according to official returns.
>
> (*International Herald Tribune*, 2004/10/11)

번역실습

번역투1 대통령 George W. Bush로부터 받은 행운의 메시지와 함께 국가 선거에 출마한 오스트레일리아 수상 John Howard는 공식적인 보고서에 따르면 결정적으로 재선되었다고 한다.

번역투2 조시 부시 대통령에게 행운을 비는 메시지와 함께 자기 나라의 선거에 출마했던 오스트레일리아의 수상 존 하워드는 공식 집행보고서의 따르면 압도적으로 재선거에 임하고 있다.

대안번역 조오지 W. 부시 미대통령의 격려의 메시지를 받으며 선거에 출마했던 존 하워드 호주 수상이 압도적인 표로 재선출되었다는 공식 발표가 있었다.

　본 예문에는 두 명의 인물에 대한 직위와 이름이 표기되어 있다. 한 사람은 미국의 부시 대통령으로서 한국 문화권에 널리 알려진 인물이고, 또 한 사람은 부시 대통령에 비해 한국인에게 덜 알려진 호주의 존 하워드 수상이다. 한국어의 관용적인 용법으로는 고유명사를 먼저 표기한 후 신분을 지칭하는 명사가 그 뒤를 잇는다. 이름이 한국 문화권에 널리 알려진 '부시 대통령'은 '대통령 부시'라고 번역하는 사례보다 한국어의 관용적인 용법대로 '부시 대통령'으로 번역하는 경향이 크다. 반면에, 한국 문화권에 그다지 널리 알려지지 않은 호주의 존 하워드 수상의 경우는 한국어의 어순대로 '존 하워드 수상'이라고 번역하지 않고 원문 텍스트에 표기된 어순대로 '수상 존 하워드'라고 번역하는 경향이 크다.

9) 전치사의 번역

영어의 전치사 역시 해당 전치사의 대표적인 사전적 의미로만 번역할 것이 아니라 맥락에 적절한 한국어의 격조사를 이용해야 한다. 특히 전치사의 번역으로는 처소격(locative case), 여격(dative case), 방위격(directional case), 도구격(조격, instrumental case), 공동격(comitative case) 등으로 분류되는 부사격 조사가 많이 적용되는데 이를 세분해보면 다음과 같다. 장소(처소)를 나타내는 격조사는 '~에', '~에서'이다. 지향점(指向点)을 나타내는 격조사에는 '~에/에게', '~한테', '~더러'가 있다. '~에'는 무정명사 뒤에 결합되고, '~에게'는 유정 명사 뒤에 쓰인다. 존칭 체언 아래에서는 '~께'가 사용되며 '~한테'와 '~더러'는 '~에게'와 동일한 기능이 있으면서 구어체에 쓰인다. 출발점을 나타내는 격조사에는 '~에서', '~한테서'가 쓰인다. 원인과 이유를 나타내는 격조사에는 '~에', '~로'가 쓰이며, 단위를 나타낼 때에는 '~에'가 쓰인다. 도구격 조사로는 '~으로'가 있고, 신분, 자격, 수단을 나타낼 때는 '~로(서)'를 사용한다. 동반을 나타내는 격조사는 '~와/과', '~하고, '~랑'이 있다. '~와/과'는 문어체에, '~하고'는 구어체에 자연스럽다. 이에 대한 정리와 사례는 다음과 같다.

장소를 나타내는 격조사: ~에/에서

ㄱ. 그 노인은 늘 집에 있다.
ㄴ. 할머니는 낡은 기와집에서 사신다.

지향점을 나타내는 격조사: ~에/에게, ~께, ~한테, ~더러

ㄱ. 산에 오르면 공기가 상쾌함을 느낄 수 있다.
ㄴ. 친구에게 부탁해보렴.
ㄷ. 선생님께 이 서신을 꼭 전해드려라.
ㄹ. 그건 너한테 물어보라는데.
ㅁ. 그 친구더러 아침에 태워달라고 해.

출발점을 나타내는 격조사: ~에서, ~한테서

ㄱ. 산꼭대기에서 바람이 시원하게 불어대네.
ㄴ. 그 애한테서 들은 이야기야.

때를 나타내는 격조사: ~에

ㄱ. 사월에 피는 복사꽃은 매우 아름답다.

원인과 이유를 나타내는 격조사: ~에, ~로

ㄱ. 그 아이는 화재에 목숨을 잃고 말았다.
ㄴ. 사촌 동생이 교통사고로 병원에 입원했다.

단위를 나타내는 격조사: ~에

ㄱ. 팥 한 되에 얼마나 하죠?

수단이나 도구를 나타내는 격조사: ~로/으로

ㄱ. 엄마가 손톱깎이로 아이의 손톱을 깎고 있었다.
ㄴ. 노인이 공기총으로 새떼를 쫓고 있었다.

신분, 자격을 나타내는 격조사: ~로/로서

ㄱ. 책임자로서 면목이 없습니다.

비교를 나타내는 격조사: ~처럼, ~만, ~보다

ㄱ. 새처럼 날 수만 있다면.
ㄴ. 정해진 양만큼만 사용하셔야 합니다.
ㄷ. 무술을 그 사람보다 더 잘하는 사람이 있을까?

동반을 나타내는 격조사: ~와/과, ~하고, ~랑

ㄱ. 우리와 가지 않을래?
ㄴ. 김서방과 너는 잘 어울리는 한 쌍이다.
ㄷ. 아이하고 놀 시간적인 여유가 그리 많지 않다.
ㄹ. 친구랑 영화보고 왔어.

따라서 영어 전치사의 번역은 이상의 다양한 부사격 조사 가운데 맥락에
적절한 조사를 선택하여 번역하면 될 것이다. 따라서 'from'이라고 해서 꼭

'~부터'라고 번역할 것이 아니라, '~에서', '~한테서' 등 다양한 조사를 이용하여 번역할 수 있다. 'by' 또한 꼭 '~에 의하여'라는 표현은 한국어의 언어체계에 비추어 적절하지 않다. 전치사 'by'는 근접, 범위, 정도, 수단, 방법, 경로, 때, 단위, 원인, 행위자 등에서 매우 다양하게 쓰인다. 능동문의 주격 '~이/가'를 이용해 번역할 수 있으며, 수단이나 방식을 나타내는 부사격 '~(으)로' '~에 따라', '~을 이용하여' 등을 이용하여 다양하게 번역할 수 있다. 'through' 또한 단지 '~을 통하여(해)'라고 번역할 것이 아니라, '~으로 하여 (해서)', '~때문에', '~의 결과로' 등의 번역을 할 수 있어야 한다. 다음의 예문들에 대한 번역을 실습해보자.

> **ST1** "Since that day" says the shop owner, "whenever I think something nice about a person, I tell him. I might never have another chance."
> (2: 43)
>
> **번역실습**
>
>
>
> **번역투** "그날 이후로" 가게 주인이 말한다. "내가 어떤 사람에 대해 좋은 생각을 할 때마다 그에게 말한다. 내가 다른 기회를 갖지 못할 수 있으므로."
>
> **대안번역** "그날 이후로 난 누군가에게 좋은 점이 있다고 생각하면 바로 이야기해요. 다시는 말할 기회가 오지 않을 지도 모르잖아요."라고 가게 주인이 말했다.

'about'의 번역으로 '~에 관하여(관해, 대하여, 대해)'라는 표현이 대표적이다. 그러나 이 또한 맥락에 따라 주변의 어휘들과의 어울림에 따라 그 쓰임이 달라질 수 있다. 본 예문에서와 같이 '누군가에게'로 번역이 가능하다.

ST2 By dumping sewage and chemicals into rivers and lakes, we have contaminated our drinking water. (2: 50)

번역실습

번역투 강과 호수로 하수와 화학제품을 내버림에 의해, 우리는 우리의 식수를 오염시켰다.

대안번역1 하수오물이나 화학물질을 강이나 호수에 버려 식수를 오염시켰다.

대안번역2 하수오물이나 화학물질을 강이나 호수에 버리는 일이 식수를 오염시키는 원인이 되었다.

'by'의 대표적인 사전적 의미는 '~에 의하여' 이지만, 이 밖에 그 쓰임이 수 십여 가지에 이른다. 따라서 맥락에 적합한 번역어를 선택해야 한다. 본 예문의 'by'는 원인이나 수단, 매개를 나타낸다. 수단이나 매개로 나타낼 때는 부사격의 조사 '~으로(써)'를 사용하거나 [대안번역2]와 같이 번역할 수 있다. 이 맥락에서는 '~에 의하여(의해)'라는 표현은 매우 부자연스럽다.

ST3 One scientist with NASA discovered that house plants actually remove pollutants from the air. (2: 71)

번역실습

`번역투` NASA와 더불어 한 명의 과학자는 실내 식물이 공기로부터 오염물질을 실제로 제거한다는 것을 발견했다.

`대안번역` 미항공우주국(NASA)에 근무하는 한 과학자가 실내에서 키우는 식물이 공기에 있는 오염을 효과적으로 없앤다는 사실을 알았다.

'from'하면 출발점을 의미하는 처소격조사 '~로부터(의)'를 떠올리는 경향이 있다. 그러나 본 예문의 번역에서는 '공기로부터의 오염을'이라는 표현이 부자연스럽다. [대안번역]과 같이 '공기 중의'라고 해도 대안이 될 수 있으며, 처소격 조사 '~에(서)'를 사용하는 것도 하나의 대안이 될 수 있다.

`ST4` Each culture has different ways to help the young people in the job-hunting process. (2: 58)

`번역실습`

`번역투` 각 문화마다 직업을 찾는 과정에 있는 젊은 사람들을 돕는 다른 방법들을 가지고 있다.

`대안번역1` 각 문화마다 다양한 방법으로 취업을 원하는 젊은이들을 돕는다.

`대안번역2` 각 문화마다 취업을 원하는 젊은이들을 돕는 방법이 다르다.

전치사 'in'은 장소를 나타내는 '~안에서', '~에'가 대표적인 의미이다. 그러나 다른 전치사들이 그렇듯 이 밖에도 수많은 의미로 쓰인다. 본 예문도

'구직 과정에 있는 젊은이'라는 표현보다는 '구직(취업)을 원하는' 또는 '구
직 중인'으로 번역하는 것이 자연스럽다.

> **ST5** Pollution comes in many forms. We see it, smell it, taste it, drink
> it, and stumble through it.
> (2: 50)
>
> **번역실습**
>
>
>
> **번역투** 오염은 많은 형태들로 온다. 우리는 오염된 것들을 보고, 냄새를 맡고, 맛
> 보고, 마시고, 그것을 통해 비틀거린다.
>
> **대안번역** 오염의 형태는 다양하다. 우리는 오염을 보기도 하고, 냄새를 맡기도 하
> 고, 맛을 보기도 하고, 마시기도 하며, 오염 속에서 허우적댄다.

본 예문의 'through'는 '~속에서', '~으로 인해', '~때문에', '~에 의해'와
같이 번역할 수 있다. 이 맥락에서는 'through'의 대표적인 사전적 의미인
'~를 통해(서)', '~을 통하여'라는 표현이 자연스럽지 않다.

10) 접속사의 번역

한국어는 조사와 어미가 매우 발달하여, 영어로 쓰인 원천 텍스트의 접속
사와 같이 별도의 독립된 어휘가 접속 조사나 연결 어미135)로 대체될 수 있
다. 조사에는 다양한 격조사(格助詞)외에 주어진 문장의 의미에 또 다른 의

---

135) 접속어미라 하기도 한다.

미를 보태주기만 하는 보조사가 있다. 대조(對照)를 의미하는 '~는/은',[136] 단독을 의미하는 '~만', 마찬가지임을 뜻하는 '~도'가 이에 속하며, 그 이외에도 '~까지', '~조차', '~마저', '~(이)나', '~(이)나마', '~(이)라도', '~부터', '~(이)야' 등이 있다. 접속조사는 둘 이상의 체언을 같은 자격으로 연결시켜주는 기능을 하며, '~와', '~과', '~하고', '~에다', '~이며', '~랑' 등을 들 수 있다. 다음은 이에 대한 예이다.

> ㄱ. 남편과 아이들과 나는 일요일이면 한적한 곳으로 산책을 나간다.
> ㄴ. 가서 연필하고 공책하고 책을 가져오너라.
> ㄷ. 방안 가득 장난감이며 옷이며 책이며 잔뜩 흩어져 있었다.
> ㄹ. 송편에다 빈대떡에다 잔뜩 먹었더니 배가 터질 지경이었다.
> ㅁ. 아이가 사탕이랑 풍선을 양 손에 들고 어쩔 줄을 몰라 했다.

이에 반해 접속의 연결어미는 문장과 문장을 이어주는 역할을 한다. 접속의 연결어미에는 문장과 문장을 대등하게 연결해주는 대등적 연결어미와 문장과 문장을 종속적으로 이어주는 종속적 연결어미가 있다. 이들에 대한 예를 살펴보자.

(1) 대등적 연결어미

나열: ~고, ~(으)며

> ㄱ. 남편은 회사로 출근하고 아이들은 학교로 향한다.
> ㄴ. 유진이가 노래를 하며 영재가 랩을 하는 등 즐겁게 논다.

---

136) 주제격 조사로 분류되기도 한다.

ㄱ. 나는 어제 약속장소에 갔으나 친구는 오지 않았다.
ㄴ. 한슬이는 키가 크지만 혜영이는 그렇지 못하다.
ㄷ. 사라는 수영을 잘 하는데 진수는 수영을 전혀 못한다.
ㄹ. 명훈이는 공부는 잘 한다만 운동에는 영 소질이 없구나.

선택: ~거나, ~든지, ~든가

ㄱ. 누나가 가거나 네가 가거나 누구든 심부름을 다녀오너라.
ㄴ. 창수가 가져갔든지 민희가 가져갔든지 누가 분명 그 책을 가져갔다.
ㄷ. 이걸 갖든가 저걸 갖든가 네 맘에 드는 것을 골라라.

대등적 연결어미는 크게 나열, 대조, 선택으로 구분된다. 나열의 연결어미는 영어 'and' 등에 대응하는 번역어로, 대조의 연결어미는 'but' 등에 대한 번역어로, 선택의 연결어미는 'or' 등에 대한 번역어로 활용이 가능하다. 따라서 '그리고', '그러나', '또는'과 같이 획일적인 접속 부사로 번역하기보다는 문맥에 적절한 연결어미를 고루 선택해 번역하는 방법이 더 바람직하다.

(2) 종속적 연결어미

배경: '~는데', '~(으)니

ㄱ. 어제 소설책을 한 권 읽었는데, 아주 재미있었다.
ㄴ. 친구 집에 가보니 초라하기 그지없었다.

ㄱ. 장염에 걸려서 동강으로 물놀이를 가지 못했다.
ㄴ. 손발을 깨끗이 씻지 않으니까 감기에 잘 걸리지.
ㄷ. 어젯밤부터 머리가 무척 아팠으므로 잠을 한 숨도 못 잤을 거야.
ㄹ. 마침 그날따라 지각을 했기에 지하철 사고를 피할 수 있었다.
ㅁ. 오늘 밀린 대청소를 하느라고 다른 일은 아무 것도 못했다.

조건: '~(으)면' , '~(거)든' , '~어야'

ㄱ. 눈이 오면 특히 조심해서 운전을 해야 한다.
ㄴ. 집에 도착하거든 바로 전화해라.
ㄷ. 비가 와야 가뭄이 그칠 텐데.

결과: '~게' , '~도록'

ㄱ. 좁은 길에서 노인이 먼저 지나가게 길을 비켜주었다.
ㄴ. 아들이 집중해서 시험공부를 할 수 있도록 가급적 텔레비전을 켜지 않았다.

양보: '~어도' , '~더라도' , '~(으)ㄴ들'

ㄱ. 아무리 읽고 또 읽어도 그 책의 내용이 머리에 들어오지 않는다.
ㄴ. 내일 날씨가 좋지 않더라도 계획했던 여행을 떠날 것이다.
ㄷ. 네가 아무리 애를 쓴들 소용이 없을 거야.

ㄱ. 아침에 운동을 하고서 출근을 한다.
ㄴ. 나는 커서 의사가 될 거야.
ㄷ. 병원에 도착하자 아이가 울기 시작했다.
ㄹ. 주문을 하자마자 음식이 나왔다.
ㅁ. 책을 읽다가 깜빡 잠이 들었다.

종속적 연결어미는 이렇듯 크게 배경, 원인, 조건, 결과, 양보, 선행으로 나뉘며 매우 다양한 표현이 가능하다. 영어 접속사의 번역시 다양한 접속 조사 및 대등적 연결어미와 종속적 연결어미를 도외시한 채 하나의 고정된 표현으로 번역을 하고 있지는 않은지 생각해 보아야 한다. 번역자는 다양한 대등적 연결어미나 종속적 연결어미의 활용을 적극적으로 시도해야 한다. 영어 텍스트에서 접속사가 있는 문장의 번역을 실습해보자.

ST1 Although most common in office buildings and schools, the indoor pollution that causes sick-building syndrome can also occur in houses.   (2: 70)

번역실습

번역투 비록 사무 건물이나 학교에서는 아주 흔한 경우일지라도 sick-building 증후군을 일으키는 실내 오염은 집안에서도 발생할 수 있다.

대안번역 사무실이나 학교 건물에 흔하긴 해도, 병을 유발하는 실내 오염은 가정에서도 일어날 수 있다.

양보의 접속사 'although'의 사전적 의미로 가장 대표적인 대응은 '비록 ~에도 불구하고', '비록 ~일지라도', '~에도 불구하고', '그럼에도 불구하고' 라는 표현이다. 이러한 상투적인 표현이 아니라 좀 더 자연스러운 한국어의 표현은 '비록'을 생략하고 '~이긴 하지만', '~이지만', '~이긴 해도', ~일지라 도', '~임에도', '~이더라도', '~할지라도' 등이 있다.

ST2 Power plants, factories, and apartment buildings can also avoid air pollution. (2: 52)

번역실습

번역투 전력 발전소, 공장, 그리고 아파트 빌딩들은 또한 공기오염을 피할 수 있다.

대안번역1 발전소며 공장이며 아파트 건물 또한 공기 오염을 피할 수 있다.

대안번역2 발전소나 공장이나 아파트 건물도 공기 오염을 피할 수 있다.

'A, B, and C' 형태의 문장에 쓰인 접속사 'and'의 번역사례이다. 원문의 형태와 같이 '발전소, 공장, 그리고 아파트 건물'이라고 번역한 사례를 종종 보게 되는데, 한국어로는 ' , 그리고'라는 형태는 존재하지 않는다. 체언과 체언을 연결해주므로 접속 조사를 활용하여 번역하는 방법이 적절하다.

`ST3` They learn how to meet and talk to people because every conversation is a chance or opportunity to make important contacts.

(2: 60)

`번역실습`

`번역투` 그들은 사람들과 만나고 이야기하는 방법을 배운다. 왜냐하면 모든 대화는 중요한 관계를 만드는 하나의 기회이기 때문이다.

`대안번역1` 젊은이들은 사람들을 어떻게 만나 이야기를 나눠야 할지에 대해 배우는데 이는 대화 하나하나가 모두 중요한 만남이 되는 계기나 기회가 되기 때문이다.

`대안번역2` 대화 하나 하나가 모두 중요한 만남이 되는 계기나 기회가 되므로 젊은이들은 어떻게 사람들을 만나 이야기를 나눌지에 대해 배운다.

접속사 'because'의 번역에 있어서 많은 번역자가 '왜냐하면'을 가장 먼저 떠올린다. 그러나 본 예문과 같이 '~(으)므로' 외에도 '~어서', '~(으)니까', ~기에', '~해서' 등으로 표현할 수 있다.

`ST4` Experts say that there are jobs and employment for young people, but they need to learn new approaches to finding jobs.

(2: 59)

`번역실습`

번역투 전문가들은 젊은이를 위한 직업과 일자리들이 있다고 말한다. 그러나 구직에 대한 새로운 접근 방식에 대해 배울 필요가 있다.

대안번역 젊은이들이 구할 만한 직업이나 일자리가 있지만 취업을 위해서는 새롭게 접근하는 방식을 익혀야 한다고 전문가들은 말한다.

본 예문의 접속사 'but'의 번역은 연결어미 '~지만', '~(으)나', '~데', '~지마는' 등으로 표현할 수 있다. 이 밖에도 다양하지만 '그러나'로 번역하는 경향이 가장 크며, 'A, B, but C'의 형태에서는 ', 그러나'로 번역하는 경향이 짙다.

ST5 If you thought about him just enough and not too much, you could figure it out that he wasn't doing too bad for himself. (5: 7)

번역실습

번역투 만일 그에 대해 너무 많이 생각하지 않고 적당하게 생각했다면, 당신도 그가 자기를 위하여 너무 나쁘게 하지 않았다는 것을 알아차렸을 것이다.

대안번역 (Ф)선생에 대해 단지 적당히 과도하지 않게 생각했더라면, 혼자 그럭저럭 잘 해내고 있음을 알았을 것이다.

영어의 문장에서 조건절이나 가정법을 유도하는 'if'에 대해 번역자들은 '만일(만약) ~라면,'이라는 표현으로 문장을 시작하는 경향이 있다. '만약'이나 '만일'이라는 단어는 한국어로 '일만(一萬) 번에 한번 있을까 말까 한 일이나 경우'를 일컫는다. 불가능한 일을 가정하는 상황이어서 이러한 표현이 꼭 필요한 문맥이 아니라면 부적합하다. 대다수의 경우에 단지 '~(한)다면'으로 번역하는 방법이 더 간략하고 매끄러운 표현이 된다.

11) 피동문의 번역

영어 피동문의 번역에 있어서는 번역투가 세 가지 측면에서 발생할 수 있다. 하나는 영어와 한국어에서의 상이한 피동문의 용법을 고려하지 않고 영어의 피동문을 한국어에서도 그대로 피동문으로 옮겼을 때 발생하는 번역투이다. 둘째는 무생물 주어와 관련된 번역투이다. 영어에서 피동문이 많이 쓰이는 이유는 무생물을 주어로 사용하는 빈도가 높기 때문이나 한국어에서는 무생물을 주어로 사용하는 빈도가 매우 낮다. 따라서 무생물 주어 문장에 대해서는 꼭 필요한 경우가 아니면 번역자가 적절히 개입하여 무생물 주어의 주격조사 '~에(서)'를 사용한다든가 무생물 주어를 목적어로 변환해야 한다. 그렇지 않을 경우 번역투의 생산이 불가피하다. 셋째는 피동문의 행위자 'by'와 관련된 번역투이다. 영어의 피동문에서는 이에 대응하는 능동문의 주어가 'by+행위자'로 나타나는 경향이 있다. 많은 번역자가 'by'에 대해 '~의하여'나 '~에 의해'라고 번역하는데 실은 이러한 표현이 부적합한 사례가 빈번하다. 따라서 영어 원천 텍스트에서 빈번히 사용하는 피동문은 가급적 능동문으로 바꿔 주어야 하며, 피동문을 그대로 옮겨야 하면서 무생물이 주어라면 예외를 제외하고는 주격조사가 '~이/가'가 아니라는 점을 염두에 두어야 한다. 또한 피동문의 행위자 표지인 'by'의 번역도 조건 반사식으로 무조건 '~에 의하여'라고 번역해서는 안 된다. 하나의 문장에서 이처럼 다양한 번역투가 발생할 소지가 있으므로 영어와 한국어의 피동문에 대해서는 자세히 살펴볼 필요가 있다.

(1) 피동문의 용법

영어의 피동문 용법137)

- 주어보다 목적어를 표면에 부각시키고자 할 때
- 주어가 분명치 않을 때
- 주어가 모호할 때: 'someone'이나 'a person'과 같이 모호한 낱말을 주어로 쓰고 싶지 않을 때
- 문맥상 주어가 분명하여 밝히는 게 오히려 부자연스러울 때
- 문맥상 주어의 생략이 자연스러울 때
- 주어를 나타내기가 곤란할 때
- 말하는 이나 필자 자신이 주어로서, 굳이 자신을 밝히고 싶지 않을 때
- 말하는 이가 자신할 수 없는 사실의 진술이나 행동 및 의견에 책임지고 싶지 않을 때
- 용이한 문장의 연결을 위해

이 밖에도 피동문을 전형적으로 사용하는 문맥을 들 수 있는데, 공식적인 공고나 공표, 흔히 행위자가 알려지지 않았거나 행위자를 언급할 필요가 없는 신문 보도의 경우이다. 제목이나 광고 부분 또한 그러하며, 이외에도 공시라든가 과정을 묘사하는 과학기사 등도 전형적으로 피동문을 사용하는 문맥이다.

한국어의 피동문 용법

- 자연의 변화에 따른 피동 상황일 때
- 강제성이 있을 때

---

137) 예스퍼슨O. Jespersen, 정호영 옮김 140-145, 조성식 1999: 207-227, 알렉산더 L. G., 이기동 옮김 372-377.

- 이로움이나 해로움을 입을 때
- 피동자의 자발적 의사와 반대되는 불리한 행위일 때

한국어에서는 이와 같은 상황에서 피동문을 사용할 수 있다.

(2) 행위자의 표지

영어 피동문의 행위자

영어의 피동문에서 행위자, 즉 능동문의 주어를 나타내야 할 때는 'by+행위자'의 형식을 취하는 게 보통이다. 'by+행위자'는 문장의 끝에 쓰일 때 특히 강조를 받으며, 때에 따라서는 'by'뿐 아니라 'of'나 'with', 'through'를 사용할 수 있다.

ST1 The president is loved <u>by the people</u>.

ST2 You shall be hated <u>of all men</u>.

ST3 All the roses were eaten <u>with green flies</u>.

ST4 The world might be saved <u>through him</u>. (조성식 215)

ST5 He was killed <u>by a falling stone</u>. (사고)

ST6 He was killed <u>with a knife</u>. (고의) (이기동 374)

[ST1]은 행위자 표지가 'by+행위자'의 형태이고, [ST2]는 'of+행위자'의

형태이며, [ST3]은 'with+행위자'의 형태이고, [ST4]는 'through+행위자'의 형태이다. 이와 같이 영어에서 행위자 표지는 대략 4가지로 사용될 수 있으나 'by+행위자'가 일반적으로 쓰인다. [ST5]와 [ST6]은 'by'와 'with'의 차이를 보여주는 예로서, [ST5]가 '사고로 일어난 행위'라면 [ST6]은 '고의로 일어난 행위'를 의미한다.

한국어 피동문의 행위자

행위자는 '~에게', '~한테', '~에', '~에 의하여(해서)'를 사용할 수 있다. 이들 가운데 무엇을 적용하는 가의 여부는 피동사가 결정한다.[138] 일반적으로 '끊기다, 묻히다, 걸리다, 닫히다, 풀리다, 찢기다'와 같은 피동사에는 '~에 의해(서)'가 사용되고, '안기다, 잡히다, 눌리다, 보이다, 쫓기다'와 같은 피동사에는 '~에게', '~한테', '~에'와 같은 행위자 표지가 사용된다. 이러한 행위자 표지방법에 대해 구체적으로 알아보자:

피동문의 행위자가 감정을 느끼는 유정성일 경우에는 여격(간접 목적격)의 표지 형태로 많이 사용하는 '~에게'와 '~한테'라는 행위자 표지를 사용할 수 있다. '~에게'와 '~한테'는 상호 교체될 수 없는 특이한 상황이 있어 두 형태 사이에 의미상의 차이가 존재한다. '~한테'가 '~에게'보다 여격의 의미를 더 강하게 나타내며, 행위자가 기관이나 관청일 때는 '~에게'나 '~한테' 대신 '~에'로 나타낸다. 또한 '~에게'가 '~에게로'의 의미일 때가 있다.

'~에', '~로'는 감정이 없는 무정성 행위자에 사용되며, 주로 '처소격', '기구(도구)격', '원인격'의 '~에'와 '~로'가 피동문 내에서 기계나 기구 등에 쓰이면 행위자의 역할을 할 수 있다. 기관이나 관청 뒤에 '~에'가 함께 쓰인 경우 능동의 동작성이 어느 정도 성립된다. 신체의 일부에 '~에'가 쓰인 경우

---

138) 남기심고영근 93-299.

역시 능동적 동작을 유발하며, 감정과 같은 추상명사에 '~에'가 붙어 비유나 상징적 의미로 분석될 때는 의인화되어 동작을 유발하는 행위자의 역할을 한다. '~로'는 '~에'에 비해서 행위자의 표지로 사용되는 빈도가 상당히 낮은데, 이는 '~로'가 일부 '원인격'이나 '기구(도구)격'의 위치에서만 행위자의 표지로 사용되는 경향이 있기 때문이다.

'~에 의해서'는 행위자가 피동의 변화에 어떤 영향이나 원인을 제공할 때 사용된다. 유정성의 행위자나 무정성의 행위자 구문에 모두 사용할 수 있으며, 피동 행위에 직접 어떤 동작을 가하게 하거나 원인만을 제공하는 경우도 있다. 일반적으로 '~에 의하여', '~에 의한다.'라는 표현은 '~에 근거를 둔다.'와 같이 어떠한 사실의 근거나 기초를 제시하는 데 사용한다. 그러나 이러한 근거를 바탕으로 한 표현조차도 한문어투에서 비롯된 번역투이다[139]. 다음은 이러한 용법을 고려하지 않고 'by'를 '~에 의하여'로 번역한 번역투 사례이다.

> **ST1** The phonograph was invented <u>by Edison</u>.
>
> **번역투** 축음기는 <u>에디슨에 의하여</u> 발명되었다.
>
> **대안번역1** 축음기를 발명한 사람은 <u>에디슨이다.</u>
>
> **대안번역2** <u>에디슨이</u> 축음기를 발명하였다.

> **ST2** This book was written by Dr. Kim.
>
> **번역투** 이 책은 <u>김박사에 의해서</u> 쓰여졌다.   (이수열 2004: 129-130)

---

139) 이수열 2004: 129-130.

대안번역1 이 책을 쓴 사람은 <u>김 박사이다.</u>

대안번역2 <u>김 박사가</u> 이 책을 썼다.

앞에서 언급했듯이, 한국어에서는 피동문의 주어가 객체에게 어떠한 이익이나 해를 입었거나, 자연의 자연스런 변화를 언급할 때 피동문을 주로 사용한다. 그러므로 [ST1]과 [ST2]와 같이 맥락상 이러한 상황이 아닐 때는 피동문의 번역이 적절치 않다. 또한 피동문에 표지된 행위자가 어떠한 사실에 대한 원인이나 근거를 제시하는 맥락이 아니므로 '~에 의하여'나 '~에 의해서'라는 표현 역시 부적절하다. 따라서 능동문으로 변환해 행위자를 주어로 번역하는 방법이 대안이 될 수 있다.

(3) 행위자 표지의 생략

영어의 피동문에서 행위자를 생략할 때

- 주어가 분명치 않거나 애매할 때
- 문맥상 능동의 주어가 너무도 분명하여 주어를 밝히는 게 오히려 부자연스러울 때
- 문맥상 능동의 주어를 생략하는 게 자연스러울 때
- 능동의 주어를 나타내기 곤란할 때
- 말하는 이나 필자 자신이 능동의 주어로서 굳이 자신을 밝히고자 하지 않을 때
- 말하는 이가 자신할 수 없는 사실의 진술이나 행동 및 의견에 책임지고 싶지 않을 때
- 피동태를 전형적으로 사용하는 문맥일 때

한국어의 피동문에서 행위자를 생략할 때

한국어 피동문의 특징으로는 문장에서 행위자를 표면화할 수 있는 예가

매우 적다는 점을 들 수 있다. 특히 '~하다' 따위 동사의 피동성 표현이나 '~어 지다'의 피동성 표현에서 목적어가 드러날 수 없고, 접미사를 이용한 피동문에서만 드물게 목적어가 드러난다. 한국어의 피동문에서 행위자를 생략하는 유형은 다음과 같다.

> • 행위를 일으키는 행위자가 누구인지 말하는 이와 듣는 이 또는 저자와 독자가 분명히 알 때
> • 행위자의 표지가 중요하지 않아 나타낼 필요가 없을 때
> • 행위자가 누구인지 정확하지 않을 때
> • 행위자가 복수의 일반인일 때
> • 피동문의 행위자가 자연의 현상일 때
> • '나는'이 주제인 문장에서 피동문의 행위자가 1인칭일 때
> • 피동문의 행위자를 표지하면 오히려 어색할 때

한국어에서 피동문의 행위자 표지를 잘 안 하고 생략하는 이유는 첫째, 피동구문이 비교적 덜 발달되었기 때문이며 둘째, 행위자의 표지가 일정하지 않고 어느 유형도 두루 쓰이지 못함이며 셋째, 한국어는 이해가 가능한 성분은 되도록 생략하는 특성이 있기 때문이다.[140)]

(4) 피동문의 번역시 번역투가 유발되는 경우

영어 피동문의 번역시 번역투가 유발될 수 있는 사례는 다음과 유형에서 비롯된다.

> • 한국어의 관용적인 피동 용법을 고려하지 않고 영어의 피동문을 그대로 피동의 형태로 번역할 때

---

140) 서정수 1075.

- 무생물 주어의 피동문을 그대로 피동문으로 옮기면서 주제격 조사나 주격 조사 '~는/은/이/가'를 적용할 때
- 영어 피동문의 행위자 표지 'by+행위자'에 대해 무조건 '~에 의하여(해서)'라고 번역할 때
- 영어 피동문의 행위자가 한국어의 관용적인 용법에 비추어 생략하는 방법이 바람직한데도 행위자를 표기할 때
- 감정 및 심리상태를 표현하는 영어 피동문의 행위자를 그대로 옮길 때

이와 같은 유형의 번역에서는 번역투가 반드시 발생한다. 영어 피동문의 번역을 실습해보자.

ST In traditional Chinese culture, marriage decisions were made by parents for their children.   (2: 45)

번역실습

번역투 전통적인 중국 문화에서 결혼에 대한 결정들은 그들의 자녀를 위하는 부모들에 의해 만들어진다.

대안번역 예로부터 중국의 문화에서는, 혼인의 결정을 당사자가 아닌 부모가 했다.

[번역투]에서는 원천 텍스트의 피동문에 대해 그대로 피동문으로 옮기고 있으나 한국어의 언어 체계에 비추어 보았을 때 어떠한 피동 용법에도 해당되지 않으므로 피동문으로 번역하는 방법이 부적절하다. 또한 무생물 주어의 주격 조사를 '~은'으로 하고 있으나 이 역시 부적절한 표현으로 무생물 주어

의 주격 조사 '~에(에서, 에서는)'를 사용하거나 문장을 능동문으로 바꾸어 목적격으로 번역하는 방안이 바람직하다. 행위자 표지 'by'에 대해서도 '~에 의해'라고 번역하고 있으나 [대안번역]과 같이 능동문의 주격으로 번역하는 방안을 고려해 볼 수 있다.

12) 인용문의 번역

문장이나 담화에서 남의 말이나 자신의 생각이나 혼잣말을 인용하여 표현하는 방법은 직접인용과 간접인용으로 나뉜다. 직접인용은 원래 표현의 내용과 형식을 그대로 따오는 인용으로 따옴표를 이용해서 인용하는 원래의 표현이 원형 그대로 드러나도록 한다. 이때의 인용표지는 ' "~"(이)라고 말하다(생각하다)'인데 '~(이)라고' 하는 표현대신 '하고'라는 표지도 가능하다. 그러나 '하고'를 사용할 때는 따옴표 뒤에 한 칸을 떼우고 사용해야 한다는 점에 주의해야 한다. 또한 인용 문장의 말미가 아주 낮춤법의 형태인 '~다, ~라, ~자'로 끝날 때에는 '~(이)라고' 대신 '~고'가 쓰인다. 간접인용은 원래 표현의 내용만을 따다가 전하는 걸 주목적으로 삼고 원문의 표현 형식은 그대로 전하지 않는다. 간접인용의 표지는 '~고 말하다'가 된다. 예문을 보자.

> ### 직접인용(" ~ " (이)라고, " ~ " 하고)

> **ST1** There is no sense in being anything but practical though, he thought. I wish I had some salt. And I do not know whether the sun will rot or dry what is left, so I had better eat it all although I am not hungry. The fish is calm and steady. I will eat it all and then I will be ready.
> "Be patient, hand," he said. "I do this for you."
>
> (*The Old Man and the Sea*. Hemingway 49)

TT1 실질적인 게 아니라면 아무런 의미가 없다, 하고 노인은 생각했다. 소금이 있다면 좋겠지만 햇빛 때문에 남은 고기가 썩을 것인지 마를 것인지 알 수 없으니 시장하지 않더라도 다 먹는 것이 좋겠다. 물 속의 고기는 아직 조용하고 변함이 없었다. 나도 남은 것을 다 먹고 준비태세를 갖추어야지.
"참아라, 손아. 너를 위하여 내가 이것을 먹는 거다."라고 노인은 말했다.

(『노인과 바다』. 시사영어사 73)

ST2 "He put his arms about me," <u>said one.</u> "His fingers were always playing in my hair," <u>said another.</u>

(*Winesburg, Ohio*. Anderson 15)

TT2 "선생님은 팔을 내 몸에 감았어요." <u>하고</u> 어떤 애는 대답했고, 또 어떤 애는 "선생님은 손가락으로 늘 내 머리카락을 희롱했어요." 하고 <u>대답했다.</u>

(『와인즈버그, 오하이오』. 한명남김병철 25)

[ST1]에 대한 번역은 직접인용문의 번역시 '라고 말했다'라고 표지를 이용한 사례이다. 그러나 '~다.'로 끝났으므로 '고'가 적절하다. [ST2]에 대한 번역은 '하고'를 이용해서 인용문을 번역한 사례이다. 인용문의 번역 외에도 '머리카락을 희롱했어요'라는 표현은 매우 부자연스럽다. '내 머리를 만지작거렸어요.'라고 번역했더라면 더욱 자연스러웠을 것이다. 다음은 간접인용문의 번역사례이다.

간접인용(~고)

ST "Monsieur Vernet," Sophie pressed, her tone firm. "My grandfather called me tonight and told me he and I were in grave danger. <u>He said</u> he had to give me something. He gave me a key to your bank. Now he is dead. Anything you can tell us would be helpful."

(*The Da Vinci Code*, Dan Brown 200)

TT 소피는 확고한 목소리로 말했다. "베르네 씨, 할아버지는 오늘 밤 제게 전화해서, 할아버지와 제가 큰 위험에 처했다고 말했어요. 제게 뭔가 줄 것이 있다고도 했고요. 그리고 이 은행의 열쇠를 주었지요. 그런데 할아버지께서 돌아가셨어요. 당신이 우리에게 해줄 수 있는 얘기는 뭐든지 도움이 될 겁니다."

(『다빈치 코드』 1. 양선아 285)

원천 텍스트의 간접인용 부분에 대해 '~고'를 이용해서 번역한 사례를 보여주고 있다.

인용문과 관련해서 번역시에 번역자가 주의를 기울여야 할 사례는 직접 인용문과 간접 인용문의 인용표지가 다르다는 점 외에도 인용문이 "~, she said, ~."와 같이 분리된 경우이다. 한국어에서는 이와 같은 형태의 인용문을 사용하지 않는다. '누가 말했다'라는 표현을 문장의 앞이나 뒤에 놓으며, 때로는 '누가 ~ 라고 하다'라는 식으로 '누가'와 '말하다'를 문장의 앞과 뒤로 분리하지 '~, 누가 말했다. ~'라고 하지 않는다. 영어의 인용문에서는 이러한 문장의 형태가 빈번하게 쓰인다. 따라서 번역자는 이러한 문장에 직면했을 때 개입하여 한국어의 어법에 적절하게 변환을 가해야 자연스러운 문장이 된다. 다음은 인용문의 번역실습 부분이다.

ST "Since that day" says the shop owner, "whenever I think something nice about a person, I tell him. I might never have another chance."

(2: 43)

번역실습

번역투1 "그날 이후로", <u>가게 주인이 말한다</u>. "내가 어떤 사람에 대해 좋은 생각을 할 때마다 그에게 말한다. 내가 다른 기회를 갖지 못할 수 있으므로."

번역투2 그날 이래로 내가 사람에 관한 좋은 어떤 것을 생각할 때마다 나는 그에게 이야기한다고 <u>가게 주인은 말한다</u>. 나는 결코 또 다른 가능성을 갖지 못할지도 모른다. (인용부호 표기 안 함)

대안번역 "그날 이후로 나는 누군가에게 좋은 점이 있다고 생각하면 바로 이야기해요. 다시는 말할 기회가 오지 않을 지도 모르잖아요."라고 가게 주인이 말했다.

원천 텍스트의 직접 인용문에서는 말하는 이에 대한 언급이 인용문의 중간에 놓여 인용문을 둘로 나누었다. 이를 원문의 형태 그대로 번역한다면 맥락의 흐름을 방해하고 한국어의 인용문 표기상 어색하기 짝이 없다. 따라서 번역자는 말하는 이에 대한 언급을 문장의 맨 앞이나 뒤로 옮겨 번역해야 자연스럽다.

13) 주어의 번역

영어는 문장 구조상 명령문과 같이 특별한 경우가 아니면 반드시 문법적인 구성 요소인 주어를 갖추어야 하는 특징이 있으므로 가주어의 형식을 빌어서라도 문장에 주어가 존재한다. 반면에 한국어에서는 주어의 생략이 빈번하고 특히 구어체에서 생략이 두드러진다. 1인칭 주어의 경우 화제에 관여된 인물이 많아 특정 주어를 언급하지 않으면 주어가 누구인지 모호해지는 상황을 제외하고는 생략하는 일이 흔하다. 2인칭 주어 역시 생략하는 일이 일반적이다. 이러한 언어습관으로 인해 말하는 이와 듣는 이 간에 주어를 지시하는 대상에 관한 정보가 공유된 상태라면 주어를 생략하는 것이 자연스럽다. 따라서 영어의 문장 요소 그대로 한국어 번역문에 주어를 매번 삽입한다면 어색한 문장이 되므로 번역자는 이를 주의해야 한다. 다음은 한국어의 대화 문장에서 얼마나 주어의 생략이 자연스럽고 빈번하게 이루어지고 있는지 보여주는 예이다.

> ㄱ. "소매길이가 좀 길어요."
> ㄴ. "고쳐드리죠."('제가' 또는 '저희가')
> ㄷ. "얼마나 걸리죠?"('수선에')
> ㄹ. "한 일주일 정도 생각하셔야 할 겁니다."('손님께서')
> ㅁ. "정확히 언제 찾으러 올까요?"('제가')
> ㅂ. "다음 주 목요일 이후로 오시면 되겠습니다."('손님께서')
>
> ㅅ. (내가) 주차장에 차를 주차한 후 (내가) 사무실에 거의 다 왔을 때 전화벨이 요란하게 울려 (나는) 서둘러 문을 따고 들어갔다.

ㄴ부터 ㅂ까지 대화가 이루어지는 동안 주어를 전혀 쓰지 않고서도 전혀 부자연스럽지 않다. 문어체인 ㅅ의 경우도 불필요한 주어의 표지가 생략되었음을 볼 수 있다. 따라서 이러한 점을 고려한다면 번역자는 구어체는 물론이고 문어체에서도 불필요한 주어의 삽입이 있는지 살펴보아야 한다.

원천 텍스트에 존재하는 주어의 번역이 생략된 자연스러운 표현의 예를 살펴보자.

> **ST** Now, as I Langdon approached the stationary escalators, he paused, realizing Fache was no longer beside him. Turning, Langdon saw Fache standing several yards back at a service elevator.
> "We[1]'ll take the elevator," Fache said as the lift doors opened. "As I[2]'m sure you[3]'re aware, the gallery is quite a distance on foot."

> (*The Da Vinci Code*, 25-26)
>
> **TT** 랭던은 작동을 멈춘 에스컬레이터에 도착했다. 하지만 파슈가 더 이상 옆에 없다는 것을 깨닫고 멈춰 섰다. 돌아보자, 파슈는 5미터 정도 뒤의 엘리베이터 앞에 서 있었다.
> "$(\Phi)^1$ 엘리베이터를 타겠습니다. $(\Phi)^2(\Phi)^3$아시겠지만, 화랑은 걸어가기에는 꽤 머니까요."
> (『다빈치 코드』 1. 양성아 42)

원천 텍스트의 대화에 나오는 1인칭 복수 주어 'we'와 1인칭 단수 주어 'I', 2인칭 단수 주어 'you'의 번역이 생략됨을 알 수 있는데 이는 오히려 한국어의 언어체계에 비추어 보았을 때 더 자연스러운 표현으로 적절하다. 생략하지 않고 번역을 했다면 자연스럽지 않을 뿐만 아니라 필요 없는 군더더기로 여겨질 것이다.

이상으로 영어 텍스트를 한국어로 번역할 때 두 언어의 체계가 서로 달라 발생할 수 있는 번역투의 유형에 대해 번역투가 발생할 만한 요인, 번역투의 사례, 이에 대한 대안번역을 제시해 보았을 뿐 아니라 이에 대한 번역 실습까지 해보았다. 이를 통해 영어와 한국어간에 유형별로 상당한 차이가 존재하며, 번역자는 이에 대해 적절히 개입해야 함을 알 수 있다.

6.4 번역투의 유발 요인

번역투는 번역자가 번역에 접근하는 방법이 다음과 같은 유형일 때 발생한다.

(1) 가장 보편적이고 전형적으로 쓰이는 하나의 대표적인 사전적 의미를 일대일 대응시키는 방식으로 번역에 접근한다. 이는 중학교와 고등학

교 시절 영어 어휘의 습득 과정에서 필수로 여기는 단어·숙어 관련 참고도서에서 비롯된다(<부록4, 5>참조). 대부분의 참고도서에는 맥락이나 단어들 간의 호응관계에 따라 단어들의 의미가 다양하게 활용된다는 언급이 없다. 각 단어의 다양한 의미 가운데 사전 상에 가장 우선적으로 등재되는 한두 가지의 의미를 단어 대 단어로 대응시키고 있다.

(2) 이미 의미를 알고 있는 단어는 사전을 참고하지 않는다. 의미를 아예 모르거나 모호할 때는 사전을 참고하지만, 확실하게 알고 있다고 생각하는 단어는 알고 있다는 사실 때문에 사전을 찾지 않는다. 그러나 번역투는 오히려 이러한 상황에서 빈번하게 발생한다. 이미 알고 있는 의미라 해도 수많은 의미 가운데 맥락에 적절한 특정 의미가 아니라, 대개 암기를 통해 획득한 사전상의 대표적인 의미이기 때문이다. 이미 확고하게 알고 있다고 여기는 단어들은 대다수 영어에서 사용 빈도가 높은 단어들이고 그만큼 다양한 맥락에서 사용될 가능성이 크다. 영어에서는 다양한 맥락이라 하더라도 대상이 사람인지, 사물인지, 동물인지, 추상적인지 상관없이 개념만 똑같다면 동일한 단어를 사용할 수 있다. 반면에 한국어에서는 개념은 같다 해도 대상이 사람에 따라, 사물에 따라, 동물에 따라, 맥락에 따라 사용하는 단어가 다르다. 따라서 번역자는 대상과 맥락을 고려하여 다양한 한국어의 활용을 모색해야 한다.

(3) 번역에 대한 개념이 제3자의 정보 획득을 위한 거라기보다는 자신의 이해를 위한 도구이다. 이는 외국어 학습 과정에서 행했던 번역이 자신의 이해 정도를 측정하기 위한 학습도구였다는 사실에서 기인한다.

따라서 제3자인 독자를 고려해야 하는 전문번역이 매우 서툴 수밖에 없다. 자신이 이해하기 위한 도구와 제3자를 전제로 하는 상품과는 분명 다르다. 전문번역은 다른 사람이 읽어서 이해가 가능해야 하며, 번역 텍스트의 목적과 기능에 따라 원천 텍스트의 고유한 특징을 옮겨 독자에게 전달해서 원하는 반응을 이끌어내야 한다.

(4) 텍스트의 맥락과 단어들 간의 호응관계를 고려하지 않는다. 단어 대 단어를 대응시키는 접근의 번역을 한다 해도 한 단어의 다양한 의미가운데 맥락과 주변에 함께 쓰이는 단어들 간의 호응관계를 고려하여 적절한 표현을 찾아야 한다. 이때 맥락을 이미지화해서 떠올리면 그 상황에서 사용되는 어휘 선정에 유용할 수 있다.

(5) 문어체와 구어체를 구별하지 않는다. 번역이 문자로 이루어지기 때문에 구어체에 대한 고려를 하지 않고 무조건 문어체로 번역하는 데서 비롯된다. 언어란 문어체와 구어체에 적용할 때가 다르다. 문어체를 사용해야 하는 상황에서는 문어체의 표현을 적용해야 하고, 구어체를 사용해야 하는 상황에서는 구어체의 표현을 적용해야 한다.

(6) 두 언어 간의 구조적인 차이, 즉 영어와 한국어의 언어 체계가 다르다는 점을 고려하지 않는다. 번역투는 원천 언어인 영어의 구조와 용법에 얽매여 번역하는 데서 비롯된다. 영어와 한국어는 문법 규칙이 다르고, 관용적인 쓰임이 다르며, 범주화가 다르고, 어휘가 주는 분위기가 다르며, 문화적인 배경이 다르다는 점을 번역 과정에서 떠올리지 않기 때문이다. 이러한 점을 고려한다면 번역 상에서 만날 수 있는 여러 가지 어려움에 봉착했을 때 번역자가 활용할 수 있는 대안 역시 다양하다.

(7) 목표언어인 한국어에 대한 지식이 원천언어인 영어에 대한 지식보다 오히려 더 부족하다. 이는 목표언어가 모국어일 때 빈번하다. 번역자의 자격 요건 가운데 가장 기본적인 사항은 원천언어와 목표언어에 통달해야 한다는 점이다. 기본적으로 원천언어와 목표언어의 습득 중 더 어려운 일은 원천언어에 관한 지식의 통달이다. 물론 원천언어가 모국어가 아닐 경우이다. 언어는 생리적으로 생성과 소멸을 계속 반복하며 변화한다. 또한 문화에 대한 이해가 수반되므로 모국어가 아닌 원천언어에 통달한다는 일이 쉽지 않음은 자명하다. 이에 비해 목표언어가 모국어라면 목표언어의 습득은 원천언어의 습득보다 쉽다. 문제는 번역자 스스로 모국어인 한국어에 대해 잘 알고 있다고 착각하는 데서 번역투가 비롯된다는 점이다. 주의 깊은 관심과 노력을 기울이면 그만큼 목표 텍스트의 질적인 향상을 가져올 수 있다.

6.5 번역투의 대처방안

두 언어의 구조적인 차이 때문에 발생하는 번역투가 초보 번역자는 물론이고 전문 번역자 역시 피할 수 없는 현상이기는 하나, 오랜 기간 경험을 바탕으로 숙련된 번역 능력을 갖춘 전문 번역자의 경우는 번역투의 생산에 있어 초보 번역자와 다르리라는 가정이 가능하다. 따라서 특정 번역투에 대처하는 전문 번역자들의 번역에서 번역투의 대처방안을 귀납적으로 도출할 수 있다.

6.5.1 전문 번역자의 번역

전문 번역자들의 번역에서 번역투의 대처방안을 도출하는 연구를 진행하기 위해 전문 번역자의 번역 텍스트로 성경 텍스트를 선택했다. 이는 성경이라는 하나의 텍스트가 몇 세기에 걸쳐 번역의 번역을 거듭하며 질적인 향상을 이루어왔기 때문에 전문 번역자의 번역이라 해도 손색이 없기 때문이다. 초벌번역보다는 재벌번역의 품질이 낮고, 재벌을 반복할수록 번역 텍스트의 품질이 향상된다는 점은 번역자라면 누구나 인정하는 사실이다. 성경 텍스트로 구축된 병렬 코퍼스141) 가운데 구약성서의 '민수기' 부분과 신약성서의 '로마서', '요한 계시록' 부분에서 피동문의 행위자 'by'가 쓰인 원천 텍스트에 대해, 목표 텍스트에는 어떻게 번역되었는지 용례별로 분석해 보았다.142) 피동문의 행위자 표지 'by'의 번역투는 '~에 의해(의하여)'인데 분석 대상에 속한 성경 텍스트의 105개 사례에서 이러한 번역투가 단 한 건도 발견되지 않을 뿐더러 형태상으로 총 16가지의 다양한 표현의 번역방법이 있었다. 그 가운데에서 처소격 조사 '~에'가 가장 많았고, 주격 조사 '~이/가/께서'와 주제격 조사 '~은/는'이 그 뒤를 이었으며, 도구격 조사 '~으로(는)'가 그 다음으로 많았다. 이는 전문 번역자일수록 맥락에 대한 고려 없이 'by'의 번역을 '~에 의해(의하여)'로 번역하기 보다는, 맥락과 단어들 간의 조응관계를 고려하여 적합한 표현을 찾기 위해 다양한 활용을 모색하는 증거이기도 하다. 코퍼스를 이용해서 성경 텍스트에 나타난 'by'의 번역 유형별 빈도 분석은 <부록6>에 자세히 분석되어 있다.

여기에서 더 나아가 전문 번역자가 얼마나 다양한 활용을 모색하는가에 대한 용례를 '로마서', '요한 계시록', '창세기', '출애굽기', '민수기' 부분과 성경 관련 텍스트 『영생으로 가는 길』에서 찾아 본 결과, '~에 의하여'라는

---

141) 병렬코퍼스란 원천 텍스트인 영어 텍스트와 번역 텍스트인 한국어 텍스트로 구축된 코퍼스를 말한다.

142) 국어 국립연구원에서 21세기 세종계획의 일환으로 구축한 2002년 헵맨hepman 변환 말뭉치(코퍼스) 가운데 성경 텍스트를 대상으로, 한영 병렬 말뭉치 용례 검색 시스템 헵맨hepman을 활용하였다.

표현을 포함해 자그마치 **7종류**의(주격, 주제격, 목적격, 관형격, 부사격, 접속의 연결어미, 생략) 범주에서 **27가지**의 다양한 방법으로 번역될 수 있음을 실증적으로 알 수 있었다. 이에서 도출할 수 있는 결론은 전문 번역자일수록 원천 텍스트의 구조나 품사에 얽매이지 않고 목표언어의 언어 체계 내에 적합하면서 텍스트의 맥락과 주변 어휘들 간의 호응관계를 고려하여 매끄럽고 자연스러운 목표 텍스트를 생산할 수 있도록 전략을 구사하고 있다는 점이다. 다음에 예시하는 내용은 전문 번역자들이 구사한 'by'의 다양한 번역 용례에 대한 구체적인 사례들이다.

1) 주격 또는 주제격[143]으로 번역한 경우

~가

ST1 Any vow or obligation taken <u>by a widow or divorced woman</u> will be binding on her.　　　　　　　(민수기- rg0226.hep 1:30[144])

TT1 과부나 이혼당한 여자가 서원한 것, 곧 자신을 자제하기로 한 모든 서약은 그대로 그 여자에게 적용된다.

~이

ST2 The LORD made the Egyptians favorably disposed toward the

---

143) '~은/는'이 주제격 조사가 아니라 보조사라는 논의도 있으나 아직 어떤 확실한 결론에 이르지 못하고 있으므로 임의로 주제격 조사로 분류한다.

144) '민수기 1:30'이라는 표기는 21세기 세종 계획의 2002년 헵맨hepman 변환 말뭉치(코퍼스) 상에 표기된 해당 텍스트의 위치를 가리킨다. 'A:B:C:D'란 '장:절:문단:문장'을 의미한다.

people, and Moses himself was highly regarded in Egypt <u>by</u>
<u>Pharaoh's officials and by the people</u>.

(출애굽기- rg0224.hep 1:11)

TT2 주께서 이집트 사람들이 이스라엘 백성에게 호감을 가지게 하시고, 또 이집
트 땅에서 <u>바로의 신하와</u> 백성이 이 사람 모세를 아주 위대한 인물로 여기게
하셨다.

~께서

ST3 Everyone must submit himself to the governing authorities, for there
is no authority except that which God has established. The authorities
that exist have been established <u>by God</u>.

(로마서- rg0201.hep 1:13)

TT3 [그리스도인과 세상 권세] 사람은 누구나 위에 있는 권세에 복종해야 합니다.
모든 권세는 하나님께로부터 온 것이며 이미 있는 권세들도 <u>하나님께서</u> 세워
주신 것이기 때문입니다.

~는

ST4 All a man's ways seem innocent to him, but motives are weighed
<u>by the LORD</u>.   (영생으로 가는 길- rg0238.hep 1:4:65:1)

TT4 "사람의 행위가 자기 보기에는 모두 깨끗하여도 <u>여호와는</u> 심령을 감찰 하
시느니라"

~은

ST5 The Israelite foremen appointed by Pharaoh's slave drivers were beaten and were asked, "Why didn't you meet your quota of bricks yesterday or today, as before?"　　　(출애굽기- rg0224.hep 1:5)

TT5 바로의 강제노동 감독관들은 자기들이 뽑아서 세운 이스라엘 자손의 작업 반장들을 때리면서 '너희는 어찌하여 어제도, 오늘도 벽돌 만드는 작업에서 너희가 맡은 일을 전처럼 다 하지 못하느냐?' 하고 다그쳤다.

　　[TT1]에서 [TT5]까지의 번역 용례는 피동문의 행위자 표지 'by'의 번역을 능동문으로 변환해 주격이나 주제격으로 번역한 사례이다. 한국어에서 주격 조사는 체언에 주어의 자격을 주는 조사로서 끝소리가 자음으로 된 체언에는 '~가', 모음으로 된 체언에는 주격조사 '~이'가 붙는다. 이 밖에도 높임을 나타내는 '~께서'와, 단체에 사용하는 '~에서', '둘이서'와 같이 인수에 사용하는 '~서'가 있다. 이야기의 초점이 되는 주제격 조사는 모음으로 된 체언에 '~는'이 붙고, 자음으로 된 체언에 '~은'이 붙는다. 이를 토대로 해서 예문을 분류해 보면 [TT1]은 끝소리가 자음으로 끝나는 체언에 '~가'가 붙은 사례이고, [TT2]는 끝소리가 모음으로 끝나는 체언에 주격조사 '~이'가 덧붙은 사례이다. [TT3]은 높임의 주격 조사 '~께서'가 덧붙은 사례이며, [TT4]는 모음으로 끝나는 체언에 주제격조사 '~는'이 덧붙인 사례이다. [TT5]는 자음으로 끝나는 체언에 주제격조사 '~은'이 덧붙은 사례이다.

2) 대격(직접 목적격)으로 번역한 경우

~을

ST And Isaiah boldly says, "I was found by those who did not seek me; I revealed myself to those who did not ask for me."

(로마서- rg0201.hep 1:10)

TT 또한 이사야는 담대하게 이렇게 전하였습니다. '나를 찾지 않던 <u>사람들을</u> 내가 만나 주고, 나를 구하지 않던 사람들에게 내가 나타났다.

한국어 문법에서 대격accusative case 조사라고 하는 목적격 조사는 '을/를'을 체언에 덧붙임으로써 명사를 목적어로 만드는 조사이다. 본 예문은 목적격 '을'이 사용된 사례이다.

3) 관형격(소유격)으로 번역한 경우

~의

ST He who has an ear, let him hear what the Spirit says to the churches. He who overcomes will not be hurt at all <u>by the second death</u>.

(요한계시록- rg0222.hep 1:2)

TT 귀가 있는 사람은, 성령이 교회들에게 하시는 말씀을 들어라. 이기는 사람은 <u>둘째 사망의</u> 해를 받지 않을 것이다.'

명사와 명사 사이에 쓰여 두 명사를 더 큰 명사구로 묶어주는 역할을 하는 조사가 관형격 조사이다. 흔히 소유격possessive case조사나 속격genitive case조사라고 한다. '~의'가 관형격 조사에 해당하는데 관형격에는 소유의 의미나 동격의 의미 외에도 여러 가지 의미의 해석이 가능하다. 본 예문은 동격의 의미를 나타내고 있다.

4) 수단과 방식을 나타내는 부사격으로 번역한 경우

~로

ST1 ...and are justified freely <u>by his grace</u> through the redemption that came by Christ Jesus.　　　　　　　　　　　　(로마서- rg0201.hep 1:3)

TT1 그러나 사람은, 그리스도 예수 안에 있는 속량을 힘입어서, 하나님의 <u>은혜로</u> 값없이 의롭게 하여 주심을 받았습니다.

~으로

ST2 ...that is, that you and I may be mutually encouraged <u>by each other's faith</u>.　　　　　　　　　　　(로마서- rg0201.hep 1:1)

TT2 이것은, 내가 여러분과 함께 지내면서 여러분과 내가 <u>서로의 믿음으로</u> 서로 격려를 받고자 하는 것입니다.

~으로써

ST3 The issue between them will be settled <u>by the taking of an oath</u> before the LORD that the neighbor did not lay hands on the other person's property. The owner is to accept this, and no restitution is required.　　　　　　　　　　(출애굽기- rg0224.hep 1:22)

TT3 그것을 맡은 사람이, 이웃의 짐승을 가로채지 않았음을 주 앞에서 <u>맹세함으로써</u> 둘의 옳고 그름을 가려야 한다. 이 경우에 그 임자가 맹세를 받아들이면, 그는 물어 내지 않아도 된다.

~대로

ST4 ...and they called the whole community together on the first day of the second month. The people indicated their ancestry by their clans and families, and the men twenty years old or more were listed <u>by name</u>, one by one. (민수기- rg0226.hep 1:1)

TT4 둘째 달 초하루에 전체 회중을 불러 모았다. 회중들은 모두 기문별, 가족별로 등록하였다. 스무 살이 넘은 남자는, 모두 그 머릿<u>수대로</u> 하나하나 명단에 올렸다.

~에 따라

ST5 For example, <u>by law</u> a married woman is bound to her husband as long as he is alive, but if her husband dies, she is released from the law of marriage. (로마서- rg0201.hep 1:7)

TT5 결혼한 여인은 그 남편이 살아 있는 동안에는, <u>법에 따라</u> 남편에게 매여 있으나, 남편이 죽으면, 남편에게 매여 있던 그 법에서 해방됩니다.

과정 부사어의 일종인 수단과 방식의 도구격 부사어란 동작의 방편을 나타내는 구실을 하며, 명사구에 '~에'나 '~(으)로(써)'의 형태를 취한다. [TT1]은 부사격 조사 '~로'를, [TT2]는 '~으로'를, [TT3]은 '~으로써'를 덧붙인 부사어로 번역했음을 알 수 있다. [TT4]는 의존명사 '대로'에 어떠한 부사격 조사도 덧붙이지 않은 상태인데 '방식으로'의 의미를 갖는 부사격 조사 '~로'가 생략되었다고 봐야 한다. [TT5] 역시 방식을 나타내는 '~에 따라'라는 부사격 조사가 사용된 사례이다.

5) 여격(간접 목적격)으로 번역한 경우

~에게

ST Do not be overcome <u>by evil</u>, but overcome evil with good.
(로마서- rg0201.hep 1:12)

TT <u>악에게</u> 지지 말고, 선으로 악을 이기십시오.

부사격 조사 가운데 간접목적격을 의미하는 여격조사는 '~에/에게', '~한테', '~더러' 등이 있다. 본 예문에서는 여격조사 '~에게'를 사용하였다.

6) 이유나 원인을 나타내는 부사격으로 번역한 경우

~때문에

ST1 When he opened the Abyss, smoke rose from it like the smoke from a gigantic furnace. The sun and sky were darkened <u>by the smoke</u> from the Abyss. (요한계시록- rg0222.hep 1:9)

TT1 그 별이 아비소스를 여니, 거기에서 큰 용광로의 연기와 같은 연기가 올라왔습니다. 그래서 해와 하늘이 그 구덩이에서 나온 <u>연기 때문에</u> 어두워졌습니다.

~로 인해

ST2 Blood was streaming from his hands and feet, torn <u>by the nails and bodily weight</u>, from wounds of the whip, and from the chest pierced by the spear. (영생으로 가는 길- rg0238.hep 1:5:206:3)

> **TT2** 가시면류관이 깊이 박힌 얼굴은 온통 피투성이이고, 대못이 박힌데다 무게로 인해 찢어진 양손과 양 발에서는 피가 흐릅니다. 채찍에 상한 몸에서도 피가 나옵니다. 그리고 창에 찔려 구멍 난 가슴에서는 핏물이 줄줄 흘러내립니다.

이유와 원인을 나타내는 부사격 조사 가운데 [TT1]은 '~에'가 사용된 사례이다. [TT2]는 부사격 조사 '~로'에 '인해'가 추가로 삽입되어 의미를 더해 주는 효과를 내고 있다.

7) 처소(處所)를 나타내는 부사격으로 번역한 경우

~에

> **ST1** The mind of sinful man is death, but the mind controlled <u>by the Spirit</u> is life and peace. (로마서- rg0201.hep 1:8)

> **TT1** <u>육신에</u> 속한 생각은 죽음입니다. 그러나 성령에 속한 생각은 생명과 평화입니다.

~에서

> **ST2** The rest of mankind that were not killed <u>by these plagues</u> still did not repent of the work of their hands; they did not stop worshiping demons, and idols of gold, silver, bronze, stone and wood-idols that cannot see or hear or walk. (요한계시록- rg0222.hep 1:9)

> **TT2** 이런 <u>재앙에서</u> 죽지 않고 살아남은 사람이 자기 손으로 한 일들을 회개하지 않고, 오히려 귀신들에게나 또는 보거나 듣거나 걸어 다니지 못하는 금이나

은이나 구리나 돌이나 나무로 만든 우상들에게 절하기를 그치지 않았습니다.

~으로부터

> **ST3** The one born from a virgin was also the offspring of the woman promised by God before the fall of Adam and Eve.
> (영생으로 가는 길- rg0238.hep 1:5:159:4)
>
> **TT3** 처녀의 몸에서 잉태되시는 그 분은 바로 인류의 시조 아담과 하와가 범죄로 인해 추방되기 전 하나님으로부터 약속 받았던 "여자의 후손"이기도 합니다.

처소격處所格 조사는 장소를 나타낼 때와 지향점을 나타낼 때, 출발점[始原]을 나타낼 때 사용된다. 장소에는 물리적인 장소는 물론이고 공간적인 장소 역시 포함한다. 시원始原을 나타내는 부사어는 동작이나 운동의 시작점이나 근원을 나타낸다. 그 중에서 지점을 표시하는 명사구는 시간이 아닌 공간의 위치를 가리키는 것으로서, 시간어가 아닌 체언에 공간의 위치나 지점을 가리키는 '~에/에서/에서부터/로부터' 따위를 덧붙여 사용하는 부사어이다. 유정성의 체언에는 '~에서'를 사용하지 않고 '~에게서/한테서'를 사용하며 '~로부터'는 임의로 선택할 수 있다. [TT1]은 장소를 가리키는 처소격 조사 '~에'가 사용된 예이고, [TT2]는 무정성의 체언에 '~에서'를 덧붙인 사례이다. [TT3]은 후치사 '~으로'와 한정사 '~부터'가 결합하여 시작점을 나타내는 부사격 조사를 이용하였다.

8) 선행을 나타내는 종속 접속의 연결어미로 번역한 경우

-어서

> **ST** As shown in the picture, right after the entrance there is a bronze altar(alter of burnt offering), where they made burnt offerings <u>by slaughtering animals</u>.　　　(영생으로 가는 길- rg0238.hep 1:6:76:3)
>
> **TT** 성막 문을 들어가면〈그림〉처럼 놋제단이 있는데 놋제단은 동물을 <u>죽여서</u> 번제를 드리는 곳입니다.

일의 순서를 나타내는 종속 접속 연결어미에는 '-고서', '-어서', '-자', '-자마자', '-다가'가 있다. 본 예문에서는 용언 '죽이다'의 '죽이'와 '어서' 가 결합한 '죽이어서'의 축약형인 '죽여서'가 사용되었다.

9) 수단을 나타내는 종속 접속의 연결어미로 번역한 경우

-어

> **ST** But sin, seizing the opportunity afforded <u>by the commandment</u>, produced in me every kind of covetous desire. For apart from law, sin is dead.　　　(로마서- rg0201.hep 1:7)
>
> **TT** 그러나 죄는 <u>이 계명을 통하여</u> 틈을 타서 내 속에서 온갖 탐욕을 일으켰습니다. 율법이 없으면 죄는 죽은 것입니다.

용언 '통하다'에 어말어미 '어'가 붙어 '여'로 변형되었다. 이는 수단이나 방법이 됨을 뜻하는 종속적 연결어미의 한 형태이다. 보조사 '-서'는 생략된 상태로 볼 수 있다.

10) 양보를 나타내는 종속 접속의 연결어미로 번역한 경우

-ㄴ들

ST1 In Psalms 50, however, God asks whether He would be delighted <u>by offerings of sheep or cow</u> when all the animals are His.

(영생으로 가는 길- rg0238.hep 1:6:22:6)

TT1 그런데 성경에 보면 들에 있는 양과 염소와 모든 짐승이 다 내 것이라 네가 양을 바친들 소를 잡아 <u>바친들</u> 내가 좋아할 줄 아느냐는 말씀이 있습니다.

-ㄴ다고 해서

ST2 Can a criminal under death sentence be released from execution <u>by making a sincere and serious plea?</u>

(영생으로 가는 길- rg0238.hep 1:5:144:1)

TT2 사형(死刑)이 확정된 사형수가 재판장에게 살려 달라고 **통사정한다고 해서** 사형을 면할 수 있습니까?

문장을 연결해주는 접속의 연결어미 가운데 양보를 나타내는 어미에는 '-ㄴ들', '-(어)도', '-더라도', '-ㄹ망정', '-ㄹ지언정', '-ㄹ지라도' 등이 있다. [TT1]은 '-ㄴ들'을 이용해 번역한 사례이고, [TT2]는 '-ㄴ다고해서'라는 연결어미를 이용해 양보의 의미를 표현하였다.

11) 이유나 원인을 나타내는 종속 접속의 연결어미로 번역한 경우

-아서

ST1 Because of the signs he was given power to do on behalf of the first beast, he deceived the inhabitants of the earth. He ordered them to set up an image in honor of the beast who was wounded <u>by the sword</u> and yet lived. (요한계시록- rg0222.hep 1:13)

TT1 그리고 그 첫째 짐승을 대신해서 행하도록 허락받은 그 기적들을 미끼로 해서 땅 위에 사는 사람들을 미혹하였습니다. 땅 위에 사는 사람들에게 칼에 맞아서 상처를 입고서도 살아난 그 짐승을 위하여 우상을 만들라고 말하였습니다.

-어서

ST2 For <u>by the grace</u> given me I say to every one of you: Do not think of yourself more highly than you ought, but rather think of yourself with sober judgment, in accordance with the measure of faith God has given you. (로마서- rg0201.hep 1: 12)

TT2 나는 내가 받은 은혜를 힘입어서 여러분 한 사람 한 사람에게 말합니다. 여러분은 스스로 마땅히 생각해야 하는 것 이상으로 생각하지 말고 하나님께서 각 사람에게 나누어 주신 믿음의 분량대로 분수에 맞게 생각하십시오.

문장을 끝맺지 않고 뒤따르는 문장 성분과 이어 주는 접속의 기능은 동사나 존재사, 형용사, 지정사 따위의 각 부류에 접속의 연결어미를 덧붙여 나타낸다. 그 가운데 이유나 원인을 나타내는 접속의 연결 어미에는 '-니(까)/므로/(아)(어)(여)(서)/거든/기에/길래'가 있다. [TT1]은 '-아서'가 덧붙은 사례이고, [TT2]는 연결어미 '-어서'가 덧붙은 형태이다.

12) 조건을 나타내는 종속 접속의 연결어미로 번역한 경우

-면

ST They could be forgiven <u>by sprinkling their blood and praying to God.</u>

(영생으로 가는 길- rg0238.hep 1:5:152:2)

TT 그리고 그 짐승의 피를 뿌리며 하나님 앞에 기도하면 죄를 사함 받을 수 있었습니다.

조건의 종속 문장을 연결어미 '-면'으로 연결한 사례이다. 이렇게 조건을 나타내는 연결어미에는 이 밖에도 '-거든', '-(어)야'가 있다.

13) 의역을 통해 생략한 경우

ST1 Then I saw a Lamb, looking as if it had been slain, standing in the center of the throne, encircled <u>by the four living creatures</u> and the elders. He had seven horns and seven eyes, which are the seven spirits of God sent out into all the earth.

(요한계시록- rg0222.hep 1:5)

TT1 나는 또 보좌와 네 생물과 장로들 (Φ) 가운데 어린 양이 하나 서 있는 것을 보았는데, 그 어린 양은 죽임을 당한 것과 같았습니다. 그에게는 뿔 일곱과 눈 일곱이 있었는데, 그 눈들은 온 땅에 보내심을 받은 하나님의 일곱 영이십니다.

ST2 People kill and are killed <u>by others</u> even when their survival is not at stake. (영생으로 가는 길- rg0238.hep 1:4:137:3)

TT2 사소한 것 때문에도 사람은 굶주린 사자처럼 서로 죽이기도 하고 (Φ) 죽임을 당하기도 합니다.

ST3 They do not understand that I do not save myself but am saved <u>by God.</u> (영생으로 가는 길- rg0238.hep 1:4:245:1)

TT3 구원은 내가 '하는'(save) 것이 아니라 나는 (Φ) 구원을 '받는' (be saved)

[TT1]은 원천 텍스트의 'encircled by~'를 '한데 모인 여러 사람들 사이에'를 뜻하는 '가운데'라고 번역함으로써 'by'의 번역을 생략하면서도 '~에 의해 둘러싸이다'라는 의미를 더욱 자연스럽게 전달한다. [TT2]는 능동문의 행위자 표지가 특정인이 아닌 일반인을 지칭하므로 번역자는 'by others'의 번역을 생략하였다. [TT3]은 능동문의 행위자가 'God'이라는 것을 독자가 이미 알고 있다는 전제 하에 이의 번역을 생략하고 있다.

이와 같이 피동문의 행위자 표지 'by'의 번역에 대해 활용 가능한 대안이 '~에 의하여'를 포함해 7종류의(주격, 주제격, 목적격, 관형격, 부사격, 접속의 연결어미, 생략) 범주에서 27가지의 다양한 방법으로 번역될 수 있음을 실증적으로 알 수 있다. 유형별로 정리하자면 다음과 같다.

by의 번역 용례 유형

(1) 주격 : 이/가/께서
(2) 주제격 : 은/는
(3) 대격 : 을
(4) 관형격 : 의
(5) 부사격
  • 도구격 : 로/으로/으로써/대로/에 따라
  • 처소격 : 에/에서/으로부터
  • 여격 : 에게
  • 원인격 : 에/로
(6) 접속의 연결어미
  • 선행 : 어서
  • 수단 : 어서/여서

이러한 분석 결과에서 도출되는 전문 번역자들의 번역투에 대한 대처방안
을 다음과 같이 정리할 수 있다.

전문 번역자의 번역투 대처방안

(1) 단어 대 단어 번역이나 직역의 방법을 피한다.
(2) 원천언어의 체계에서 비롯되는 어휘적, 문법적인 제약에 구애 받지 않는다.
(3) 목표언어의 체계 내에서 맥락과 단어들 간의 조응관계를 고려하여 다양한 표현
을 구사한다.

전문번역가들은 이러한 방법으로 번역에 접근함으로써 한국어의 언어 체
계에 비추어 적합하고 자연스러운 번역에 적극적으로 임했다. 비록 전문 번
역자들조차 번역투에서 자유롭지 못하다고는 하나, 전문 번역자들이 번역투
를 생산할 가능성은 그만큼 적어진다. 따라서 번역투를 피하고 한국어의 언
어 체계에 비추어 적합하고 자연스러우며 품질이 향상된 번역 텍스트를 생산
하자면 번역자의 적극적인 대응이 필요하다.

6.5.2 번역투의 대처방안

번역 텍스트에 대한 독자들의 평가가 일차적으로는 번역투에서 이루어지
므로 번역자는 번역투의 표현을 하지 않도록 주의를 기울여야 한다. 번역투

를 해결해야 더 나은 품질의 번역 텍스트를 향한 다음 단계로 나아갈 수 있기 때문이다. 이상의 연구 결과를 통해서 번역 텍스트의 낮은 품질의 평가와 관련된 번역투를 피하기 위한 몇 가지 방안을 제시하면 다음과 같다.

(1) 일대일 대응의 단어 대 단어 번역을 멀리한다.

단어 대 단어 번역은 원천언어의 구조를 이해하거나 어려운 텍스트의 초벌 번역 과정에서 사용되는 번역 방법이다. 단어 대 단어 번역은 원천언어의 구조에 자연히 의존하게 되고, 번역투를 발생시키는 결정적인 요인이 된다. 따라서 학습번역과 같이 번역자가 의도한 상황이 아니라면 단어 대 단어 번역을 가능한 피해야 한다.

(2) 단어나 문법 층위의 의미가 아니라 텍스트 층위의 의미 전달을 한다.

단어 대 단어 번역이라 할지라도 의도된 번역 텍스트의 목적과 기능에 적합하다면 그 방법이 최선이겠지만, 일반적으로 제3자인 독자를 대상으로 하는 전문번역에 있어서는 일차적으로 원천 텍스트의 단어나 문법 층위에서 의미를 전달하기보다는 텍스트 층위의 의미를 전달해야 한다.

(3) 목표언어의 언어체계 및 관용적인 용법에 적합하도록 한다.

원천언어(영어)와 목표언어(한국어)에서 구별되는 단어들 간의 호응관계, 문법체계 및 화용론적이고 관용적인 용법 등을 고려하고 이들의 상이한 점에 주의를 기울여 목표언어 체계에 적합하도록 번역한다.

(4) 가독성(readibility)의 향상에 주의를 기울인다.

번역의 목적과 기능에 따라 번역자는 다양한 번역전략을 구사할 수 있다. 그러나 언제나 전제되어야 할 사항은 외국어에 능통하지 않고 원천 텍스트에 관심이 없는 독자가 읽어 문장이 매끄럽고 자연스러우며 이해가 쉬워야 한다. 그러나 이러한 번역이 원천 텍스트에 있는 이국적인 요소를 모두 자국화해 번역하는 방법Domesticating을 의미하지는 않는다.

(5) 사전에 등재된 가장 대표적인 의미를 멀리한다.

사전이 번역 활동에 이용할 수 있는 완벽한 도구는 아니지만, 번역시 번역자가 어려움에 처했을 때 가장 먼저 활용할 수 있는 도구가 바로 사전이다. 사전만 제대로 찾아도 웬만한 번역투와 오역은 면한다. 그러나 사전을 찾아도 맥락과 단어들 간의 호응관계를 고려하지 않고 가장 먼저 수록된 대표적인 의미만을 찾고 덮는다면 문제의 소지가 있다. 대표적인 의미를 찾았다 해도 반드시 맥락과 단어들 간의 호응관계를 따져보아야 한다.

6) 이미 의미를 알고 있는 단어라 해도 사전 찾기를 소홀히 하지 않는다.

이미 알고 있는 단어의 의미를 적용했을 때 맥락과 단어들 간의 호응관계에 적합하지 않으면 반드시 사전을 찾아 더 적절한 의미를 찾거나 또 다른 방법을 이용하여 더 적절한 표현을 찾는다.

(7) 원천 텍스트와 동일한 품사로의 번역을 고집하지 않는다.

영어는 명사(동사에서 비롯되었다고는 하나 명사적 용법으로 쓰이는 to 부정사나 동명사 포함)가 발달하고 한국어는 동사가 발달한 언어이다. 따라서 영어의 명사 특히 동사에서 파생된 명사는 번역할 때 한국어에서도 동일한 품사인 명사로 번역하지 않고 서술적으로 풀어서 번역하는 편이 자연스럽다. 동사의 번역시에는 한국어의 다양한 동사표현을 잘 활용하여 적절한 어휘를 선택해야 한다. 그 밖의 다른 품사의 경우에도 동일한 품사로의 번역을 고집하지 않고 의미가 보존되는 한 맥락에 적절하도록 품사의 변환을 시도한다.

(8) 한 문장 내에서 반복되는 주어는 가급적 생략하고,
          필요하다면 앞에 언급한 명사로 반복 사용한다.

영어는 문법 규칙에 따라 문장 성분의 요소인 주어를 반드시 갖춰야 하지만, 한국어에서는 말하는 이와 듣는 이 간, 저자와 독자 간에 주어에 대한 정보가 공유되어 있다면 되도록 생략한다. 의사소통에 장애가 되지 않는다면 생략하는 편이 자연스럽고, 표기가 필요할 때는 동일한 표현을 반복하는 편이 자연스럽다.

(9) 주어나 목적어에 어울리는 서술어를 선택한다.

영어는 주어 다음에 서술어가 오는 어순이기에 주어와 서술어, 목적어와 서술어의 호응관계를 따지기가 쉽다. 반면에 한국어에서는 주어와 서술어 사이에 목적어나 수식어와 같은 요소가 많이 개입할 수 있어서 둘 간의 호응관계에 주의를 기울여야 한다.

(10) 빈번한 대명사의 사용을 피하고 이를 생략하거나
          호칭, 지칭의 명사를 반복해 사용한다.

한국어에서는 대명사의 쓰임이 활발하지 않고 오히려 사용하면 어색할 때가 많다. 대명사의 번역은 생략하거나 이름이나 호칭, 지칭하는 명사를 반복해서 사용하는 방법이 적절하다.

(11) 1인칭 대명사의 소유격은 '우리'로 번역하거나
여격조사 '~에게'를 활용하여 '내게'로 번역한다.

(12) 관용적인 어순을 고려한다.

영어에서는 신분(직위)→고유명사, 시각→청각, 작은말→큰말의 순서로 단어를 배열하는 반면, 한국어에서는 고유명사→신분, 청각→시각, 큰말→작은말의 순서로 단어를 배열한다. 이러한 사항을 고려하지 않고 영어의 어순에 의존해 그대로 번역한다면 한국어의 관용적인 용법에 맞지 않는다.

(13) 원천 텍스트의 시제표현에 얽매이지 않고 부사를 활용한다.

영어의 시제표현에 얽매여 한국어에서 잘 사용하지 않는 시제를 적용한 번역투를 종종 보게 된다. 한국어에서는 현재 시제와 과거 시제를 주로 사용하며, 필요하다면 특정 시제를 지시하는 부사를 추가로 활용하는 경향이 짙다. 따라서 시제의 명기가 필요하다면 동사에서 해결하려고 하지 말고 시제를 지시하는 부사를 활용하는 방법이 자연스럽다.

(14) 무생물 주어 문장의 주격조사로는 '~에(서)'를 사용하고
피동문의 구조는 능동문으로 번역한다.

영어에서는 무생물 주어를 빈번하게 사용하는 만큼 피동문이 많이 쓰인다.

반면에 한국어에서는 피동문의 쓰임이 활발하지 않다. 따라서 가급적이면 영어의 피동문은 능동문으로 번역하는 방법이 바람직하다. 무생물 주어 문장이나 피동문을 번역할 때는 주격조사 '~에(서)'를 사용하거나 주격조사를 사용하지 않고 목적격 조사 '~을/를'을 활용하는 방법도 하나의 대안이다.

(15) 글의 흐름상 필요 없는 문장 부호는 생략한다.

글의 흐름상 적합한 접속어나 연결어미를 활용하여 번역하고 문장부호는 가급적 생략하는 방법이 바람직하다.

(16) 전치사에 대해 고정된 표현을 고집하거나 접속사의 번역시 독립된 접속사의 사용을 지양한다.

영어의 전치사는 매우 다양한 맥락에서 다양하게 쓰이므로 맥락에 적절하도록 다양한 활용을 모색하고, 접속사의 경우도 독립된 접속어로 번역하기보다는 한국어에 적합하도록 연결어미의 활용을 도모한다.

(17) 화용적인 사항을 고려한다.

한국어의 언어 체계에 적합하도록 호칭이나 지칭, 대우법 등 화용적인 사항들을 고려하여 적합하도록 한다.

연습문제

[1] 번역투의 순기능과 역기능이 적용된 사례를 찾아 이를 설명하시오.

[2] 유형이 다른 번역투의 사례를 찾고 이를 설명하시오.

07

07 오역
Mistranslation

오역은 궁극적으로 원천 텍스트의 의미나 정보를 최종 독자에게 잘못 전달하는 치명적인 오류를 범한다. 오역은 번역투와 같이 두 언어상에 존재하는 상이함에서 비롯되는 구조적이거나 체계적인 문제가 아니라, 원천 텍스트를 둘러싼 원천언어에 대한 지식과 그 밖의 지식에 대한 번역자 개인의 부족함에서 비롯되는 오류이다. 따라서 번역자 개인의 부단한 노력이나 학습으로 오역의 생산을 줄일 수 있을 뿐, 어떤 획일화된 대처방안이나 교육방법으로 세세한 부분까지 오역의 생산을 막을 수는 없다. 그러나 그렇긴 해도 번역자가 참고할 만한 오역에 대한 일반적인 사항들의 도출은 가능하다.

번역투는 목표 문화권의 언어 체계에 비추어 표현이 부적합하고 자연스럽지 못하며, 목표언어권의 문법 체계를 왜곡하고 어휘 활용에 제약을 가하긴 하지만 원천 텍스트의 의미를 왜곡하지 않는다. 반면에, 오역은 표면상으로는 목표언어 체계에 비추어 부적합하거나 부자연스러운 점이 없기 때문에 원천언어를 아는 누군가가 원천 텍스트와 목표 텍스트를 비교하지 않는 한 일반인이 이를 인지하기가 어렵다. 오역은 궁극적으로 원천 텍스트의 의미나 정보를 최종 독자에게 잘못 전달하는 치명적인 오류를 범한다. 오역은 번역투와 같이 두 언어상에 존재하는 상이함에서 비롯되는 구조적이거나 체계적인 문제가 아니라, 원천 텍스트를 둘러싼 원천언어에 대한 지식과 그 밖의 지식에 대한 번역자 개인의 부족함에서 비롯되는 오류이다. 따라서 번역자 개인의 부단한 노력이나 학습으로 오역의 생산을 줄일 수 있을 뿐, 어떤 획일화된 대처방안이나 교육방법으로 세세한 부분까지 오역의 생산을 막을 수는 없다. 그러나 그렇긴 해도 번역자가 참고할 만한 오역에 대한 일반적인 사항들의 도출은 가능하다. 이에 다음과 같은 오역에 대한 일반적인 사항들을 도출해 본다.

7.1 오역의 원인

7.1.1 언어 내적인 문제에서 비롯되는 오역

언어 내적인 문제에서 비롯되는 오역이란 언어 그 자체에 대한 지식의 부족이나 언어와 관련된 실수로 발생하는 오역이다. 이러한 오역은 번역자가 사전만 성실하게 세세한 부분까지 찾는다면 미연에 방지할 수 있는 문제이다. 언어에 대한 지식의 부족으로 비롯되는 오역의 예를 들자면 다음과 같다.

1) 어휘의 혼동에서 비롯되는 오역

> **ST** Robert Langdon awoke slowly. A telephone was ringing in the darkness — a <u>tinny</u>, unfamiliar ring. He fumbled for the bedside lamp and turned it on.　　　(*The Da Vinci Code*. Dan Brown 7)
>
> **TT** 로버트 랭던은 천천히 깨어났다. 어둠속에서 전화벨이 울리고 있었다. <u>작고 익숙하지 않은</u> 울림이었다. 손으로 침대 옆을 더듬어 불을 켰다.
> 　　　　　　　　　　　　　　　　　　(『다빈치 코드』 1. 양선아 16)
>
> **대안번역** 로버트 랭던은 더디게 잠에서 깼다. 어둠속에서 전화벨이 울리고 있었다. <u>귀에 거슬리는</u>, 낯선 소리였다. 침대 옆을 더듬거려 불을 켰다.

　　원천 텍스트의 'tinny'는 '작은'의 의미가 아니다. '귀에 거슬리는 높은 음조의 소리'를 의미하므로 [대안번역]과 같이 번역할 수 있겠다. 번역자는 'tinny'를 'tiny'로 착각한 듯하다. 이렇듯 번역자가 잘 아는 다른 단어와의 혼동으로 오역이 발생하기도 한다.

2) 어휘와 문법 체계에 대한 정확한 지식의 부족에서 비롯되는 오역

> **ST** "This is the concierge, monsieur. I apologize for this intrusion, but you have a visitor. He insists it is urgent."
> ... (생략)
> Langdon groaned. Tonight's lecture - a slide show about pagan symbolism hidden in the stones of Chartres Cathedral - had probably ruffled some conservative feathers in the audience. Most likely, <u>some religious scholar</u> had trailed him home to pick a fight.
> 　　　　　　　　　　　　　　　　　　(*The Da Vinci Code*. Dan Brown 8)

TT "저는 호텔 안내인입니다. 손님. 방해해서 죄송합니다만, 방문객이 와 계십니다. 몹시 급한 일이라고 하시는데요."

…… (생략)

랭던은 신음했다. 오늘 밤에 그는 샤르트르 대성당의 돌들에 숨겨진 이교도의 상징에 관한 슬라이드를 가지고 강의했다. 아마 청중 가운데 보수적인 사람들은 심사가 뒤틀렸을 것이다. 일부 종교학자들은 그의 숙소까지 쫓아올 정도였다.   (『다빈치 코드』. 양선아 17)

대안번역 "저는 호텔 안내인입니다. 방해해서 죄송합니다만 손님이 와 계십니다."

…… (생략)

랭던의 입에서 긴 한숨소리가 새나왔다. 오늘밤 강의는 슬라이드로 샤르트르 성당의 돌들에 은밀히 새겨진 이교도의 상징을 보여주는 내용이었다. 이 내용이 아마 청중 가운데 일부 보수주의자의 심기를 불편하게 했으리라. 분명, 어떤 신앙심이 깊은 학자가 이를 따지러 숙소까지 쫓아왔겠지.

　　수를 셀 수 있는 명사인 사람이 단수로 쓰였을 때는 앞의 수식어 'some'의 의미가 '일부'가 아니라 '누군가(어떤)'이다. 번역자는 이에 대한 정확한 지식이 부족하기도 하거니와 맥락을 고려하지 않은 번역으로 오역을 하였다.

3) 일반 분야와 전문 분야에서의 의미가 확연히 달라 비롯되는 오역

ST As far as I could tell, about thirty years before, he had joined a convent of Minorites in Tuscany, and there he had assumed the <u>habit</u> of Saint Francis, without taking <u>orders</u>.
                    (*The Name of the Rose*. Harvest in Translation. 191)

TT 내가 알기로, 그는 약 30년 전쯤 토스카나 지방에 있는 성프란체스코 수도회 <u>교리</u>를 익힌 것 같다.   (『장미의 이름』. 이윤기 360)

대안번역 내가 알기로, 그는 약 30년쯤 토스카나에 있는 소형제회 수도원에 들어가, 성 프란시스코회의 <u>수도사가</u> 되었으며, 성직은 없었다.

원천 텍스트에 있는 'habit'은 일반인들이 통상적으로 아는 의미와 다르다. 이 텍스트는 종교와 밀접한 관계가 있는 텍스트로서 예문에서의 의미는 '수도복'이다. 따라서 '성프란시스코회 소속의 성복을 입은 수도사'로 풀이가 가능하다. 번역자가 번역을 생략한 'take orders'는 '성직을 맡다'라는 의미로서 'orders'가 종교와 관련되면 '성직'의 의미로 쓰인다. 이렇듯 일반적으로 아는 의미가 전문 분야에서 달리 해석될 때 오역이 발생할 여지가 많으므로 번역자는 특정 분야에 대해 번역할 때는 이 점에 유의해야 한다.

4) 고유명사를 일반 명사로 번역하는 데서 비롯되는 오역

ST "He is the author of numerous books: *The Symbology of Secret Sects*, <u>The Art of the Illuminati</u>, *The Lost Language of Idiograms*, and when I say he wrote the book on *Religious Iconology*, I mean that quite literally." (*The Da Vinci Code*. Dan Brown 9)

TT "이분은 수많은 책의 저자입니다. ≪비밀 분파의 기호학≫, <u>≪조명학의 예술≫</u>, ≪표의문자의 잃어버린 언어≫ 그리고 ≪종교적인 도상학≫ 등 다수의 책을 집필하셨는데, 말 그대로 대단한 책들입니다."(『다빈치 코드』 1. 양선아 18)

대안번역 "이 분은 많은 책을 저술하셨습니다. ≪비밀 분파에 관한 기호학≫이라든가, <u>≪일루미나티학≫</u>, ≪잃어버린 언어, 표의문자≫ 등의 저서가 있고, 특히 ≪종교 도상학≫은 정말이지 대단한 작품입니다."

본 예문은 주인공의 저작물을 소개하는 맥락으로서, 여기에 등장하는 'Illuminati'는 비밀결사단체의 이름을 의미한다. 고유명사이므로 음차번역방법이 적합하나 번역자는 이를 일반명사로 해석하여 대응 목표언어로 번역하였다. 따라서 내용의 맥락과 전혀 관련이 없는 '조명학'의 등장은 명백한 오역이다. 이렇듯 번역자는 맥락과 호응되지 않는 글의 등장에 오역을 의심해 봐야 한다.

7.1.2 언어 외적인 문제에서 비롯되는 오역

> **ST1** Most recently, of course, had been the earthshaking discovery that Da Vinci's famed *Adoration of the Magi* was hiding a dark secret beneath its layers of paint. (*The Da Vinci Code*. Dan Brown 184)

> **TT1** 가장 최근의 깜짝 놀랄 만한 발견으로는 유명한 다빈치의 그림인 〈매기에 대한 찬사(Adoration of Magi)〉가 있다. 이 그림은 여러 겹의 채색 밑에 어두운 비밀을 숨기고 있었던 것이다.[145]　　　　(『다빈치코드』. 양선아 261)

> **본뜻** 물론, 가장 최근에 발견한 깜짝 놀랄 만한 일은 다빈치의 유명한 그림인 〈동방 박사의 경배〉의 채색 밑으로 은밀한 비밀이 숨겨져 있었다는 점이다.

번역자는 'Adoration of the Magi'를 단어 대 단어로 옮겨 '매기에 대한 찬사'로 번역하였다. 그러나 이는 다빈치가 그린 그림의 제목을 뜻하는, 원천 텍스트를 둘러싼 예술에 관한 역사와 관련이 있는 고유명사이다. 번역자는 이에 대한 지식의 부재로 원천 텍스트의 의미를 왜곡하였다.

> **ST2** Sophilos intended to evoke <u>the games</u> staged for the hero Patroklos, as recounted in Book XXIII of Homer's Iliad.
> 　　　　　　　　　　　　　　　(*Greek Art*. Nigel Spivey 135)

---

145) 출판사 측에서 새로 인쇄할 때마다 오역을 정정해 출판한 관계로 표기가 다를 수 있다.

> **TT2** 소필로스는 호메로스의 〈일리아스〉 제23권에 나오는 영웅 파트로클로스를 기리기 위해 **올림피아의 전차 경기를** 그리려 했다.
>
> (『그리스 미술』, 양정무 133)
>
> **대안번역** 소필로스는 호메로스의 〈일리아스〉 제23권에 나오는 영웅 파트로클로스를 기리기 위해 <u>열렸던 경기를</u> 상기시키려 했다.
>
> (『잔혹한 책읽기』, 강대진 23)

[TT2]에 쓰인 '올림피아의 전차 경기'는 원천 텍스트에 언급되지 않은 정보를 번역자가 추가로 삽입한 것으로서, 이는 번역자의 지나친 친절에서 비롯된 무지의 드러남이다. 당시에는 아직 올림피아 경기를 열기 위한 올림피아 도시가 구축되지 않은 시기였으므로 '올림피아의 전차 경기'란 성립되지 않기 때문이다. 따라서 번역자는 원천 텍스트에 없는 정보를 삽입할 때는 정확한 정보 전달에 주의를 기울여야 한다.

7.2 오역의 대처방안

오역을 피하기 위해서는 근본적으로 번역자 개개인의 부단한 노력으로 원천 텍스트를 둘러싼 모든 지식의 획득에 총력을 기울여야 하지만, 번역자가 언어와 언어 외적인 모든 면에서 완벽한 지식을 갖추기란 불가능하다. 따라서 번역자는 늘 오역에서 자유로울 수 없으며, 번역을 하는 한 오역의 가능성은 동전의 앞뒤마냥 늘 상존하기 마련이다. 그러나 그렇다하더라도 번역자가 오역을 줄이거나 피하기 위한 몇 가지 방안을 제시하는 일은 가능하며 다음과 같다.

(1) 번역된 어휘나 문장의 의미가 맥락에서 벗어나거나
이해가 쉽지 않을 때는 오역의 여부를 의심한다.

어휘나 문장의 의미가 맥락과 동떨어져 있거나, 글의 이해가 쉽지 않을 때는 대체로 오역일 경우가 많다. 따라서 번역자는 이러한 예에 직면했을 때는 원천 텍스트를 재차 확인해서 번역이 제대로 되었는지 살펴보아야 한다. 특히 쉬운 어휘, 아는 어휘를 번역했을 때 이러한 사례가 간혹 일어나므로 번역자는 사전 찾기를 게을리 해서는 안 된다.

(2) 대문자로 쓰인 고유명사의 번역에 유의한다.

인물, 단체, 건물, 도시 등의 이름이나 책 제목 등과 관련된 고유명사는 언제나 대문자로 시작한다. 이렇게 대문자로 쓰인 고유명사의 번역은 음차번역의 방법이 일반적이므로 번역자는 이에 대한 정확한 정보를 확보해 오역을 하지 않도록 노력해야 한다.

(3) 일반 용어와 전문용어의 구별에 유의한다.

동일한 어휘라 하더라도 그 어휘가 일반적인 개념이나 의미로 쓰일 때와 전문 분야에서 전문 용어로 쓰일 때는 그 의미가 딴판으로 다를 수 있다. 따라서 번역자는 특정 전문 분야에 관한 번역을 할 때는 아는 어휘라 하더라도 해당 분야의 전문용어 사전을 찾아 목표언어 내에서 사용하는 정확한 용어를 찾아내야 한다.

(4) 문화 관련 어휘나 문화관련 맥락의 번역에 유의한다.

　원천 텍스트에 쓰인 특정 어휘나 맥락이 역사적인 사실이나 인물과 관련이 있거나, 정치·경제·사회·문화·예술 등과 관련이 있는 경우 번역자는 배경이라든가 그에 관한 정확한 지식을 갖추도록 노력해야 한다. 이러한 번역은 특히 텍스트 내에 존재하는 지식을 필요로 하는 것 외에도 텍스트 밖에 존재하는 지식을 필요로 하는 예가 많으므로 번역자는 조사 연구에 필요한 모든 통로를 통해 이에 관한 정확한 지식을 갖추도록 노력해야 한다.

연습문제

① 오역이 언어 내적인 문제에서 비롯된 사례를 찾아 이를 설명하시오.
② 오역이 언어 외적인 문제에서 비롯된 사례를 찾아 이를 설명하시오.

08 문화관련 어휘의 번역 방법
Translation of Culture-bound Lexis

문화관련 어휘란 '원천언어를 사용하는 사회 공동체의 역사·사회·경제·정치·언어관습 등을 둘러싼 고유한 특정 문화에서 비롯된 어휘'이다. 원천 텍스트에 쓰인 문화관련 어휘는 원천문화와 불가분의 관계로 원천문화 내의 역사나 특정 인물, 특정 문화, 특정 사건 등에 대한 배경지식이 없는 한, 이와 관련된 어휘와 맥락의 이해가 쉽지 않다. 따라서 원저자가 의도하는 맥락효과를 최종 독자인 목표 텍스트의 독자에게 전하기 위해서는 번역자의 개입이 불가피하다.

문화는 특정 언어를 표현 수단으로 하는 하나의 공동체가 서로 공유하는 독특한 생활양식이며, 언어는 그 문화를 공유하는 구성원들의 사고와 표현의 틀로서 문화와는 서로 불가분의 관계이다. 언어의 이해는 발화가 이루어지는 상황뿐 아니라 문화라는 두 가지 맥락이 발화자간 또는 발화자와 듣는 이간에 암시적으로든 명시적으로든 명백할 때만이 온전히 이루어지게 된다.[146]

하나의 언어에서 다른 언어로의 텍스트 전이를 시도하는 번역 과정 역시 언어의 기저에 깔린 심층적 의미의 전이[147]라는 점을 고려한다면, 단순히 언어에서 언어로의 기호 변환만을 고려할 것이 아니라 원천 텍스트의 언어를 둘러싼 사회 문화적 맥락에 대한 이해 역시 고려해야 좋은 번역물을 생산할 수 있다. 하지만 문화란 하나의 공동체가 그들만의 오랜 역사를 거치며 나름대로 축적된 고유한 것으로, 언어를 달리 사용하는 두 공동체의 문화가 서로 상이할 수밖에 없고 특히 두 언어권의 지리적인 위치가 멀면 멀수록, 언어체계가 상이하면 상이할수록 서로의 문화는 이질적이며 낯설다. 목표언어권의 독자가 원천 텍스트의 이해를 용이하게 할 수 있도록 텍스트의 언어 내적이고 외적인 충분한 이해와 해석을 거쳐 적절한 목표 텍스트를 생산해내야 하는 번역자는 특히 이러한 어려움에 처할 때 그 고충이 크다. 번역자들은 그러한 어려움에 직면할 때 비록 원문과 전적으로 똑같은 의미를 옮기지 않더라도 그러한 어려움의 해결을 모색하면서 나름대로의 기준과 방법을 고민하고 적용하며 꾸준한 번역활동을 한다. 이때 개별 번역자들의 해결방법이 다 다를 수 있으며, 동일한 방법 또한 존재한다. 이러한 개별 번역자들이 실제 어떠한 번역 방법을 적용하고 있는지 기술적記述的으로 연구하고 분석하는 일은 이미 번역자로 활동하거나 앞으로 번역자가 되고자 하는 사람뿐 아니라, 번역 현상을 이해하고 연구하는 번역학자를 위해서도 유익한 일이다.

---

146) Katan 72.
147) Bassnet 48, 56-57, 64.

따라서 8장에서는 영어 원천 텍스트를 한국어로 번역하는 과정에서 문화와 관련된 어휘의 번역에 번역자들이 적용할 수 있는 해결책에 어떠한 번역 전략들이 있는지, 실제 번역 텍스트를 중심으로 살펴보고 그 결과를 분석함으로써 다양한 번역 방법을 제시하고자 한다.

8.1 문화관련 어휘란?

문화관련Culture-bound 어휘란 '원천언어를 사용하는 사회 공동체의 역사·사회·경제·정치·언어관습 등을 둘러싼 고유한 특정 문화에서 비롯된 어휘'이다. 원천 텍스트에 쓰인 문화관련 어휘는 원천문화와 불가분의 관계로 원천문화 내의 역사나 특정 인물, 특정 문화, 특정 사건 등에 대한 배경지식이 없는 한, 이와 관련된 어휘와 맥락의 이해가 쉽지 않다. 따라서 원저자가 의도하는 맥락효과를 최종 독자인 목표 텍스트의 독자에게 전달하기 위해서는 번역자의 개입이 불가피하다. 이와 같이 번역자가 직면하는 문화관련 어휘의 범주는 다음과 같이 분류할 수 있다.

1) 고유명사

원천 문화권 내의 특정 인물이나 건물, 조직, 단체, 저서 등의 이름과 관련된 어휘를 말한다.

2) 특정 문화와 관련된 어휘

원천 문화권 내의 의(衣), 식(食), 주(住), 지역, 사회, 관습 등과 관련된 어휘를 말한다. 특히 특정 문화와 관련해서 언어마다 다른 어휘보다 세분화되어 발달한 어휘군이 있다. 예를 들자면, 프랑스어에서는 와인과 치즈와 관련된 어휘가 그러하며, 독일어에서는 소시지와 관련된 어휘가, 스페인어에서는 투우와 관련된 어휘가, 아랍어에서는 낙타와 관련된 어휘가, 에스키모어에서는 눈과 관련된 어휘가 매우 발달하였다.

3) 특정 사건이나 인물과 관련된 어휘

원천 문화권 내의 특정 사건이나 인물과 관련된 어휘를 말한다.

4) 관용어

원천 문화권에서 관습으로 많이 쓰는 속담, 유행어, 은어, 관용구[148] 등과 관련된 관용어를 말한다.

5) 도량형의 단위

원천 문화권의 화폐, 거리, 높이, 중량 등과 관련된 도량형의 단위를 말한다.

---

148) 둘 또는 그 이상의 단어로 이루어져 문장의 한 성분이 되는 말로서, 단어 하나하나가 주는 의미와 구phrase로 이루어진 전체의 의미가 별개이다. 한 예로서 '발이 넓다'라는 표현은 '발'이 실제로 '넓은' 것이 아니라 '아는 사람이 두루 걸쳐 있다'라는 의미이다.

8.2 문화관련 어휘의 번역 방법

8.2.1 고유명사의 번역 방법

1) 성(性)과 이름을 모두 음차번역하는 방법

> **ST1** Wei Jianxing, who was stepping down as head of the party's powerful graft-busting discipline and inspection commission, warned party members "in high and low positions" that their posts were no protection against the long arm of the law--a rare acknowledgement of high-level wrongdoing. Jiang himself warned that without a serious crackdown on corruption, "the flesh-and blood ties between the party and the people will suffer," and the party find itself "heading toward self-destruction."
> (Newsweek 2002/11/27)

> **TT1** 당내 사정기관인 중앙기율검사위원회 서기직에서 퇴임하는 웨이젠싱(尉健行)은 "앞으로 지위 고하를 막론하고 성역 없는 수사가 이뤄져야 한다."고 역설했다. 이는 고위 간부들의 부정을 기정사실화한 이례적인 발언이었다. 江도 "부정부패를 뿌리 뽑지 못하면 당과 인민 사이의 인간적인 신뢰관계는 붕괴할 것이며 당은 자멸로 치달을 것"이라고 경고했다.
> (Newsweek 한국판 World Affairs 2002/11/27)

목표 문화권에 잘 알려지지 않은 인물인 'Wei Jianxing'의 번역에 있어서 번역자는 성과 이름을 모두 원천언어의 음율을 소리 나는 그대로 빌려 '음차音借 번역'하였다.

2) 성(姓)만을 음차번역하는 방법

> **ST2** As a subaltern in his father's 1988 campaign, <u>George Bush</u> the Younger assembled his career through contacts with ministers of the then emerging evangelical movement in political life.
> (Newsweek 2003/3/12)

> **TT2** 1988년 대선 당시 아버지를 돕던 <u>부시는</u> 당시 정치계에서 움트던 복음주의 운동 목사들과의 접촉을 통해 자신의 커리어를 다져나갔다.
> (Newsweek 한국판 Special Report 2003/3/19)

목표 언어권에 널리 알려진 미국의 대통령인 조오지 W. 부시대통령의 이름을 옮기는데 번역자는 원천 텍스트의 성과 이름 가운데 이름은 생략하고 단지 성만을 옮겼다.

3) 목표 문화권에 알려진 다른 이름으로 번역하는 방법

> **ST3** Wei Jianxing, who was stepping down as head of the party's powerful graft-busting discipline and inspection commission, warned party members "in high and low positions" that their posts were no protection against the long arm of the law- -a rare acknowledgement of high-level wrongdoing. <u>Jiang</u> himself warned that without a serious crackdown on corruption, "the flesh-and blood ties between the party and the people will suffer," and the party find itself "heading toward self-destruction."
> (Newsweek 2002/11/27)

> **TT3** 당내 사정기관인 중앙기율검사위원회 서기직에서 퇴임하는 웨이젠싱(尉健行)은 "앞으로 지위 고하를 막론하고 성역 없는 수사가 이뤄져야 한다."고 역설했다. 이는 고위 간부들의 부정을 기정사실화한 이례적인 발언이었다. <u>江도</u>

[TT1]과 [TT3]의 번역에서 중국의 명사名士 두 명에 대해 동일한 번역자가 상이한 번역전략을 적용하였음을 알 수 있다. [TT1]은 목표 문화권에 잘 알려지지 않은 인물인 'Wei Jianxing'의 성과 이름을 모두 원천언어로 소리 나는 그대로 빌려와 음차音借 번역한 반면에 장쩌민[江澤民]의 경우에는 '장쩌민'이라는 음차 번역대신, 목표 문화권에 이미 널리 알려진 강택민이라는 이름을 선택 번역하였다. 그리고 더 나아가 한글 '강' 대신 한자어 '江'으로 번역하였다. 이는 목표언어권의 독자에게 상징적 은유를 제공하여 독자들이 공유하는 특정 인물의 추출에 필요한 맥락 효과를 제공한다.

4) 생략하는 방법

> **ST** He had transformed his aged Chevy Caprice into a kind of <u>Rube Goldberg</u> killing machine by cutting a hole in the trunk to help create a hidden sniper's perch.　　　　(Newsweek 2002/11/6)
>
> **TT** 그는 낡은 시보레 카프리스 차량의 트렁크에 구멍을 뚫은 후 (Φ) 몸을 숨긴 채 무고한 행인들을 저격했다.
>
> (Newsweek 한국판 U. S. Affairs 2002/11/13)

Rube Goldberg는 만화가 겸 발명가로서 복잡하고 기발한 기계를 만든 사람으로 유명하다. 골드버그의 발명품은 비록 비능률적이었지만 많은 미국인이 매년 그를 기리는 발명대회를 개최한다. 위 문맥에서는 가공할 만한 살인병기가 된 카프리스 차량을 골드버드의 발명품에 빗대고 있으나 번역에서는 이를 생략하였다. 설혹 번역을 한다 해도 원천 언어권의 독자들처럼 이 인물에 대한 공유된 정보에서 유발되는 효과를 목표 언어권의 독자들에게도 주는 일이 가능하지 않기 때문에 번역자는 이의 번역을 생략한 듯하다.

8.2.2 특정 문화와 관련된 어휘의 번역 방법

1) 관련 정보의 삽입 없이 음차번역하는 방법

> **ST** "The companion was banting, you remember. You never eat anything like trifle if you are <u>banting</u>; and I expect Jones just scraped the hundreds and thousands off his share and left them at the side of his plate. It was a clever idea, but a very wicked one."
>
> (『아가사 크리스티 단편선』. 시사영어사 32)

> **TT** "기억하겠지만, 그 가정부는 <u>밴팅</u>을 하고 있었어. 색시가 만약 밴팅을 하고 있다면 과자 따윈 결코 먹지 않을걸. 그리고 존즈는 당연히 자기 몫의 과자에서 설탕을 긁어낸 다음 그것들을 자기 접시 옆에다 따로 놔두었을 거야. 아주 간교한 꾀였어. 하지만 아주 흉악스러운 꾀였지."
>
> (『아가사 크리스티 단편선』. 시사영어사 33)

원천 텍스트의 'banting'은 영국 의사인 'Banting'의 이름에서 따온 용어로 기름기나 녹말, 당분 등을 피하는 살빼기 요법을 일컫는다. 번역자는 이에 대한 어떠한 설명도 추가로 삽입하지 않고 그대로 음차번역하였다. 그러나 이 번역 텍스트를 접하는 독자들은 '밴팅'이 무엇을 의미하는지 몰라 이해가 쉽지 않다.

2) 음차번역후 관련정보를 문장 내에 자연스럽게 삽입하는 방법

> **ST** She was inflating like a monstrous balloon, her stomach bursting free of her tweed waistbanded, each of her fingers blowing up <u>like a salami</u>. *(Harry Potter and the Sorcerer's stone.* Rowling 29)
>
> **TT** 그녀는 거대한 풍선처럼 부풀어 오르고 있었다. 배가 불룩해지면서 허리띠가 튀어나갔고, 손가락 하나하나가 커다란 <u>살라미 소시지</u>처럼 커져 가고 있었다. (『해리 포터와 아즈카반의 죄수』. 김혜원 6)

'살라미'란 향미가 강한 소시지로서, 소시지 문화가 발달하지 않은 한국의 독자는 소시지 종류의 이름에 익숙하지 않다. 따라서 번역자는 원천 텍스트의 'salami'와 더불어 좀 더 일반적 개념범주에 해당하는 상위어 '소시지'를 삽입함으로써 'salami'가 소시지의 한 종류임을 알려준다.

3) 음차번역후 관련 정보를 문장 내에 괄호로 삽입하는 방법

> **ST** His face went from red to green faster than a set of traffic lights. And it didn't stop there. Within seconds it was the grayish white of old <u>porridge.</u>
> *(Harry Potter and the Sorcerer's stone.* Rowling 35)
>
> **TT** 다음 순간, 빨갛던 그의 얼굴에서 핏기가 싹 가셨다. 그리고 곧 얼굴이 오래된 <u>포리지(오트밀에 우유 또는 물을 넣어 만든 죽: 옮긴이)</u>처럼 희끄무레해졌다. (『해리 포터와 마법사의 돌』. 김혜원 59)

번역자는 음식과 관련된 문화관련 어휘 'porridge'를 음차번역하고 그 뒤 괄호 내에 관련 정보를 옮긴이의 주석으로 삽입하였다.

4) 음차번역 후 관련 정보를 각주로 삽입하는 방법

> **ST** To Hem, Cheese was becoming A Big Cheese in charge of others and owning a big house atop <u>Camembert</u> Hill.
> *(Who Moved My Cheese.* Johnsom 34)
>
> **TT** 헴의 경우엔 다른 사람들을 거느리는 중요한 인물이 되어 *카망베르언덕에 큰 집을 짓는 것이었다. (『누가 내 치즈를 옮겼을까?』. 이영진 32)
>
> * 카망베르(Cámembert): 표면에 흰 곰팡이가 두텁게 형성되어 있는 맛이 진하고 부드러운 치즈로 프랑스 치즈 중에서 최고 명품으로 손꼽힌다. -역주

번역자는 'Camembert'를 음차번역하여 옮겼지만, 의미 파악에 어려움을 겪을 독자를 위해 책 하단에 각주로 표기하여 추가의 정보를 삽입하였다.

5) 상위어로 번역하는 방법

> **ST** Dr. Jonathan Filding, the city's public-health director, made a point of eating <u>wontons and chow mein</u> at a press conference.
> (Newsweek 2003/5/7)
>
> **TT** LA의 공중보건국장인 조너선 필딩 박사도 기자회견을 열어 중국 음식을 직접 시식하는 장면을 연출했다. (Newsweek한국판 2003/5/14)

'chow mein'은 '고기와 야채를 넣고 기름에 볶은 국수'로 초면炒麵의 일종이며, 'wontons'는 '고기를 갈아서 갖은 양념과 함께 버무린 다음 밀가루 반죽으로 만든 얇은 피皮에 싸 삶아서 수프에 넣어 내놓는 만두 요리'로서 때로는 기름에 튀겨서 다른 요리와 함께 내놓기도 한다. 음식문화와 관련된 고유

명사이므로 원래의 발음에 가깝게 그대로 빌어와 '완탕'과 '챠우메인'으로
차용 번역하더라도 목표 문화권의 독자인 한국인에게 이에 대한 정확한 인지
가 쉽지 않고, 음식의 종류가 중요한 맥락이 아니므로 번역자는 이보다 상위
어인 '중국 음식'으로 번역하였다.

6) 대응되는 목표어휘에 관련 정보를 괄호로 삽입하는 방법

> **ST** He had pinned his Head Boy badge to <u>the fez</u> perched jauntily on
> top of his neat hair, his horn-rimmed glasses flashing in the Egyptian
> sun. (*Harry Potter and the Philosoper's stone*. Rowling 10)

> **TT**[149] 그는 전교 회장 배지를 단정한 머리에 멋지게 얹은 <u>터키모(붉은색에 검은</u>
> <u>술이 달려 있는 모자: 역주)</u>에 달고 있었고, 그의 뿔테 안경은 이집트의 태양
> 마냥 뜨거운 햇살아래 반짝이고 있었다.
> (『해리 포터와 아즈카반의 죄수』. 김혜원 21)

번역자는 목표언어권에 해당하는 대응 어휘로 번역하는 한편 관련 정보를
괄호로 처리해 모자에 관한 상세한 내용을 추가로 설명하였다.

8.2.3 원천 문화내의 특정 사건이나 인물과 관련된 어휘의 번역 방법

1) 관련 정보를 자연스럽게 문장 내에 삽입하는 방법

> **ST** For the first time since 1934(<u>in FDR's first term</u>), a president led his
> party to gains in both chambers of Congress two years into his first
> term. (Newsweek 2002/11/20)

---

149) 번역 텍스트에 오역이 있어 이를 필자가 정정 번역한 후 예를 제시하고 있다.

TT 1934년 이래 프랭클린 루스벨트의 첫 임기 중 여당이 대통령의 첫 임기 2년만에 상하 양원을 장악한 것은 이번이 처음이다.

(Newsweek 한국판 Special Report 2002/11/20)

원천 문화권의 특정 시대에 일어난 사건이나 존재했던 인물에 관한 정보가 목표 문화권의 독자에게도 똑같이 공유되었다고 할 수 없으며, 특히 오늘날과 시대적인 배경이 상당히 다를 경우는 더욱 그러하다. 이러한 이유로 목표 문화권의 독자가 1930년대에 생성된 원천 문화권의 어휘 'FDR'이라는 약자에 익숙하지 않을 거라는 전제 하에 번역자는 'FDR'에 대한 정확한 정보를 추가로 문장 내에 자연스럽게 삽입하여 독자의 이해를 도모하였다.

2) 관련 정보를 문장 내에 괄호 처리하여 삽입하는 방법

ST To his knowledge, the Judge had never played the stock market, and if had, if he'd been another Warrren Buffett, why would he take his profits in cash and hide it under the bookshelves?

(*The Summons*. Grisham 98-99)

TT 그가 알고 있었던 아버지는, 결코 주식 시장에 뛰어들지 않았다. 만약 아버지가 주식 시장에 뛰어들었다면, 그래서 또 한 명의 워렌 버펫(월 스트리트에서 막대한 돈을 벌어들인 사업가: 역주)으로 성공했다면, 어째서 자신이 벌어들인 돈을 서가에 숨겨 놓았겠는가? (『소환장』. 신현철 117)

번역자는 해당 인물의 관련 정보를 문장 내에 괄호 처리하여 삽입했는데 이러한 전략은 독자의 이해를 돕는다는 측면에서는 긍정적이긴 해도 글이나 맥락의 흐름을 끊는다는 단점이 있다.

3) 생략하는 방법

> **ST** But on Capitol Hill, Democrats and some Republicans --<u>including retiring House Majority Leader Dick Armey</u>--are concerned that the project is part of a wider White House Strategy to erode civil liberties in pursuit of security. (Newsweek 2002/12/4)

> **TT** 그러나 (美 의회의) 민주당 의원들과 일부 공화당 의원들은 (∅) 이 프로젝트가 안보를 위해 시민의 자유를 침해하는 현 정부의 더 큰 전략의 일환일지 모른다고 우려한다. (Newsweek 한국판 World Affairs 2002/12/4)

　‘곧 퇴임할 공화당수 딕 아메이Dick Armey를 비롯하여’라고 번역해야 할 원천 텍스트의 ‘some Republicans’에 대한 수식어구 ‘including retiring House Majority Leader Dick Armey’의 번역이 생략되었다. 이는 삽입어구의 의미가 원천 문화권의 독자에게는 중요한 정보 제공과 상징적 의미를 전달한다 해도 목표언어권의 독자에게는 별로 중요하지 않은 정보라 여긴 번역가의 번역전략에서 비롯된 듯하다. 하지만 원문의 기자는 곧 퇴임할 해당 당수조차도 우려한다는 강조의 의미를 부여하고자 그러한 구절을 삽입했을 테고 따라서 번역자는 원문에 쓰인 특정 구절의 생략할 때는 이를 신중하게 고민해야 한다.

8.2.4 관용어의 번역 방법

1) 직역으로 번역하는 방법

> **ST** Anyway, it was December and all, and it was cold <u>as a witch's teat</u>, especially on the top of that stupid hill.
> (*The Catcher in Rye*. Salinger 4)

> **TT** 어쨌건 이곳의 12월은 <u>마녀의 젖꼭지처럼</u> 춥다. 특히 이 망할 언덕 꼭대기는.

원천 텍스트의 관용어구에 대해 번역자는 이에 대응하는 목표언어권의 표현으로 직역하였다. 이 번역문을 접하는 목표언어권의 독자들은 도무지 이해가 가지 않음직하다. 물론 앞 뒤 맥락에서 유추하여 원천 문화권의 독자와 비슷한 감정을 느끼겠지만, 그 독자들이 느꼈을 감정의 폭과 깊이에서는 상당한 괴리가 존재한다.

2) 목표언어권의 속담으로 번역하는 방법

> **ST** The tiger hasn't changed its stripes. That assessment today was from secretary of state Colin Powell in the wake of reports that Iraq has unmanned drone aircrafts which are capable of dispensing chemical weapons.   (AP Network News. 2003/3/12)

> **TT** 세살 버릇 여든까지 갑니다. 콜린 파월 국무성 장관은 오늘 이라크가 화학무기를 살포할 수 있는 무인비행기를 보유하고 있다는 보도가 나온 후 이 같은 발언을 했습니다.   (AP Network News. 한국판 2003/3/12)

원천 텍스트의 관용적인 표현에 대해 번역자는 목표언어권에 존재하는 유사한 의미의 속담으로 번역하였다. 이러한 번역 방법은 독자로 하여금 이해를 쉽게 한다는 장점이 있으나, 텍스트를 마치 목표언어권의 고유 텍스트인 양 여기게 하는 단점이 있다.

3) 목표언어권의 유행어로 번역하는 방법

직역을 하자면 '새들에게나 할 소리'로 바꿀 수 있는 "strictly for the birds"는 '웃기는, 말도 안 되는, 일고의 가치도 없는'이라는 의미이며, 원천 문화권에서 구어체로 많이 쓰는 관용구이다. 이에 대한 번역으로 본 예문의 번역자는 당대에 유행하던 속어로 번역하였다. 그러나 유행어라고 하는 것은 반드시 시대를 거듭하며 지속되는 표현이 아니므로 세월이 흘러 해당 유행어를 모르는 세대에게는 의미의 이해가 쉽지 않다. 또한 뷸러Bühler가 언급한 언어의 세 가지 기능, 즉 표현의 기능expressive function, 정보 제공의 기능informative function, 호소의 기능vocative function을 토대로 텍스트를 분류하는 뉴마크에 따르면 본 텍스트가 '표현의 기능'이 존중되는 문학 텍스트인 만큼 번역자 임의대로 저자의 독특한 개인적인 표현을 무시하거나 밋밋하고 평범한 번역문으로 원문을 표현해서는 안 된다.150)

4) 목표언어권의 관용구로 번역하는 방법

---

150) Newmark 39.

> **TT** 하여간 때는 십이월이라 계모의 눈살만큼이나 날씨가 써늘했습니다. 그 빌어먹을 언덕 꼭대기는 유독 더 심했습니다.
>
> (『호밀밭의 파수꾼』. 김욱동·염경숙 9)

원문의 'a witch's teat'에 대해서 번역자는 목표 문화권의 사회적 통념에서 비롯된 '계모의 눈살'이라는, 독자에게 익숙한 관용어구로 번역하면서 나름대로 독자의 용이한 이해를 도모하였다. 하지만 사회의 어느 특정 계층에게 편향된 선입견을 이용한다는 점에서 주의해야 한다.

5) 의역(풀어쓰기)으로 번역하는 방법

> **ST** "Since 1888 we have been molding boys into splendid, clear-thinking young man." Strictly for the birds.(*The Catcher in Rye*. Salinger 2)
>
> **TT1** "1888년 창립 이래 본교는 항상 우수하고 명철한 사고를 할 수 있는 청년들을 양성해왔습니다."라고 적혀 있다. 그건 어이없는 말이다.
>
> (『호밀밭의 파수꾼』. 이덕형 9)
>
> **TT2** 〈1888년 이래로 우리는 건전한 사고방식을 가진 훌륭한 젊은이들을 양성해 내고 있습니다.〉 이건 정말 웃기지도 않는다.
>
> (『호밀밭의 파수꾼』. 공경희 11)

'정말이지 웃기는 소리이다.', '말도 안 되는 소리' 등으로 번역할 수 있는 목표언어권의 구어체 관용어구 "strictly for the birds"에 대해서 [TT1]과 [TT2]는 독자에게 의미가 쉽게 전달되도록 풀어서 번역하는 방법을 선택하였다. 그러나 의미를 풀어서 번역하는 방법은 자칫 장황해질 수 있어 절제되고 압축된 표현에서 멀어질 수 있으며, 원저자가 택한 저자만의 독특한 표현과 문체를 상실하기 쉽다.

8.2.5 도량형 단위의 번역 방법

1) 원천 문화권의 도량형 단위로 번역하는 방법

> **ST1** Most airlines allow small pets -under 15pounds- in the passenger cabin at an average cost of $50, as long as they're in an approved soft animal carrier like a Sherpa Bag and you can stow them under the seat in front of you on takeoff and landing.
>
> (Newsweek 2003/3/12)

> **TT1** 대다수 항공사는 6.75kg 미만의 작은 이완동물은 평균 50달러의 비용으로 객실 탑승을 허용한다. 물론 셰르파 가방처럼 부드러운 재질의 공인된 동물 운반용 캐리어에 넣어 이착륙시 앞좌석 밑에 넣을 수 있는 경우에만 해당된다.
>
> (Newsweek 한국판 Trend 2003/3/19)

> **ST2** Japan's top automaker Toyota Motor Corp. said its half-year net profit nearly doubled to a record 555.7 billion yen on a 15.4 percent rise in sales to 7,886.6 billion yen.
>
> (The Korea Herald. 2002/11/23)

> **TT2** 일본 최대의 자동차 회사인 도요타 자동차는 상반기 매출이 15.4퍼센트 증가한 7조 8천 866억 엔을 기록하면서 순익은 거의 2배 증가해 사상 최대인 5천 537억 엔을 기록했다고 말하고 있다.
>
> (The Korea Herald. 2002/11/23)

> **ST3** Soros's Quantum Fund made a profit of around 6.5 million francs (one million euros) when the shares were later resold, according to

a report from the French stock market watchdog, the Commission des Operations de Bourse.　　　　　　(The Korea Herald, 2002/11/16)

TT3 프랑스 주식시장 감시기구인 증권 감독위원회 보고서에 따르면 소로스의 퀀 팀 펀드는 그 후 주식을 전매해 약 650만 프랑(100만 유로)의 이득을 취했다.
(The Korea Herald, 2002/11/16)

ST4 Not to the extent of the hundreds of thousands romantically imagined by the hotel chambermaid, but to the very solid amount of £8,000.　　　　　　(『아가사 크리스티 단편선』, 시사영어사 18)

TT4 그 호텔 객실 담당 하녀의 낭만적인 공상처럼 수십만까지는 안 가지만 8,000파운드(나 되는 아주 실속 있는 액수였습니다.
(『아가사 크리스티 단편선』, 시사영어사 18)

ST5 "He pointed with his hand. That particular part of the country was bare enough-rocks, heather, and bracken, but about a hundred yards from the house there was a densely planted grove of trees."
(『아가사 크리스티 단편선』, 시사영어사 18)

TT5 "그는 손으로 지적했습니다. 그 독특한 지역은 벌거벗은 지대로서 바위와 히이드와 고사리류의 식물만 있을 뿐이었으나, 그 집에서 약 100야드쯤 떨어 진 곳에는 나무들이 빽빽하게 들어선 숲이 있더군요."
(『아가사 크리스티 단편선』, 시사영어사 18)

번역 텍스트 [TT1], [TT2], [TT3], [TT4]는 미국, 일본, 프랑스, 영국의 화폐단위인 달러, 엔, 프랑(유로), 파운드의 번역전략에 있어서 원천 문화권 의 화폐 단위를 그대로 옮겼다. [TT5] 역시 거리를 측정하는 원천 문화권의 단위인 'yard'에 대해 목표 문화권의 도량형 단위가 아닌 원천 문화권의 도량 형 단위 그대로를 옮겼다. 그러나 이러한 번역 방법은 번역 텍스트를 접한 목표 문화권의 독자가 자국의 화폐 가치 기준으로 얼마가 되는지, 거리는 어느 정도 되는지 가늠하기가 어렵다는 단점이 있다.

2) 원천 문화권의 도량형 단위로 번역하면서 목표 문화권의 도량형 단위를 삽입하는 방법

> **ST** A man, who claimed to be ex-military, said that he had seen a gunman step out of a van, take aim with a rifle and shoot the woman from a range of about 40 yards. (Newsweek 2002/11/6)
>
> **TT** 軍에서 복무한 적이 있다고 주장한 이 남자는 저격범이 밴 밖으로 나와서 약 40야드(약 37m)의 거리에 있는 여자를 조준해 쏘는 것을 봤다고 말했다. (Newsweek 한국판 World Affairs 2002/11/6)

예문과 같이 원천 문화권의 도량형 단위인 '야드'를 쓰면서 목표 문화권의 도량형 단위로 환산한 수치를 삽입하여 원천 문화권에서 사용하는 도량형 단위를 목표 문화권의 독자에게 소개하는 한편, 목표 문화권의 도량형 단위로 바꾸어 독자의 쉬운 이해를 도모하는 방법이다.

3) 목표 문화권의 도량형 단위로 환산해 번역하는 방법

> **ST1** Sharon has actually authorized construction of a 12-foot-high fence along some parts of the West Bank's 300-mile perimeter. (Newsweek 2002/12/4)
>
> **TT1** 사실 샤론도 총 4백 80km에 달하는 서안의 둘레 중 일부 구간에 대해 높이 3.6m의 방벽 건설을 승인한 바 있다. (Newsweek 한국판 World Affairs 2002/12/4)

ST2 Harry, though still rather small and skinny for his age, had grown a few inches over the last year.

(*Harry Potter and the Prisoner of Azkaban*, Rowling 6)

TT2 해리는 또래들에 비해 아직 작고 마르기는 했지만, 작년에는 그래도 키가 몇 센티미터나 자랐다. (『해리포터와 아즈카반의 죄수』, 김혜원 17)

ST3 A man, who claimed to be ex-military, said that he had seen a gunman step out of a van, take aim with a rifle and shoot the woman from a range of about 40 yards. (Newsweek 2002/11/6)

TT3 軍에서 복무한 적이 있다고 주장한 이 남자는 저격범이 밴 밖으로 나와서 37m 거리에 있는 여자를 조준해 쏘는 것을 봤다고 말했다.

(Newsweek 한국판 U.S. Affairs 2002/11/6)

ST4 Most airlines allow small pets —under 15pounds— in the passenger cabin at an average cost of $50, as long as they're in an approved soft animal carrier like a Sherpa Bag and you can stow them under the seat in front of you on takeoff and landing.

(Newsweek 2003/3/12)

TT4 대다수 항공사는 6.75kg 미만의 작은 이완동물은 평균 50달러의 비용으로 객실 탑승을 허용한다. 물론 셰르파 가방처럼 부드러운 재질의 공인된 동물 운반용 캐리어에 넣어 이착륙시 앞좌석 밑에 넣을 수 있는 경우에만 해당된다.

(Newsweek 한국판 Trend 2003/3/19)

이상의 예문을 통해서 원천 문화권과 목표 문화권이 서로 상이한 측량제도를 적용하는 경우 번역자가 적극적으로 개입해 두 문화 간에 존재하는 차이를 중재하는 것을 알 수 있다. [TT1]은 원천 문화권에서 사용하는 마일이나 피트 단위를 목표언어권에 익숙한 미터제로 환산하여 표기하였다. [TT2]는 신장身長에 대한 원천 문화권의 단위(인치)가 목표 문화권에서는 적용되지 않으므로 목표 문화권의 측량 단위인 '센티미터'로 환산하여 번역하였다. [TT3]은 원천 문화권에서와 같이 'yard'라는 측량 단위를 쓰지 않는 목표 문화권의 독자를 위해 목표 문화권의 측량 단위인 '미터'로 환산하여 번역하였다. [TT4]는 원천 문화권의 중량 단위를 목표 문화권의 중량 단위로 환산하여 번역하였다. 이러한 번역전략은 독자로 하여금 손쉬운 이해를 도모한다는 점에 있어서는 긍정적이나, 목표 문화권의 고유 텍스트가 아닌 외국 텍스트의 이국적인 요소를 상실한다는 단점이 있다.

8.2.6 문화관련 어휘의 번역 방법

이상의 사례를 통해서 우리는 문화와 관련된 어휘를 번역하는 과정에서 번역자들이 다양한 번역전략을 구사함을 알 수 있다. 이러한 다양한 번역의 전략을 범주별로 분류하여 정리하면 다음과 같다.

1) **고유명사의 번역 방법**

    (1) 성(姓)과 이름을 모두 음차번역하는 방법
    (2) 성만을 음차번역하는 방법
    (3) 목표 문화권에 알려진 다른 이름으로 번역하는 방법
    (4) 생략하는 방법

2) **원천문화권의 특정 문화와 관련된 어휘의 번역 방법**

    (1) 관련 정보의 삽입 없이 음차번역하는 방법
    (2) 음차번역후 관련 정보를 문장 내에 자연스럽게 삽입하는 방법

(3) 음차번역후 관련 정보를 문장 내에 괄호 처리하여 삽입하는 방법
(4) 음차번역후 관련 정보를 각주로 삽입하는 방법
(5) 상위어로 번역하는 방법
(6) 대응되는 목표 어휘에 관련 정보를 괄호 처리하여 삽입하는 방법

3) 원천 문화 내의 특정 사건이나 인물과 관련된 어휘의 번역 방법

(1) 관련 정보를 자연스럽게 문장 내에 삽입하는 방법
(2) 관련 정보를 문장 내에 괄호 처리하여 삽입하는 방법
(3) 생략하는 방법

4) 관용어의 번역 방법

(1) 직역으로 번역하는 방법
(2) 목표언어권의 속담으로 번역하는 방법
(3) 목표언어권의 유행어로 번역하는 방법
(4) 목표언어권의 관용구로 번역하는 방법
(5) 의역(풀어쓰기)으로 번역하는 방법

5) 도량형 단위의 번역 방법

(1) 원천 문화권의 도량형 단위로 번역하는 방법
(2) 원천 문화권의 도량형 단위로 번역하면서 목표 문화권의 도량형 단위를 삽입하는 방법
(3) 목표 문화권의 도량형 단위로 환산해 번역하는 방법

1 고유명사의 번역전략 사례를 찾아 설명하시오.

2 특정 문화와 관련된 어휘의 번역전략에 대해 사례를 찾아 설명하시오.

3 원천문화 내의 특정한 사건이나 인물의 번역전략에 대해 사례를 찾아 설명하시오.

4 관용어의 번역전략에 대해 사례를 찾아 설명하시오.

5 도량형의 번역전략에 대해 사례를 찾아 설명하시오.

09 장르별 번역실습 재료

Materials for Practice

번역의 방법은 텍스트의 장르별, 번역의 정책, 번역의 목적, 의뢰인이나 번역가의 취향, 대상독자, 번역 텍스트의 매체 등 번역에 개입되는 다양한 요소에 따라 번역의 방법과 전략도 달라진다. 이러한 번역 요인과 더불어 텍스트의 길이를 문장별, 문단별, 전체 텍스트별로 다각적이고 입체적인 변화를 주면서 번역 실습하면 번역 능력의 실질적인 향상에 커다란 도움이 된다.

다음은 번역 실습을 위한 재료이다. 장르별로 구분이 되어 있으며 각 텍스트의 하단에는 텍스트의 배경에 대한 언급이 있다. 각 장르별로, 번역의 목적에 따라, 번역 텍스트의 대상 독자에 따라 번역 전략이 다를 수 있으니 이에 변화를 주면서 번역 실습을 할 수도 있고, 텍스트의 길이를 문장별, 문단별, 전체 텍스트별로 변화를 주면서 번역 실습을 할 수 있다. 번역에 관련된 제요소를 고려한 번역자의 전략에 따라 번역 텍스트가 전적으로 다를 수 있으니 모범 번역 텍스트는 생략하기로 한다.

9.1 문학번역

문학번역1

I grew up in the south of Spain in a little community called Estepona. I was 16 when one morning, my father told me I could drive him into a remote village called Mijas, about 18 miles away, on the condition that I take the car in to be serviced at a nearby garage. Having just learned to drive and hardly ever having the opportunity to use the car, I readily accepted.

I drove Dad into Mijas and promised to pick him up at 4 p. m. then drove to a nearby garage and dropped off the car. Because I had a few hours to spare, I decided to catch a couple of movies at a theater near the garage.

However, I became so immersed in the films that I completely lost track of time. When the last movie had finished, I looked down at my watch. It was six o'clock. I was two hours late! I knew Dad would be angry if he found out I'd been watching movies. He'd never let me drive again. I decided to tell him that the car needed some repairs and that they had taken longer than had been expected. I drove up to the place where we had planned to meet and saw Dad waiting patiently on the corner. I apologized for being late and told him that I'd come as quickly as I could, but the car had needed some major repairs. I'll never forget the look he gave me.

"I'm disappointed that you feel you have to lie to me, Jason."

"What do you mean? I'm telling the truth."

Dad looked at me again. "When you did not show up, I called the garage to ask if there were any problems, and they told me that you had not yet picked up the car. So you see, I know there were no problems with the car."

A rush of guilt ran through me as I feebly confessed to my trip to the movie theater and the real reason for my tardiness. Dad listened intently as a sadness passed through him.

"I'm angry, not with you but with myself. You see, I realize that I have failed as a father if after all these years you feel that you have to lie to me. I have failed because I have brought up a son who cannot even tell the truth to his own father. I'm going to walk home now and contemplate where I have gone wrong all these years."

"But Dad, it's 18 miles to home. It's dark. You can't walk home."

My protests, my apologies and the rest of my utterances were useless. I had let my father down, and I was about to learn one of the most painful lessons of my life. Dad began walking along the dusty roads. I quickly jumped in the car and followed behind, hoping he would relent. I pleaded all the way, telling him how sorry I was, but he simply ignored me, continuing on silently, thoughtfully and painfully. For 18 miles I drove behind him, averaging about five miles per hour. Seeing my father in so much physical and emotional pain was the most distressing and painful experience that I have ever faced.

However, it was also the most successful lesson. I have never lied to him since.

비교적 번역하기 쉬운 문학 텍스트이다. 저자의 경험을 통해 교훈을 전하고자 하는 텍스트라 볼 수 있다. 저자가 순간 순간 느꼈을 감정이 생생이 드러나도록 번역해야 하며, 말하는 이들의 관계를 고려한 인용문의 번역에 유의해야 한다.

문학번역2

I won't scream!

He sat at the window, totally awake now, totally aware that the police car he was seeing was as real as his left foot had once been.

Scream, you fool, scream!

He wanted to, but he could hear Annie's voice saying, *Don't you dare scream.* When he tried to scream his voice dried up and his mind was filled with pictures of the axe and the electric knife. He remembered the sounds: he remembered screaming *then*, but not to gain attention from anyone.

He tried again to open his mouth — and failed; he tried to raise his hands — and failed. A faint, low sound broke out from between his lips, and his hands moved lightly on the sides of the typewriter, but that was all he could do. Nothing which had happened in the past - except perhaps for the moment when he had realized that, although his left leg was moving, his foot stayed still - was as terrible as the hell of not being able to move. In real time it didn't last long - perhaps five seconds - but inside Paul Sheldon's head it seemed to go on for years.

He could escape! All he had to do was break the window and scream: *Help me! Save me from Annie! Save me from the Dragon Lady!* But at the same time another voice was screaming: *I'll be good, Annie! I won't scream! I promise! Don't cut off any more of me!* He knew he was frightened of her, but he hadn't realized until now the extent of his fear.

He mind told him that he was going to die anyway. As soon as he had finished the book she was going to kill him. So if he screamed, and if the policeman saw him, and if that made Annie kill him now, what was the difference: Perhaps two weeks of life. *There's not much to lose, then, and a lot to win. So scream, Paul, scream! What's the matter with you? Are you already dead?*

The policeman got out of the car. He was young — about twenty-three old — and was wearing very dark glasses, which completely hid his eyes and reflected the light like a mirror. He paused, just twenty metres away from Paul's window, and adjusted his jacket.

Scream! Don't scream. *Scream and you're dead.* I'm not dead yet. I'M NOT DEAD YET! *Scream, you coward!*

Paul forced his lips open, sucked air into his lungs and closed his eyes. He had no idea what was going to come out of his mouth. Was anything going to come out?

'*DRAGON!'* Paul screamed. '*DRAGON LADY!'*

Now his eyes opened wide. The policeman was looking towards the house. Paul could not see his eyes, but he seemed to have heard something.

Paul looked down at the table. Next to the typewriter was a heavy glass vase, which had been empty for weeks. He seized it and threw it at the window. The glass broke and fell on to the ground outside. Paul thought it was the best sound he had ever heard. It made his tongue free.

'*I'm here! Help me! Watch out for the woman! She's crazy!'*

The policeman looked straight at Paul. His mouth dropped open. He reached into his pocket and brought out something which could only be a picture. He looked at it and then walked a few steps closer. Then he spoke the only four words Paul ever heard him say, the last four words *anyone* ever heard him say. After that he would make a few sounds, but no real words.

'Oh, God!' the policeman exclaimed. 'It's you!'

Paul had been staring at the policeman, so he didn't see Annie until it was too late. She was still riding the lawnmower, so that she seemed to be half human, half something else. For a moment Paul's mind saw her as an actual dragon. Her face was pulled into an expression of extreme hatred and anger. In one hand she was carrying a wooden cross.

The cross had marked the grave of one of the cows that had died while Annie was away in her Laughing Place. When the ground had become soft in the spring, Paul had watched Annie burying the rotten cows. It had taken her most of the day to dig the holes in the ground. Then she dragged the bodies out of the barn with her car and dropped them into the holes. After she had filled the holes in again she solemnly planted crosses on the piles of earth and said some prayers.

Now she was riding towards the policeman with the sharp end of the cross pointing towards his back.

'Behind you! Look out' Paul shouted. He knew that it was too late, but he shouted anyway.

With a thin cry Annie stabbed the cross into the policeman's back.

'AG!' said the policeman, and took a few steps forward. He bent his back and reached both hands over his shoulder. He looked to Paul like a man who was trying to scratch his back.

In the meantime Annie got off the lawnmower and stood watching the policeman. Now she rushed forward and pulled the cross out of his back. He turned towards her, reaching for his gun, and she drove the cross into his stomach.

'OG!' said the policeman this time, and fell on to his knees, holding his stomach.

Annie pulled the cross free again and drove it into the policeman's back, between his shoulders. The first two blows had perhaps not gone deep enough to kill him, but this time the wooden post went at least five centimetres into the kneeling policeman's back. He fell face down on to the ground.

'THERE!' Annie cried, standing over the man and pulling the cross out again. 'HOW DO YOU LIKE THAT, YOU DIRTY BIRD!'

'*Annie, stop it!*' Paul shouted.

She looked at him. Her dark eyes shone like coins and she was grinning the grin of the madman who has stopped controlling himself at all. Then she looked down at the policeman again.

'THERE!' she cried, and stabbed the cross into his back again - and then into his neck, and then into his thigh and his hand and into his back again. She screamed 'THERE!' every time she brought the cross down. At last the cross broke.

Annie threw the bloody and broken cross away as if it no longer interested her and walked away from the policeman's body.

Paul was sure that she would come and kill him next. At least, if she did intend to hurt him, he hoped that she would kill him rather than cut any more pieces off his body.

Then he saw the policeman move. *He was still alive!*

The policeman raised his head off the ground. His glasses had fallen off and Paul could see his eyes. He was very young - young and hurt and frightened. He managed to get up on to his hands and knees, but then he fell forward. He got up again and began to crawl towards his car. He got about half of the way when he fell over. He struggled up again. Paul could see the bloody marks spreading on his uniform.

Suddenly the sound of the lawnmower was louder.

'*Look out!*' Paul screamed. '*She's coming back!*'

The policeman turned his head with a look of alarm on his face. He reached for his gun. *That's right!* thought Paul. He got his gun out.

'SHOOT HER!' Paul screamed.

But instead of shooting her the policeman's wounded hand dropped the gun. He reached out his hand for it. Annie pulled the wheel of the lawnmower- tractor around and ran over the reaching hand and arm. The young man in the policeman's uniform screamed in pain. Blood stained the grass.

Annie pulled the lawnmower around again then her eyes fell for a moment on Paul. Paul was sure it was his turn next. First the policeman, then him.

When the policeman saw the lawnmower coming for him again, he tried to crawl under the car. But he was too far away and he didn't even get close. Annie drove the tractor as fast as she could over his head.

Paul turned away and was violently sick on the floor.

다소 긴 듯한 이 텍스트는 불의의 사고로 눈 쌓인 산 속에 고립된 작가가, 자신의 열렬한 팬인 애니라는 여자에게 생명을 구하는 장면부터 시작하는 소설에서 발췌하였다. 생명의 은인이 아니라 오히려 큰 위험이었던 애니에게서 도망을 시도하다 폴은 한 쪽 발목을 도끼와 칼로 절단당하고 이층 자기 방에서 꼼짝 못하는 신세에 처한다. 거의 자유를 포기한 상태에서 기적적으로 자신의 행방을 추적하는 한 젊은 경찰관이 찾아오고, 이로 인해 주인공의 내적 갈등은 애니에 대한 두려움과 도망쳐야 한다는 내면의 소리 사이에서 심화된다. 갈등의 고조와 이내 다시 절망으로 치닫는 감정의 상태, 절절한 외침, 애니의 잔혹함을 생생히 그려내야 하는 번역문을 요구한다.

문학번역3

At ten minutes before eleven in the morning, the sky exploded into a carnival of white confetti that instantly blanketed the city. The soft snow turned the already frozen streets of Manhattan to gray slush and the icy December wind herded the Christmas shoppers toward the comfort of their apartments and homes.

On Lexington Avenue the tall, thin man in the yellow rain slicker moved along with the rushing Christmas crowd to a rhythm of his own. He was walking rapidly, but it was not with the frantic pace of the other pedestrians who were trying to escape the cold. His head was lifted and he seemed oblivious to the passerby who bumped against him. He was free after a lifetime of purgatory, and he was on his way home to tell Mary that it was finished. The past was going to bury its dead and the future was bright and golden. He was thinking how her face world glow when he told her the news. As he reached the corner of Fifty-ninth Street, the traffic light ambered its way to red and he stopped with the impatient crowd. A few feet away, a Salvation Army Santa Claus stood over a large kettle. The man reached in his pocket for some coins, an offering to the gods of fortune. At that instant someone clapped him on the back, a sudden, stinging blow that rocked his whole body. Some overhearty Christmas drunk trying to be friendly.

Or Bruce Boyd. Bruce, who had never known his own strength and had a childish habit of hurting him physically. But he had not seen Bruce in more than a year. The man started to turn his head to see who had hit him, and to his surprise, his knees began to buckle. In slow motion, watching himself from a distance, he could see his body hit the sidewalk. There was a dull pain in his back and it began to spread. It became hard to breathe. He was aware of a parade of shoes moving past his face as though animated with a life of their own. His cheek began to feel numb from the freezing sidewalk. He knew he must not lie there. He opened his mouth to ask someone to help him, and a warm, red river began to gush out and flow into the melting snow. He watched in dazed fascination as it moved across the sidewalk and ran down into the gutter. The pain was worse now, but he didn't mind it so much because he had suddenly remembered his good news. He was free. He was going to tell Mary that he was free. He closed his eyes to rest them from the blinding whiteness of the sky. The snow began to turn to icy sleet, but he no longer felt anything.

스릴러 소설의 발단 부분에서 발췌한 텍스트이다. 눈 오는 추운 날의 풍경, 집으로 향하는 사람들의 분주한 발걸음, 그 가운데 의문의 죽음을 당하는 등장인물이 어우러져 묘한 분위기를 자아낸다. 그러한 그림을 떠올리며 저자가 사용한 표현을 한국어로 옮기기가 수월하지 않은 번역문의 사례이다.

문학번역4

Tracy soon learned why inmates referred to a term in the penitentiary as "going to college." Prison was an educational experience, but what the prisoners learned was unorthodox. The prison was filled with experts in every conceivable type of crime. They exchanged methods of grifting, shoplifting, and rolling drunks. They brought one another up to date on badger games and exchanged information on snitches and undercover cops.

In the recreation yard on a morning, Tracy listened to an older inmate giving a seminar on pick pocketing to a fascinated young group.

"The real pros come from Colombia. They got a school in Bogotá, called the school of the ten bells, where you pay twenty-five hundred bucks to learn to be a pickpocket. They hang a dummy from the ceilin', dressed in a suit with ten pockets, filled with money and jewelry."

"What's the gimmick?"

"The gimmick is that each pocket has a bell on it. You don't graduate till you kin empty every damn pocket without ringin' the bell."

Lola sighed,

"I used to go with a guy who walked through crowds dressed in an overcoat, with both his hands out in the open, while he picked everybody's pockets like crazy."

"How the hell could he do that?"

"The right hand was a dummy. He slipped his real hand through a slit in the coat and picked his way through pockets and wallets and purses."

In the recreation room the education continued.

"I like the locker-key rip-off," a veteran said.

"You hang around a railroad station till you see a little old lady tryin' to lift a suitcase or a big package into one of the lockers. You put it in for her and hand her the key. Only it's the key to an empty locker. When she leaves, you empty her locker and split."

Ernestine initiated Tracy into the arcane language of the prison. Groups of women in the yard were talking: "This bull-dyker dropped the belt on the gray broad, and from then on you had to feed her with a long-handled spoon……"

"She was short, but they caught her in a snowstorm, and a stoned cop turned her over to the butcher. That ended her getup. Good-bye, Ruby-do"

To Tracy, it was like listening to a group of Martians.

"What are they talking about?" she asked.

Ernestine roared with laughter.

"Don't you speak no English, girl? When the lesbian 'dropped the belt,' it meant she switched from bein'the guy to being a Mary Femme. She got involved with a 'gray broad'-that's a honky, like you. She couldn't be trusted, so that meant you stayed away from her. She was 'short,' meaning she was near the end of her prison sentence, but she got caught takin' heroin by a stoned cop-that's someone who lives by the rules and can't be bought-and they sent her to the 'butcher,' the prison doctor."

"What's a 'Ruby-do' and a 'getup'?"

"Ain't you learned nothin'? A 'Ruby'do' is a parole. A 'get-up'is the day of release."

Tracy knew she would wait for neither.

사용역이 매우 특수한 분야의 번역을 연습할 수 있는 좋은 예이다. 아름답고, 부유한 가정에서 곱게 자란 트레이시는 살인미수라는 죄명으로 교도소에 수감된다. 탈출을 계획하는 트레이시에게 교도소 안의 여죄수 사회는 또 하나의 이질적인 교육의 장이다. 원문에서 전달되는 소매치기, 사기꾼 등 죄수들의 독특한 말투와 수감자들 간에 통용되는 은어 등의 번역이 관건이다. 번역자마다 상당히 재미있고 실감나는 번역을 할 수 있다.

Solomon to Sheba

Sang Solomon to Sheba
And kissed her dusky face,
'All day long from mid-day
We have talked in the one place,
All day long from shadowless noon
We have gone round and round
In the narrow theme of love
Like an old horse in a pound.'

To Solomon sang Sheba,
Planted on his knees,
'If you had broached a matter
That might the learned please,
You had before the sun had thrown
Our shadows on the ground
Discovered that my thoughts, not it,
Are but a narrow pound.'

Said Solomon to Sheba,
And kissed her Arab eyes,
'There's not a man or woman
Born under the skies
Dare match in learning with us two,
And all day long we have found
There's not a thing but love can make

시인인 작가의 행복한 결혼 생활을 솔로몬과 시바의 사랑을 빌려 표현한 작품이다. 두 연인이 서로 노래를 하며 사랑이라는 우리에 갇혀 더 넓은 세계를 본다는 시이다. 글자 수의 제약과 의미의 절제 및 함축을 요하는 번역문이 적절하다.

9.2 동화 번역

Pinkerton was pink, plump, and pushy.
He would do anything to be first, even if it meant
bouncing off bellies, stepping on snouts, or tying tails.

"Me first!" he cried when he had been last in line and finished first down the slide.

"Me first!" he cried at story time, settling on his round bottom with his big head right smack in front of the book.

And every day in the school trough-a-teria "Me first!"
rang out and there was Pinkerton.

One Saturday, Pinkerton's Pig Scout troop went on a day trip to the beach. Pinkerton was first on the bus and sat in the front row.

He was first off the bus,

first in the water,

first out of the water, and first into the picnic basket.

After lunch the Pig Scouts decided to go for a hike. Off they went, with Pinkerton leading the line, of course. As the Pig Scouts marched across the sand, they heard a faint voice far in the distance.

The voice called out, "Who would care for a sandwich?"
Pinkerton pricked up his pointy ears.
Care for a sandwich?
Oh yes, me first! he thought,
and he began to trot ahead of the others.

Soon he heard the voice again, closer and louder this time.
"WHO WOULD CARE FOR A SANDWICH?"
"ME FIRST!" cried Pinkerton, kicking up sand and leaving the other Pig Scouts far behind.

His imagination almost burst. Peanut butter!! Jelly!
Two tomatoes! Seven pickles! A slab of cheese! A blob
of mayo! A big smear of mustard. All for ME! FIRST!

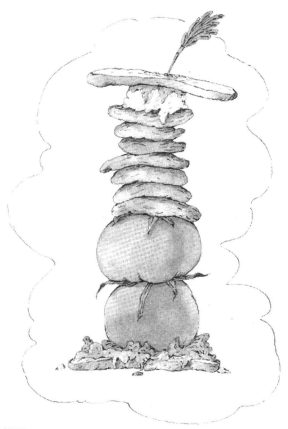

"WHO WOULD CARE FOR A SANDWICH?"

Now at a full gallop Pinkerton shrieked,
"ME FIRST!"
Over a sandy hill he flew and . . .
Kerplop.
He landed face to face with a small creature
with a bump on her nose and fur on her toes.

"Am I glad to see you!" she cackled.
"I sure could hear you coming:
'Me first. ME FIRST! ME FIRST!'
I guess you *really would* care for a sandwich."

동화번역[151]은 아동이 독자이므로 구체적이고 감각적인 어휘를 골라 통통 뛰는 문체를 써야 하는 번역 전략이 관건이다. 문장이 길어서도, 복잡해서도 안 되지만, 무조건 짧은 단문 구조를 선호해서도 안 된다. 소리 내서 읽어보고 단어와 단어의 연결이, 문장과 문장의 연결이 마치 말로 전하듯 잘 읽혀져야 한다. 적절한 의성어와 의태어를 활용하며, 언어적 요소와 비언어적 요소가 공존하는 그림동화에서는 그림이라는 비언어적 요소를 번역에 적절히 이용하여 필요 없는 번역문이 없도록 한다. 또한 글자의 크기 및 모양과 글자의 배열조차도 번역전략의 하나로 이용할 수 있다. 색채 어휘에 대해서는 그림과 글이 일치하도록 대응어를 잘 선정해야 한다.

9.3 영화 번역

A young man (SEBASTIAN VALMONT) sits in a chair in front of her looking impatient.

The therapist continues to write notes.

DR. GREENBAUM Jesus. We've been at this for six months.

SEBASTIAN I know.

DR. GREENBAUM And you haven't made an ounce of progress.

SEBASTIAN I know.

Sebastian takes out a cigarette.

---

151) 이근희 2009 참조.

DR. GREENBAUM (not looking up) There's no smoking in my office.

Sebastian sneers at her then puts the cigarette away. Dr. Greenbaum finishes her notes and looks up at him, shaking her head.

SEBASTIAN What do you want me to say? That I'm supposed to feel remorse because I act the way I do? The truth is I don't.

Dr. Greenbaum shakes her head and takes notes.

SEBASTIAN (cont'd) Look, I'm not like all the other kids in high school. I don't care about book reports and extra-credit. Teachers are idiots anyway. The only challenge out there for me is women. You see a girl you like. You pursue them. You conquer. You move on. It's exciting.

DR. GREENBAUM But you said you have the worst reputation.

SEBASTIAN I do.

DR. GREENBAUM Don't you want to change that?

SEBASTIAN Let me tell you something, doctor. Chicks love a guy with a bad rap. They say they don't, but they don't mean it. They all think that they're the ones that are going to "save me." The trick is to let them think it's true.

DR. GREENBAUM I think that's all the time we have for today.

SEBASTIAN Same time next week?

DR. GREENBAUM No. This is going to be our last session.

SEBASTIAN Why? I like spending time with you. You know, you're quite attractive for a woman your age. You have killer legs. Killer.

DR. GREENBAUM This isn't a joke. Your parents spend a lot of money to send you here. I'm trying to help you.

SEBASTIAN Don't be insecure, Doc. You're a big help.

Sebastian picks up a book of Freud.

SEBASTIAN (cont'd) He was a coke addict, you know.

DR. GREENBAUM You think you can come in here with that cute little smirk on your face and try and flirt with me. It doesn't work, Sebastian.

SEBASTIAN It works a little.

DR. GREENBAUM No it doesn't. I see right through you.

SEBASTIAN You do?

DR. GREENBAUM I hope for your sake you grow out of this immature phase. It's going to get you into trouble.

SEBASTIAN Well, you don't have to get nasty about it.

Sebastian approaches a photo on her desk and picks it up.

DR. GREENBAUM My daughter, Rachel.

SEBASTIAN Yummy.

DR. GREENBAUM Don't even think about it. Rachel is an exceptionally well rounded young woman, who happens to be attending Princeton this fall. She's way too smart to fall for your line of b.s.

SEBASTIAN Really? Care to make a wager on that?

DR. GREENBAUM Good luck, Sebastian.

SEBASTIAN What, nervous I'm going to win?

DR. GREENBAUM Would you please leave.

Sebastian puts on his glasses and leaves.

DR. GREENBAUM (cont'd) Asshole.

The doctor stews for a moment, then reaches into her desk, sifts through some papers where she finds a pack of Benson & Hedges and lights one up. She looks at the photo of her daughter, then hits the speaker phone and dials.

DR. GREENBAUM (cont'd) Rachel, it's mom.

INTERCUT WITH:

3INT. RACHEL'S BEDROOM - DAY3

RACHEL, Doctor Greenbaum's daughter sits at her desk, crying while holding the phone.

RACHEL Hi, mom.

DR. GREENBAUM Honey, is something wrong?

Rachel cries for a moment.

RACHEL He told me he loved me and I believed him.

DR. GREENBAUM Who told you?

RACHEL You don't know him. I'm so stupid.

She continues to cry.

DR. GREENBAUM Alright honey, just calm down, take a deep breath,
   and step out of the circle.

RACHEL Would you cut the psycho babble bullshit, mom. There's
   pictures of me on the internet.

WE PAN OVER TO HER COMPUTER CONSOLE. CLOSE ON:
COMPUTER
   MONITOR - A nudie web-sight. The title reads "Ivy League Bound."
Beneath the caption is a photo of Rachel tied to a bed and smiling with
a Princeton banner covering her privates.

DR. GREENBAUM What kind of pictures?

RACHEL Nudie pictures, what do you think?

DR. GREENBAUM Jesus Christ, how can you be so stupid?

RACHEL I don't know. He was just so charming. All he did was talk
   about how I had killer legs and how we wanted to photograph
   them. Things just got out of hand from there. (she hears the

phone drop) Mom? Are you there? Mom?
(screaming)
Mother!!!!

영화 대본의 번역[152]은 상세한 지문처리와 각 등장인물의 특성, 태도를 잘 고려하여 그 인물에 적절한, 맛깔스럽고 살아있는 대사처리가 중요하다. 영화라는 매체는 시각적 기호, 청각적 기호, 언어적 기호가 공존하므로 비언어적 요소를 충분히 활용해 동일한 정보를 중첩해 제공하지 않도록 해야 한다. 영화 번역은 자막 번역과 더빙 번역으로 나뉜다. 자막 번역(subtitling)은 보통 2초에서 8초 정도 화면이 정지된 시간 내에 관객이 자막을 다 읽어 낼 수 있도록, 빈칸까지 합해 10자에서 13자씩 2줄 이내에 글자가 들어가도록 번역해야 한다. 또한 자막 번역은 시각언어이므로 표준어법에 맞도록 띄어쓰기나 맞춤법을 준수해야 한다. 이에 반해, 더빙 번역(dubbing)은 성우의 입을 빌어 번역 대사가 발화될 때 배우의 호흡과, 입놀림, 말길이, 목소리와 잘 맞아 떨어지도록 주의를 기울여야 한다. 그래서 대개 더빙 번역자들은 자신의 번역 대본의 대사가 각 배우의 입놀림과 말길이, 호흡과 잘 맞아 떨어지는지 반복해서 배우의 입과 자신의 번역을 맞추어 보며 확인한다. 이 외에도 원문에 제시된 지시어 등이 화면에 제시되는 장면과 일치하는지 여부도 꼼꼼히 살펴야 한다.

---

152) 이근희. 2009 b 참조.

9.4 경제·기술 번역

A number of attempts have been made to categorize capital movements.

They have been divided into "induced and autonomous", "stabilizing and destabilizing", "real and equalizing", "equilibrating, speculative income and autonomous." The most usual division, however, is into short-term and long-term.

Here there is an objective criterion on which to base the classification. A capital movement is short term if it is embodied in a credit instrument of less than a year's maturity. If the instrument has a duration of more than a year or consists of a title to ownership, such as a share of stock or a deed to property, the capital movement is long-term.

While the distinction between short and long-term capital movement is clear cut, it does not necessarily reveal what brought the movement about or what its effects in the balance of payments are likely to be.

For these purposes we need to divide capital movements by motivation and by role in the balance of payments are likely to be. It terms of motivation, we will want to know whether a capital movement is equilibrating, speculative, undertaken in search of income, or autonomous. In the balance of payments, it may be induced or autonomous, stabilizing or destabilizing. Since the causes and effects of short and long-term capital movements differ, however, we must uncover these aspects of the subject as we go along.

경제 분야에서 사용하는 용어의 추출이 중요한 만큼 번역자는 경제 분야에서 사용하는 용어에 관한 사전 지식을 획득해야 한다.

You may not have heard of Shigeru Miyamoto, but I guarantee you, you know his work. Miyamoto is probably the most successful video-game designer of all time. Maybe you've heard of a little guy named Mario" Italian plumber, likes jumping? A big angry ape by the name of...*Donkey Kong? The Legend of Zelda*? All Miyamoto. To gamers, Miyamoto is like all four Beatles rolled into one jolly, twinkly-eyed, weak-chinned Japanese man. At age 53, he still makes video games, but he also serves as general manager of Nintendo's entertainment analysis and development division. It is an honor to hula for him.

But Nintendo is no longer the global leader in games that it was during Miyamoto's salad days. Not that it has fallen on hard times exactly, but in the vastly profitable home-entertainment-console market, Nintendo's Game GameCube sits an ignominious third, behind both Sony's PlayStation 2 and even upstart Microsoft, which entered the market for the first time with the Xbox only five years ago. Miyamoto and Nintendo president Satoru Iwata are going to try to change that. But they're going to do it in the weirdest, riskiest way you could think of.

All three machines-PlayStation 2, Xbox and GameCube-are showing their age, and a new generation of game hardware is aborning. Microsoft launched its next-gen Xbox 360 last November; Nintendo and Sony will launch their new machines in the coming months. Those changeovers, which happen every four or five years, are moments of opportunity in the gaming industry, when the guard changes and the underdog has its day. Nintendo-a company that is, for better or for worse, addicted to risk taking-will attempt to steal a march on its competitors with a bizarre wireless device that senses a player's movements and uses them to control video games. Even more bizarre is the fact that it might work.

Video games are an unusual medium in that they carry a heavy stigma among non-gamers. Not everybody likes ballet, but most nonballet fans don't accuse ballet of leading to violent crime and mental backwardness.

Video games aren't so lucky. There's a sharp divide between gamers and nongamers, and the result is a market that, while large and devoted-last year video-game software and hardware brought in $27 billion-is also deeply stagnant. Its borders are sharply defined, and they're not expanding.

And even within that core market, the industry is deeply troubled. Fewer innovative games are being published, and gamers are getting bored. Games have become so expensive to create that companies won't risk money on fresh ideas, and the result is a plague of sequels and movie spin-offs.

"Take *Tetris*, for example," says Iwata a well-dressed man who radiates good-humored intelligence. "If someone were to take *Tetris* to a video-game publisher today, what would happen? The publisher would say, These graphics look kind of cheap. And this is a fun little mechanic, but you need more game modes in there. Maybe you can throw in some CG movies to make it a little bit flashier? And maybe we can tie it in with some kind of movie license?" Voila: a good game ruined.

Here's Microsoft's plan for the Xbox 360: faster chips and better online service. And here's Sony's plan for the Playstation 3: faster chips and better online service. But Iwata thinks that with a sufficiently innovative approach, Nintendo can reinvent gaming and in the process turn nongamers into gamers.

"The one topic we've considered and debated at Nintendo for a very long time is, Why do people who don't play video games not play them?" Iwata has been asking himself, and his employees, that question for the past five years. And what Iwata has noticed is something that most gamers have long ago forgotten? to nongamers, video games are really hard. Like hard as in home work. The standard video-game controller is a kind of Siamese-twin affair, two joy-sticks fused together and studded with buttons, two triggers and a four-way toggle switch called a d-pad. In a game like Hale, players have to manipulate both joy-sticks simultaneously while working both triggers and pounding half a dozen buttons at the same time. The learning curve is steep.

That presents a problem of what engineers call interface design: How do you make it easier for players to tell the machine what they want it to do? "During the past five years, we were always telling them we have to do something new, something very different," Miyamoto says (like Iwata, he speaks through an interpreter). "And the game interface has to be the key. Without changing the interface we could not attract nongamers."

So they changed it. Nintendo threw away the controller-as-know-it and replaced it with something that nobody in his right mind would recognize as video-game hardware at all: a short, stubby, wireless wand that resembles nothing so much as a TV remote control. Humble as it looks on the outside, it's packed full of gadgetry: it's part laser pointer and part motion sensor, so it knows where you're aiming it, when and how fast you move it and how far it is from the TV screen. There's a strong whiff of voodoo about it. If you want your character on the screen to swing a sword, you just swing the controller. If you want to aim your gun, you just aim the wand and pull the trigger.

게임기 기술과 관련된 텍스트로, 게임기 생산 3사의 시장 점유 순위의 변동과 새로운 시장 창출을 위한 신제품의 개발 및 그 특징을 설명한다. 특수 분야의 기술 분야를 다루고 있으므로 번역자는 이 분야에서 사용하는 특수용어의 선택에 주의를 기울이고, 일반 독자의 이해가 쉽도록 번역해야 한다.

9.5 학술 번역

학술번역

One of the various concepts that Derrida uses in conducting his argument, those of 'logocentrism' and 'difference' are perhaps the most effective as a means of introducing his ideas. Logocentrism is the term he uses to describe all forms of thought which base themselves on some external point of reference, such as the notion of truth.

Western philosophy, with Plato as an exemplary first instance, has generally acted on the presupposition that language is subservient to some idea, intention or referent that lies outside it. This idea is at odds with the Saussurean principle that is language which is primary, and that far from preceding language, meaning is an effect produced by language.

However, the conceptual oppositions which structure Western philosophical thought, such as sensible vs. intelligible, form vs. content all imply that ideas, and indeed content of any kind, exist independently of the medium in which they are formulated: the word 'medium' itself conveys the secondary status that language is given in these conceptual oppositions, always defined as a vehicle or an instrument of something separate from it which governs it from without.

The privileged terms in all the oppositions which underpin Western metaphysical thought are the idea, the content, and the subservient terms are the medium, the form, the vehicle. Language has always been regarded as belonging among these secondary categories.

학술 번역에서는 동일한 의미의 단어 가운데 일반인을 대상으로 한 쉬운 표현을 선택하지 않도록 한다. 그러한 표현이 박식한 전문인에게는 지나치게 쉬운 표현일 수 있다. 그러나 그렇다고는 하나 전반적인 문맥의 흐름이 이해되지 않아서는 안 된다.

부록

부록
Appendix

〈부록1〉 번역학의 연구 범주

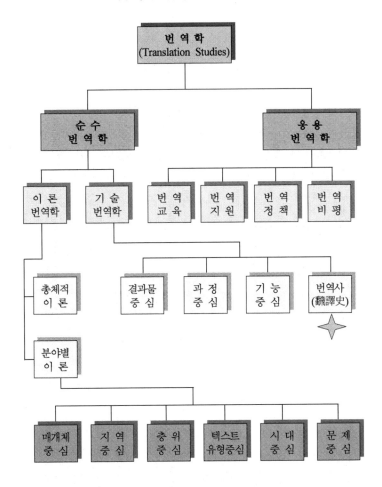

✦ : 홈즈(James Holms)의 범주에 필자가 추가한 범주

〈부록2〉 번역 실습의 예문 발췌에 사용된 ST 목록

번호	저 자	제 목	출판년도	출판사
1	권웅호(엮음)	영어번역 이렇게 한다	1993	학일
2	한일동(엮음)	Challenges for the new millennium	2003	브레인 하우스
3		I.H.T.(International Herald Tribune)		
4	Eric J Pollock & Jeremy Beckett	English for tourism	2004	현학사
5	J. D. Salinger	The Catcher in the Rye	1945	London : Little, Brown and Company
6	Bob Sehlinger	The Unofficial Guide to Las Vegas	2000	New York: Macmillan Travel

〈부록3〉 초보 번역의 유형별 번역투 분석

유형		번역투	빈도	대안번역
대명사	my parents	나의 부모님	86.7%	생략, 우리 부모님
	my father	나의 아버님	43.9%	생략, 아버님
	myself (목적어)	나 자신 (내 스스로)	63.9%	생략
	it	그것	21.7%	생략, 명사
	she(her) 5번	그녀(6번))	2.4%	생략, 호칭, 지칭, 이름
		(5번)	12%	
		(4번)	34.1%	
		(3번)	22%	
		(2번)	13.4%	
		(1번)	8.5%	
		총	92.4%	
	we(our) 2번 (복수 일반인)	우리(3번)	9.6%	생략
		(2번)	73.8%	
		(1번)	15.7%	
		총	99.1%	
	they	그들은	73.5%	부모님은, 두 분은
동사	believe	믿다	80.7%	생각하다 여기다 ~라고 하다
	decide	결정하다 (결심하다)	77.4%	~로 했다 ~로 마음먹다 작정하다
	find	찾다 (발견하다)	79.5%	이다(있다), 알다, 나타내다, 깨닫다 볼 수 있다
	have	가지다	65.5%	있다

유형		번역투	빈도	대안번역
동사	help	돕다	98.8%	~이 있기에 ~한다
	make	만들다	48.1%	~이 되다
	make (사역동사)	~하게 만들었다	55.8% 무생물주어(97.4%)	~이 ~을 가능케 했다
	need	필요하다	87.5%	~해야 한다
	offer	제공하다	92.8%	있다
	produce	생산하다 (만들다)	63.1%	배출 한다
	provide	제공하다	91.6%	있다
	seem	보이다	45.7%	~인(하는) 듯 하다
	show	보이다	71.4%	알 수 있다 ~라고 한다 ~라고 밝혔다
	realize	깨닫다	65.7%	~했구나 (한 게로구나) ~임을 알았다
구 (Phrase)	be located in	~에 위치하고 있다	81.6%	~에 있다
	belong to	~에 속하다 (소속이다)	76.3%	~의 ~이다
	be supposed to	~하기로 되어 있다	29.8%	~을 해야 했다 ~을 했을 것이다
	how to	~하는 방법	64.2%	어떻게 ~할지를
	difference between A & B	A와 B와의 차이	95.1%	A와 B를 구별(구분)하는 일
	instead of	~하는 대신에	93.8%	~하는 것보다 ~하다, ~하지 않고 ~하다
	such as	~와 같은	69.2%	~등의, 이를 테면 예컨대

	유형	번역투	빈도	대안번역
구 (Phrase)	according to	~에 의하면 ~에 따르면	28.4% 65.0%(93.4%)	~로는 ~라고 생각할 경우, ~에서 보자면 ~의 관점에서 생각하자면
	not enough just to	~하기에 충분한	80.2%	~한다고 ~하는 일은 아니다, ~하는 것만이 다는 아니다
	from ~ to ~	~에서(부터) ~까지	77.5%	이 사람 저 사람, 이리저리
무생물주어	무생물주어	무생물+이/가 은/는	92.9%	무생물+에/서 무생물+을/를
문장부호	줄표 - ~ -	- ~ -	27.8%	생략 ~ 생략
	쌍반점 ;	;	22.5%	생략+또한, 생략+그리고
	쌍점 :	:	25.3%	접속어
	, 삽입구 ,	, ,	12.5%	쉼표 생략+ 주어를 수식어구로
	, for example	, 예를 들면	8.8%	문두로 이동
수	a man & a woman	한 남자와 한 여자	18.5%	남녀: 관형어 생략 (수 무표지)
	ideas	사상들	13.6%	생각 (수 무표지)
	methods	방법들	33.3%	방법 (수 무표지)
시제	be going to	~할 예정이다	38%	~ㄹ 거야 ~하려고 해 ~할 계획이야
	Have+p.p	~해 왔다	48.8%	(이미) 하였다(했다)
어순	Prime Minister John Howard	수상 존 하워드	64%	존 하워드 수상
		존 하워드 수상	33.3%	

	유형	번역투	빈도	대안번역
어순	President George. W. Bush	대통령 부시	11.1%	부시 대통령
		부시 대통령	68.1%	
전치사	about	~에 관하여	75.6%	~에게
	by (원인, 수단)	~에 의해서(의해, 의하여)	22.5%	~때문에, ~해, ~으로, ~해서
	from	~로부터	43.6%	~에서, ~중의, ~에 있는
	in	~에서(는)	53.6%	~중인, ~하는
	through	~을 통하여	75%	~로 인해 ~속에서 ~때문에 ~에 의해
접속사	although	~에도 불구하고	53.2%	~이긴 해도, ~이지만, ~이긴 하지만 ~이더라도 ~일지라도 그렇다 해도 ~임에도
	A, B, and C	A, B,그리고 C A와B그리고 C	18.8% 20%	A며 B며 C
	because	왜냐하면~ 때문이다	64.2%	~되므로, ~어(서), ~(으)니까, ~기에
	but	그러나	33.8%	~(지)만 ~마는 ~는데 ~다만
	if	만일~라면	75.3%	~하면/되면 ~거든 ~어야
피동문	피동문	피동문	63.8%	능동문
	by(행위자)	~에 의하여	60%	~가
인용문	" " speaker said, " .	" ", 누가 말했다, " ".	63.3%	말하는 이에 대한 언급을 문두나 문미로 이동
		인용부호의 생략	45.6%	

〈부록4〉 초보 번역의 번역투 분석에 이용된 영어 참고서 및 사전의 목록

제 목	저 자	출 판 년 도	출 판 사
꼬꼬 중학 영단어	권영도	2001	국제어학 연구소
중학 영단어	김 민	2002	눈과 마음
우선순위 기초 영단어	안용덕	2002	비전
중학생 알짜 영단어	장봉진	2004	월드
절대입문 영단어 1100	YBM Si-sa	2003	YBM Si-sa
중학 영숙어	김 민	2002	눈과 마음
우선순위 영숙어	안용덕	2002	비전
네어버 영어사전			출처: 동아프라임
다음 영어사전			출처: 두산 동아 프라임
야후 영어사전			출처: YBM 시사영어

〈부록5〉 번역투와 영어 참고서, 사전과의 비교

동사/ 전치사/ 접속사	학생들의 번역투	꼬꼬 중학 영단어	중학 영단어	우선순위 영단어	알짜 영단어
believe	믿다	믿다	~을 믿다	믿다	믿다, ~라고 생각하다
decide	결정 (결심)하다	결정하다	~을 결정하다, 결심하다	결정하다, 결심하다	결정하다
find	찾다	찾다, 발견하다	~을 발견하다, ~을 알다	발견하다, 알다	발견하다
have	가지다	소유하다 먹다	X	~을 갖고 있다, 먹다 (마시다)	가지다
help	돕다	돕다	~을 돕다, 거들다	돕다, 도움	돕다
make	만들다 ~에게 ~게 만들다	만들다, ~하게 하다	~을 만들다	만들다, ~을 ~으로 하다	만들다, ~하게 하다
need	필요하다	필요하다	~이 필요하다	필요로 하다, 필요	필요하다
offer	제공하다	제공하다	~을 제공하다	제공하다	X
produce	생산하다	생산하다	생산하다, ~을 제조하다	생산하다	생산하다
provide	제공하다	X	~을 공급하다, 대비하다	X	X
seem	보이다	~인 것 같다	X	~처럼 보이다, ~으로 생각되다	~일 것 같다

동사/ 전치사/ 접속사	학생들의 번역투	꼬꼬 중학 영단어	중학 영단어	우선순위 영단어	알짜 영단어
show	보이다	보여주다	보이다, ~을 보여주다, ~을 가르쳐 주다	X	보여주다
realize	깨닫다	X	~을 깨닫다, ~을 실현하다	깨닫다, 실현하다	X
about	~에 대해	~에 대하여	X	~에 대하여, 대략, 약	~에 대해서, 대략, 약
by	~에 의하여	~에 의해, ~의 옆에	X	~의 옆에, ~까지는, ~에 의하여	~에 의해, ~의 옆에, ~까지는
from	부터	~로부터, ~으로	X	~으로부터	~로부터, ~으로
in	(안)에	X	X	~의 안에, ~에, ~지나서	X
through	통하여	~을 통하여	X	~을 통하여, ~동안, ~꿰뚫어	~을 통하여
although	비록 ~에도 불구하고	X	비록 ~일지라도	비록 ~일지라도	X
and	그리고	그리고, 그러면	X	그리고	~와, 그리고, 그러면
because	왜냐하면, ~때문에	~이기 때문에	왜냐하면, ~때문에	왜냐하면, ~이기 때문에	~이기 때문에, ~이니까
but	그러나	그러나	X	그러나, 다만	그러나
if	만일~하면	만일~라면	만일~라면	만일~라면	만일~라면

	학생들의 번역	절대입문 영단어	네이버 영어사전	다음 영어사전	야후 영어사전
believe	믿다	믿다	믿다	믿다, ~라고 생각하다, 여기다	믿다, 생각하다
decide	결정 (결심)하다	결심하다	결심 (결의)하다	결심 (결의)하다	~을 해결하다, ~을 결심하다
find	찾다	찾아내다	찾아내다	찾아내다	~을 찾아내다
have	가지다	가지고 있다	가지다	가지고 있다	소유하다, ~을 가지고 있다
help	돕다	돕다	돕다	돕다, 거들다	~을 돕다, 거들다
Make	만들다, ~에게 ~게 만들다	만들다, ~,에게 ~을 만들어주다	만들다, ~에게 ~하게 하다	만들다, ~에게 ~하게 하다 (시키다)	만들다, ~을 ~이 되게 하다
need	필요하다	필요로 하다	필요로 하다	필요로 하다	~을 필요로 하다
offer	제공하다	제안하다, 제의하다	제공하다, 제출하다	제공하다, 제출하다	~을 제공하다, 권하다
produce	생산하다	생산하다	생산하다, 산출하다,	생산하다, 제조하다	~을 제조하다, 생산하다
provide	제공하다	X	주다, 제공하다	주다, 공급하다, 제공하다	~을 주다, 공급하다
seem	보이다	~인 것 같다	~처럼 보이다, 보기에 ~하다, ~인 듯하다	~처럼 보이다, 보기에 ~하다, ~인 듯하다	~인 것 같다, ~인 듯하다

	학생들의 번역	절대입문 영단어	네이버 영어사전	다음 영어사전	야후 영어사전
show	보이다	보이다	보이다, 나타내다	보이다	을 보이다, 나타내다
realize	깨닫다	실감하다, 깨닫다	실감하다, 깨닫다	실감하다, 깨닫다	실감하다, 깨닫다
about	~에 대해	~에 대하여	~에 대하여	~에 관하여	~에 대하여, 관하여
by	~에 의하여	~의 옆에, ~에 의하여	~의 옆에, ~을 통해서, ~에 의하여	~에 의하여, ~의 곁에	~의 옆에, ~을 수반하여
from	부터	~으로부터	~에서, ~부터	~에서, ~부터	~에서
in	(안)에	~의 안에	~안에(서), ~쪽에(으로)	~안에서, 쪽에(으로)	~의 안에서
through	통하여	~을 지나서, 통과하여	~을 통하여, ~을 지나서	~을 통하여,	~을 관통하여, 꿰뚫어
although	비록 ~에도 불구하고	비록 ~일지라도	비록 ~일지라도, ~이기는 하지만	비록 ~일지라도, ~이기는 하지만	비록 ~일지라도, ~이기는 하나
and	그리고	와, 그리고	~와, ~도	~와, ~하면서, 하고(나서)	~와, 또는, 및
because	왜냐하면, ~때문에	~이기 때문에	왜냐하면, ~때문에	왜냐하면, ~때문에	~이므로, ~이기 때문에
but	그러나	그러나	그러나, 하지만	그러나	그러나, 하지만
if	만일 ~하면	만약 ~라면	(만일) ~ 이면[하면]	(만일) ~이면	만약(만일) ~라면, ~이면

구(phrase)	학생들의 번역	중학 영숙어	우선순위 영숙어
belong to	~에 속하다	~의 것이다, ~에 속하다	~에 속하다, ~의 것이다
be supposed to	~하기로 되어 있다	~하기로 되어 있다, ~해야 한다	X
how to	~하는 방법	~하는 방법	~하는 방법, 어떻게 ~하면 좋을지
instead of	~하는 대신에	~대신에, ~하지 않고	~의 대신에, ~하지 않고
enough to	~하기에 충분한	~할 만큼 충분히	~할 만큼 충분한
from ~ to	~로부터 ~까지	~부터 ~까지	~부터 ~까지

〈부록6〉 성경 텍스트에 번역된 'by'의 번역 유형별 용례 분석

번역 유형 \ 텍스트	롬마서 (신약성서)	요한 계시록 (신약성서)	민수기 (구약성서)	계
- 가/이(께서) - 는/은	3	1	12	16
대로				0
- 들 - (한다고 해서)				0
- 따라	4	1	5	10
- 때문에		1		1
- 로	4		5	9
- 면				0
- 아서		1	9	10
- 어서 (셔서, 여서)	2	2	2	6
- 에	4	4	11	19
- 에게	2		1	3
- 에서		1		1
- 으로(는)	10	3		13
- 으로부터 (에게서)			1	1
- 으로써		2		2
- 을	1			1
- 의		2		2
- 인해(인하여)				0
- 해서				0
- 통하여(통해서)	2			2
생략	1	2	6	9
총 계				105
Type의 수(TL: 한국어)	1,431	1,436	2,285	5,152
Token(TL)의 수	7,367	7,903	20,368	35,638
Type의 수(SL: 영어)	1,431	1,436	2,285	5,152
Token(SL)의 수	8,095	8,987	23,160	40,242
By의 총 빈도수 (전체 by/총 token)	84 (1.04%)	32 (0.4%)	128 (0.6%)	244 (0.61%)
피동태 by의 빈도수 (피동태 by / 총 token) (피동태 by/ 전체 by)	33 (0.41%) (39.3%)	20 (0.2%) (62.5%)	52 (0.2%) (40.6%)	105 (0.3%) (43.0%)
파일명	rg0201.hep	rg0222.hep	rg0224.hep	

참고문헌

강대진. 2004. 『잔혹한 책읽기』. 서울: 작은이야기.

고종석. 2000. 『국어의 풍경들』. 서울: 문학과지성사.

국립국어연구원 엮음. 1999. 『표준국어대사전』. 서울: 두산동아.

김경란·김진형 옮김. 1995. 『형태론』. 서울: 한신문화사 (Francis Katamba. 1993. *Morphology*. Hampshire & London: Macmillan Press Limited).

김광해. 1995. 「조망-국어에 대한 일본어의 간섭」, 『새국어 생활』 5, 2. 국립국어연구원. 3-26.

김은희. 1984. 「국어 피동문 연구」, 『새국어교육』 39. 한국국어교육학회. 30-42.

김종규·김정연 옮김. 2002. 『번역교육과 교육에서의 번역』. 서울: 고려대학교 출판부(Jean Delisle & Hannelore Lee Jahnke(eds.). 1998. *Enseignement de la traduction et traduction dans l'enseignement*. Presse de l'Université d'Ottawa.)

김정우. 1990. 「번역문에 나타난 국어의 모습」, 『국어생활』 21. 국어연구소. 38-55.

김정우. 1996. 『영어를 우리말처럼: 우리말을 영어처럼(실제편)』. 서울: 창문사.

김정우. 1996. 『영어를 우리말처럼: 우리말을 영어처럼(이론편)』. 서울: 창문사.

김정우. 1997. 『영어 번역을 하려면 꼭 알아야 할 90가지 핵심포인트』. 서울: 창문사.

김정우. 2000. 『이솝우화와 함께 떠나는 번역여행』 1. 서울: 창해 출판사.

김정우. 2000. 『이솝우화와 함께 떠나는 번역여행』 2. 서울: 창해 출판사.

김정우. 2000. 『이솝우화와 함께 떠나는 번역여행』 3. 서울: 창해 출판사.

김정우. 2003. 「국어 교과서의 외국어 번역어투에 대한 종합적 고찰」, 『배달말』 33.

배달말학회. 143-167.

김지원·이근희 옮김. 2004. 『번역학: 이론과 실제』. 서울: 한신문화사. (Susan Bassnett. 1991. *Translation Studies*. London and New York: Routledge).

김태옥·이현호 옮김. 1995. 『텍스트 언어학 입문』. 서울: 한신문화사.
(R. De. Beaugrande & W. Dressler. 1981. *Introduction to Text Linguistics*).

김형배. 1995. 「현대국어 피동사 파생의 조건」, 『대학원 학술논문집』 40. 건국대학교. 39-54.

김효중. 1998. 『번역학』. 서울: 민음사.

남기심·고영근. 1985. 『표준 국어 문법론』. 서울: 탑출판사.

노필승·정은경. 2004. 『훈민이와 정음이의 우리말글 바로 쓰기 우리문화 바로 알기』. 서울: 꼭사요.

마쓰모토 야스히로·마쓰모토 아이린. 1997. 『90가지 핵심 포인트』. 김정우(역). 창문사.

문 용. 2000. 「번역과 번역 문화」, 『국어생활』 21. 국어연구소. 14-26.

문화관광부. 2001. 『우리말 우리글 바로 쓰기』. 서울: 동화서적.

박경자 외 7인. 2001. 『응용언어학 사전』. 서울: 경진문화사.

박경자·장영준 옮김. 2000. 『번역과 번역하기』. 서울: 고려대학교 출판부 (Roger T. Bell. 1991. *Translation and Translating*. London & New York: Longman Inc.)

박여성. 1997. 「비난 또는 헌사: 서평에 대한 텍스트언어학적 고찰」, 『텍스트언어학』 4. 텍스트언어학회.

박여성. 2002. 「번역교육을 이한 번역 파라디그마의 효용성-텍스트언어학의 입장에서 고찰한 "번역어투"(飜譯套)의 규명을 위한 연구: 귄터 그라스의 "양철북"과 한국어 번역본을 중심으로」, 『번역학 국제학술대회 발표 논문집』 1. 숙명여자대학교.

박종호. 1989. 「한국인과 미국인의 의사소통 차이: 언어와 문화를 중심으로」. 『한국현대 언어학회』 6, 204.

박철우. 1999. 「한국어의 화제」. 『언어연구』 제19집. 서울대학교 언어연구회.

복거일. 1998. 『국제어 시대의 민족어』. 서울: 문학과지성사.

서계인. 2004. 『영어 번역의 기술』. 서울: 북라인.

서재극. 1970. 「개화기의 외래어와 신용어」, 『동서문화』 4. 계명대 동서문화 연구소

서정수. 1996. 『국어문법』. 서울: 한양대학교 출판원.

서화진. 1992. 「한국어의 주제(Topic)에 관한 화용론적 분석」. 『언어연구』 6. 서울 대학교 언어연구회.

성초림 외 3인. 2001. 「번역 교육 현장에서의 번역물 품질 평가-한국외대 통역번역 대학원 교강사 설문을 중심으로-」, 『번역학 연구』 2, 2. 한국번역학회. 37-56.

송 민. 1979. 「언어의 접촉과 간섭 유형에 대하여: 현대 한국어와 일본어의 경우」, 『성신여대 논문집』 10.

송 민. 1988. 「국어에 대한 일본어의 간섭」, 『국어생활』 14. 국어연구소. 25-34.

송은지. 1990. 「화제-평언과 러시아어 어순」, 『노어노문학』 3. 한국노어 노문학회.

신성철·박의제. 1994. 『외국어교수·학습의 원리』. 서울: 한신문화사.

안정효. 1999. 『영어 길들이기: 영역편』. 서울: 현암사.

안정효. 2002. 『번역의 공격과 수비』. 서울: 우석출판사.

연세대학교 언어정보개발연구원 편. 2005. 『연세 한국어사전』. 서울: 두산동아.

열린책들 편집부. 1999. 『번역서 가이드북 미메시스』. 서울: 열린책들

열린책들 편집부. 2000. 『번역서 가이드북 미메시스』. 서울: 열린책들

우인혜. 1993a. 「국어의 피동법과 피동 표현의 연구」. 서울: 한양대학교.

우인혜. 1993b. 「'되다'와 '지다'의 비교 고찰」, 『한국학 논집』 23. 한양대학교 학 국학 연구소. 439-466.

우인혜. 1994. 「접미 피동법의 일고찰」, 『한국학 논집』 25. 한양대학교 학국학 연 구소. 273-294.

원영희. 1999. 「실무 번역」, 『국어문화학교: 번역반』. 국립국어연구원.

원영희. 2003. 『일급 번역교실』. 서울: 한언.

유명우. 2002. 「한국 번역사 정리를 위한 시론」, 『번역학 연구』 3, 1. 한국번역학회. 9-38.

유목상. 1993. 『한국어문법의 이해』. 서울: 일조각.

윤지관. 2001. 「번역의 정치학: 외국문학 번역과 근대성」, 『안과 밖』 10. 영미문학 연구회. 26-47.

이강언 외 3인. 2000. 『국어학습용어사전』. 서울: 태학사.

이건수·여승주 옮김. 2001. 『영어학의 이해』. 서울: 신아사 (Koenraad Kuiper & W. Scott Allan. *An Introduction to English Language*).

이근달. 1998. 『영문 번역의 노하우』. 서울: YBM 시사영어사.

이근희. 2001. 「번역 정책에 관한 고찰: 국가별 번역사를 통해 살펴본 번역 정책의 고찰 및 번역 발전을 위한 소고」. 서울: 세종대학교.

이근희. 2006. 「인지적 접근의 번역 모형」, 『번역학 연구』 7-1. 한국번역학회. 131-154.

이근희. 2009 a. 「텍스트의 기능과 어린이의 인지능력을 고려한 그림동화 번역전략」, 『동화와 번역』 18. 177-216.

이근희. 2009 b. 「스코포스 이론을 토대로 한 번역 비평: 사례연구 - 더빙영화, <빨간 모자의 진실>」, 『번역학 연구』 10.2. 61-82.

이기동. 1976. 「한국어 피동형 분석의 검토」, 『인문과학 논총』 9. 건국대학교 인문과학 연구소. 25-41.

이기동 옮김. 1992. 『롱맨 영문법』. 서울: 범문사
(L. G. Alexander. 1998. *Longman English Grammar: An indispensable guide for all students at intermediate and advanced levels*. London: Longman Inc.).

이상섭. 1990. 「번역 일반론」, 『국어생활』 21. 국어연구소. 2-13.

이상헌. 2003. 「출판 번역: 그 연구의 필요성에 대해」, 『ITI 논문집』 7. 한국외국어대학교 통역번역 대학 통역번역 연구소. 145-157.

이석규 외 5인. 2002. 『우리말답게 번역하기』. 서울: 도서출판 역락.

이성범a. 2002. 『추론의 화용론』. 서울: 한국문화사.

이성범b. 2002. 『영어화용론』. 서울: 한국문화사.

이수열. 2002. 『우리글 갈고 닦기』. 서울: 한겨레 신문사.

이수열. 2004. 『우리가 정말 알아야 할 우리말 바로 쓰기』. 서울: 현암사.

이영옥. 2000. 「한국어와 영어간 구조의 차이에 따른 번역의 문제-수동구문을 중심으로」, 『번역학 연구』 1, 2. 한국번역학회. 47-76.

이영옥. 2001. 「무생물 주어 타동사구문의 영한번역」, 『번역학 연구』 2, 1. 한국번역학회. 53-76.

이완기 편저. 1996. 『영어과 평가론』. 서울: 한국문화사.

이재호. 2005. 『영한사전 비판』. 서울: 궁리출판.

이재호. 2005. 『문화의 오역』. 서울: 동인.

이정택. 1992. 「용언 '되다'와 '피동법'」, 『한글학회』 218. 한글학회.

이종인. 1998. 『전문번역자로 가는 길』. 서울: 예사모.

이진학. 1998. 「문화에 나타난 한국어와 영어의 표현차이 연구」. 계명대학교.

이필영. 1988. 「국어의 복수 표현에 대하여」. 『수련어 논문집』 15. 수련어문학회.

이홍식. 2000. 『국어 문장의 주성분 연구』. 서울: 월인출판사.

이홍식. 2002. 「서평 텍스트에 대한 계량적 고찰」, 고영근. 2002. 『문법과 텍스트』. 서울: 서울대학교.

이환묵. 2002. 『영어전통문법론』. 서울: 아르케.

이희재 옮김. 2001. 『번역사 산책』. 서울: 궁리. (辻 由美. 1993. 『飜譯史のプロムナード』. みすず書房)

임규홍. 2000. 『틀리기 쉬운 우리말 바로 쓰기』. 서울: 삼국.

임성모 옮김. 2000. 『번역과 일본의 근대』. 서울: 이산. (Masao Maruyama & Shuichi Kato)

임병빈 편저. 1995. 『영어교육평가』. 서울: 시사문화사.

임홍빈 외 3인. 2003. 『바른 국어생활과 문법』. 서울: 한국방송통신대학교출판부.

장진한. 1990. 「번역과 우리말」, 『국어생활』 21. 국어연구소. 23-37.

전성기. 2001. 『번역의 오늘』. 서울: 고려대학교 출판부. (Marianne Lederer. 1994. La Traduction Aujourd'hui.)

전현주. 2004. 「다중체계 이론과 한국 현대 번역 문학사」, 『번역학 연구』 5, 1. 한국번역학회. 167-182.

정 광. 1995. 「일본어투 문장 표현」, 『새국어생활』 5, 2. 국립국어연구원. 87-107.

정동빈. 1991. 『영어학: 그 역사, 이론과 응용』. 서울: 한신문화사.

정영목. 「영미연(英美硏)의 번역평가사업에 대한 단상」. 『안과 밖』 16.

정호영 옮김. 1982. 『영문법』. 서울: 학문사 (Otto Jespersen. Essentials of English Grammar.)

조상은. 2003. 「일한번역에서의 번역조와 가독성의 문제」, 『국제회의 통역과 번역』 5, 2. 한국외국어대학교. 169-193.

조성식. 1984. 『영어학개론』. 서울: 신아출판사.

조성식. 1999. 『종합영문법 I』. 서울: 신아사.

조오현. 1995. 「-어지다와 -어 지다의 통사·의미」, 『건국어문학』 19. 건국대 국어국문학연구소. 741-754.

조학행·정병균. 2001. 「영어 수동구문의 by-phrase와 한국어 수동구문의 -에/에게」, 『인문학연구』 25. 인문학연구소. 177-194.

채 완. 1979. 「화제의 의미」, 『관악어문연구』 4, 1. 서울대학교 국어국문학과. 205-227.

최인철 옮김. 2004. 『생각의 지도』. 서울: 김영사.

(Richard E. Nisbett. 2003. *The Geography of Thought*.)

최현배. 1961. 『우리말본』. 서울: 정음사.

트랜스쿨 엮음. 2000. 『좋은 영어번역 노하우 101강』. 서울: 씨앗을 뿌리는 사람.

한명남·김병철. 1985. 『와인즈버그, 오하이오』. 서울: 학원사.

한효석. 2004. 『이렇게 해야 바로 쓴다』. 서울: 한겨레 신문사.

허 구. 1993. 「현대 영어의 피동형과 그 의미에 관한 연구: be-passive와 get-passive의 의미 차이를 중심으로」, 『언문집』 29. 부산교육대학교. 397-411.

황찬호. 1988. 「외국어식 구문」, 『국어생활』 14. 국어연구소. 46-58.

Aijmer, Karin & Bengt Altenberg. (eds.). 1991. *Corpus Linguistics*. New York: Longman.

Baker, Mona. 1992. *In Other Words*. London & New York: Routledge.

Baker, Mona. (ed.). 1998. *Routledge Encyclopedia of Translation Studies*. London and New York: Routledge.

Baker, Mona. (ed.). 2000. *The Translator: Studies in Intercultural Communication: Evaluation and Translation* 6. Manchester: St. Jerome.

Barnwell, K. 1980. *Introduction to Semantic and Translation*. Horsleys Green, England: Summar Institute of Lingustics.

Bassnett, Susan & André Lefevere, (eds.). 1990. *Translation, History and Culture*. London and New York: Pinter Publishers.

Bassnett, Susan. 1991. *Translation Studies*. Revised Edition. London and New York: Routledge.

Bassnett, Susan. 2002. *Translation Studies*. 3rd Edition. London and New York: Routledge.

Bassnett, Susan & Harish, Tivedi, (eds.). 1999. *Post-Colonial Translation*. London and New York: Routledge.

Biber, D. 1998. *Corpus Lingustics: Investigating Language Structure and Use*.

Catford, J. C. 1965. *A Linguistic Theory of Translation*. London: OUP.

Chafe, W. L. 1976. "Givenness, contrastiveness, definiteness, subjects, topics, and point of view", in C. N. Li (ed.). *Subject and Topic*. London: Academic.

Chesterman, Andrew. 1997. *Memes of Translation*. Amsterdam: John Benjamins Publishing Co.

Chesterman, Andrew. 2001. "Classifying Translation Universals". Paper read at the Third International EST Congress "Claims, Changes and Challenges in Translation Studies". Copenhagen, 30th August to 1st September.

Déjean Le Féal, Karla. 1992. "La formation du traducteur en l'an 2001, dans Andre CLAS et Hayssam SAFAR(dir.)", in *L'Environnement traductionne: La station de travail du traducteur de l'an 2001*. Qué bec, Les Presses de l'Université, 341-347.

Duff, Alan. 1981. *The Third Language: Recurrent Problems of Translation into English*. Oxford: Pergamon Press.

Encyclopedia, Britannica. 1986. *Webster's Third New International Dictionary: Unabridged and Seven Language Dictionary*. 1. G & C Merriam.

Even-Zohar, Itamar. 1990. "Polysystem Studies", in *Special Issue of Poetics Today* 11-1. Tel Aviv: Porter Institute for Poetics and Semiotics.

Fowler, H. W. 1965. *A Dictionary of Modern English Usage*. London: Oxford University Press.

Garside, Roger, Geoffrey, Leech & Tony, McEnery. 1997. *Corpus Annotation: Linguistic Information from Computer*. New York: Longman.

Gellerstam, Martin. 1986. "Translationese in Swedish Novels Translated from English", in Lars Wollin and Hans Lindquist (eds.). *Translation Studies in Scandinavia: Proceedings from The Scandinavian Symposium on Translation Theory* (SSOTT) II Lund 14-15 June, 1985 [Lund Studies in English 75], Lund: CWK Gleerup, 88-95.

Gentzler, Edwin. 2001. *Contemporary Translation Theories*. New York: Multilingual Matters.

Gutt, E. A. 1991. *Translation and Relevance: Cognition and Context*. Oxford: Basil Blackwell.

Hervey, Sándor & Ian Higgins. 1992. *Thinking Translation*. London and New York: Routledge.

Holmes, James S. 1972. "The Name and Nature of Translation Studies", in Lawrence Venuti (ed.). 2000. *The Translation Studies Reader*. London and New York: Routledge. 175-182.

House, J. 1997. *Translation Quality Assessment*: A Model Revisited. Tubingen: Gunter Narr.

Jacobson, Eric. 1958. *Translation: A Traditional Craft*. Copenhagen: Nordisk Forlag.

Jakobson, Roman. 1959. "On Linguistic Aspects of Translation", in Lawrence Venuti (ed.). 2000. *The Translation Studies Reader*. London and New York: Routledge. 113-118.

Jespersen, O. 1933. *Essentials of English Grammar*. London: George Allen & Unwin.

Katan, David. 1999. *Translating Cultures: An Introduction for Translators, Interpreters and Mediators*. Manchester, UK: St. Jerome.

Kemmer, Suzanne. 2001. "Causative Constructions and Cognitive Model: The English Make Causative", *in The First International Conference on Discourse and Cognitive Linguistics*: Perspectives for the 21st Century, 803-832.

Kennedy. G. 1998. *Introduction to Corpus Linguistics*. New York: Longman.

Kruger, Alet. 2004. "The Influence of the Verbal on the Visual in a Stage Translation of *The Merchant of Venice in Afrikaans", Translation and the Construction of identity* 1, 69. IATIS.

Kussmaul, Paul. 1995. *Training the Translator*. Amsterdam: John Benjamins.

Larson, Mildred L. 1998. *Meaning-based Translation*. Maryland: University Press of America.

Lawendowski, B. P. 1978. "On Semiotic Aspects of Translation", in Thomas A. Sebeok. (ed.). *Sight, Sound and Sense*. Bloomington: Indiana University Press. 264-282.

Levinson, Stephen. C. 1983. *Pragmatics*. Cambridge: Cambridge University Press.

Longman Dictionaries. 1995. *Longman Dictionary of Contemporary English*. New York: Longman Group.

Munday, Jeremy. 2001. *Introducing Translation Studies: Theories and Applications*. London and New York: Routledge.

Neubert, Albrecht and Gregory M. Shreve. 1992. Traslation as Text. Kent, Ohio: The Kent State University Press. Nida, Eugene A. 1964. *Toward a Science of Translating*. Leiden: E. J. Brill.

Newman, Francis. 1914. "Homeric Translation in Theory and Practice" in Matthew Arnold. *Essays*. London: Oxford University Press. 313-377.

Newmark, Peter. 1998. *A textbook of Translation*. Hertfordshire: Prentice Hall.

Nida, Eugene A. & Charles R. Taber. 1974. *The Theory and Practice of Translation*. Leiden: E.J. Brill.

Nida, Eugene A. & J. de Waard. 1986. *From One Language to Another: Functional Equivalence in Bible Translation*. Nashville: Thomas Nelson.

Nord, Christiane. 1991. *Text Analysis in Translation*. Amsterdam: Rodolpi.

Park, Kyu Soh. 1986. *The Methodological Theory and Practice of Korean - English Translation*. Seoul: Hanshin.

Popovič, Anton. 1970. "The Concept 'shift of Expression' in Translation Analysis", in James S. Holmes, Frans de Haan and Anton Popovič (eds.) *The Nature of Translation*, The Hague: Mouton.

Puurtinen, Tiina. 2003. "Genre-specific Features of Translationese: Linguistic Differences between Translated and Non-translated Finnish Children's Literature" *in Literary and Linguistic Computing*, 18, 4, 389-406.

Qirk. R. 1985. *A Comprehensive Grammar of the English Language*. New York: Longman Inc.

Random House. 2000. *Random House Webster's College Dictionary*. New York.

Reynolds, Matthew. 2003. "Browning and Translationese" in *Essays in Criticism*, 53, 2. Oxford: Oxford University Press. 97-128.

Robinson, Douglas. 1991. *The Translator's Turn*. Baltimore: Johns Hopkins University Press.

Robinson, Douglas. 1997. *Becoming a Translator*. London and New York: Routledge.

Sager, Juan C. 1994. *Language Engineering and Translation: Consequences of Automation*. Amsterdam & Philadelphia: Benjamins.

Schäffner, Christina. (ed.). 1999. *Translation and Norms*. Philadelphia and Clevedon: Multilingual Matters Ltd.

Seleskovitch, K. "Translating: From Experience to Theory", in W. K. Winckler & J. A. Vallas. (Trans.). *Bulletin of the South African Institute of Translators and Interpreters*. 1-24.

Shuttleworth, Mark & Moira Cowie. (eds.). 1999. *Dictionary of Translation Studies*. Manchester: St. Jerome.

Sperber, Dan and Deirdre Wilson. 1986. *Relevance. Communication and Cognition*. Oxford : Blackwell.

Sperber, K., & K. Wilson. 1995. *Relevance*. Oxford: Blackwell.

Steiner, George. 1998. *After Babel : Aspects of Language and Translation*. Oxford: Oxford University Press.

Tirkkonen-Condit, Sonja. 2002. "Translationese-a myth or an empirical fact? : A study into the linguistic identifiability of translated language" *in Target-Amsterdam*, 14, 2, 207-220.

Toury, Gideon. 1980. *In Search of a Theory of Translation*. Tel Aviv: Porter Institute for Poetics and Semiotics.

Toury, Gideon. 1984. "Translation, Literary Translation and Pseudotranslation", in E. S. Shaffer. (ed.). *Comparative Criticism* 6. Cambridge: Cambridge University Press. 73-85.

Toury, Gideon. 1985. "A Rationale for Descriptive Translation Studies", in Theo Hermans (ed.). *The Manipulation of Literature: Studies in Literary Translation*. London: Croom Helm. 16-41.

Toury, Gideon. 1995. *Descriptive Translation Studies and Beyond*. Amsterdam & Philadelphia: Benjamins.

Venuti, Lawrence. 1995. *The Translator's Invisibility: A History of Translation*. London and New York: Routledge.

Venuti, Lawrence. 1997. *The Scandals of Translation: Towards an Ethics of Difference*. London and New York: Routledge.

Venuti, Lawrence. (ed.). 2000. *The Translation Studies Reader*. London and New York: Routledge.

Vermeer, Hans J. 1982. "Translation als 'Informationsangebot'", in *Lebende*

Sprachen 27, 3, 97-101.

Wilss, Wolfram. 1996. *Knowledge and Skills in Translator Behavior*.
Amsterdam: Benjamins.

참고 사이트

http://blog.naver.com/tcasuk.do?Redirect=Dlog&Qs=/tcasuk/40002280016
http://donga.com/docs/magazine/news_161gg010.html (2004/3/27)
http://urimal.cs.pusan.ac.kr/edu_sys_new/new/docu/sentence/translation/eng/eng.asp
http://iatis.org

사례연구 텍스트

Anderson, Sherwood. 1999. *Winesburg, Ohio*. Oxford: Oxford University Press.
AP network news. 2003/3/3-2003/3/12.
Brown, Dan. 2003. *The Da Vinci Code*. New York: Random House.
Grisham, John. 2002. *The Summons*. New York: Random House.
Harvest. 1994. (trans.). *The Name of Rose*. Florida: Harcourt Brace &
    Company.(Eco, Umberto. Il pastille a Il nome della rasa.)
Hemingway. Ernest M. 1952. *The Old Man and the Sea*. London: Vintage.
Johnson, Spencer. 2000. *Who moved my cheese?*. London: Random House.
Rowling, J. K. 1998. *Harry Potter and the Sorcerer's Stone.* New York:
    Scholastic.
Rowling, J. K. 1999. *Harry Potter and the Prisoner of Azkaban*. New York:
    Scholastic.
Salinger, J. D. 1945. *The Catcher in the Rye*, Boston: Little, Brown and
    Company.
www. dailyenglish.com/ (AE service. 2003/3/3-2003/3/12).
Spivey, Nigel. 1997. *Greek Art*. London: Phiden.

공경희 옮김. 2002. 『호밀밭의 파수꾼』. 서울: 민음사.

    (J. D. Salinger, 1945. *The catcher in the rye*. Boston, Toronto, London : Little, Brown and Company.)

김욱동 · 염경숙(역). 1994. 『호밀밭의 파수꾼』. 서울: 현암사.

    (J. D. Salinger. 1945. *The Catcher in the Rye*. Boston: Little, Brown and Company.)

김혜원 옮김. 1999. 『해리 포터와 마법사의 돌』. 서울: 문학수첩.

    (J. K. Rowling. 1998. *Harry Potter and the Sorcerer's Stone*. New York: Scholastic.)

김혜원 옮김. 2000. 『해리 포터와 아즈카반의 죄수』. 서울: 문학수첩.

    (J. K. Rowling. 1999. *Harry Potter and the Prisoner of Azkaban*. New York: Scholastic.)

시사영어사 옮김. 2002. 『노인과 바다』. 서울: 시사영어사.

시사영어사 옮김. 1999. 『아가사 크리스티 단편집』. 서울: 시사영어사.

신현철 옮김. 2002. 『소환장』. 서울: 북@북스

양선아 옮김. 2004. 『다빈치 코드』 1, 2. 서울: 베텔스만.

    (Dan Brown. 2003. *The Da Vinci Code*. New York: Random House.)

양정무 옮김. 2001. 『그리스 미술』. 서울: 한길아트.

    (Nigel Spivey. 1997. *Greek Art*. London: Phiden.)

이덕형 옮김. 1998. 『호밀밭의 파수꾼』. 서울: 문예출판사.

    (J. D. Salinger. (1945) *The Catcher in the Rye*. Boston: Little, Brown and Company.)

이영진 옮김. 2000. 『누가 내 치즈를 옮겼을까?』. 서울: 진명출판사.

    (Spencer Johnson. 2000. *Who moved my cheese?*. London: Random House.)

이윤기 옮김. 2003. 『장미의 이름』 상, 하. 서울: 열린책들.

이해윤 옮김. 1994. 『노인과 바다』. 서울: 홍신문화사.

    (Ernest M. Hemingway. 1952. *The Old Man and the Sea*. London: Vintage.)

색 인

1. 용어색인

2. 인명색인